O Estranho no Caminho de Emaús

John R. Cross

Publicado por GoodSeed® International

O Estranho No Caminho De Emaús

Segunda Edição em português

Título Original em inglês:

The Stranger on the Road to Emmaus

4th Edition

Publicado por GoodSeed® International
P.O. Box 3704, Olds, AB T4H 1P5, Canada
Email: info@goodseed.com

ISBN13 978-1-890082-67-3
ISBN10 1-890082-67-8

As citações bíblicas foram extraídas da Bíblia Nova Versão Internacional (NVI), ©2000 da Sociedade Bíblica Internacional, salvo onde outra fonte for indicada.

201001-098-2000

Impresso no Canada

Para meu pai e minha mãe, os quais
me ensinaram que a Bíblia possui uma
mensagem que não pode ser ignorada.

E para minha mulher e minha família, cujo
apoio e encorajamento foram constantes.

RECONHECIMENTOS

Séculos atrás, um rei conhecido por sua sabedoria escreveu:

"Haverá algo de que se possa dizer: 'Veja! Isto é novo!'?"

Sem dúvida, no que se refere à Bíblia, ninguém pode receber créditos por ideias originais. Admito francamente que incluí pensamentos e ideias extraídos de milhares de fontes, antigas e modernas. Muitas delas fazem parte do saber geral, e ninguém poderia afirmar que esses pensamentos são exclusividade sua. Nos casos em que as fontes eram conhecidas, indiquei os créditos nas notas finais.

Entre aqueles que posso identificar, quero agradecer especialmente a Trevor McIlwain que, com uma visão abrangente das Escrituras, colocou a mensagem na perspectiva correta. Seu método de ensino teve uma profunda influência sobre o meu método, pelo que lhe sou profundamente grato. Trevor também apresentou muitas sugestões úteis sobre o manuscrito original.

Da mesma forma, quero agradecer a Nancy Everson, por suas contribuições e encorajamento; ao meu irmão David Cross e minha mulher Janice, por ajudarem a equilibrar os detalhes do assunto; ao Dr. Carl Wieland por suas contribuições nas áreas científicas; a Paul e Kathleen Humphreys, Barney e Mary Ann Iott, John Krajec e Russ e Karyn Smyth, por seu apoio leal; e aos artistas: Don Dolton, Adah Biggs, Ian Mastin, e a um artista que preferiu permanecer no anonimato.

A edição em Português foi traduzida por Pércio Coutinho Pereira e revisada por Rejaneide do Rego Monteiro, João de Sousa, Silas de Lima, Maria Eli da Silva, Calvino Taylor e Vera Ochsenhofer. A todos os envolvidos, meus sinceros agradecimentos.

Conteúdo

Para facilitar a leitura e manter a fidelidade à versão do texto bíblico escolhida, na maioria dos casos usei iniciais minúsculas para pronomes e alguns nomes relativos a Deus. Nas áreas em que poderia haver alguma confusão sobre quem se trata, usei letras maiúsculas, de acordo com as normas gramaticais tradicionais.

Todas citações da Bíblia estão em itálico e endentadas. Trechos de versículos em negrito indicam ênfase especial. Colchetes no texto bíblico indicam acréscimos para esclarecimento.

Prefácio

Não é fácil escrever um livro objetivo sobre a Bíblia. Por sua própria natureza, a Bíblia exige uma resposta. Infelizmente, as respostas da maioria das pessoas são determinadas por panos de fundo muito distantes do ideal.

Muitos de nós já tiveram contato com fanáticos religiosos, que nos enfiam fragmentos isolados da Bíblia goela abaixo, e o único resultado — previsível — foi estimular o reflexo de ânsia de vômito espiritual. Isso deixou as pessoas como que "vacinadas" com informações bíblicas apenas suficientes para criar mal-entendidos, mas não suficientes para gerar uma compreensão verdadeira. Com base nisso, muitos escolheram rejeitar o livro todo ao invés de aceitá-lo. A maioria prefere uma plataforma neutra, e evita tudo o que a ele se relaciona.

Com tudo isso em mente, meu objetivo foi manter-me longe daquele tom pastoral que provoca arrepios em quase todos. Esforcei-me por explicar a Bíblia com clareza, deixando que ela fale por si mesma — dizer o que ela diz — e permitindo que o leitor tire suas próprias conclusões. Alguns talvez me acusem de falta de objetividade porque parti do princípio de que a Bíblia é verdadeira. Achei que era um risco a ser enfrentado, já que a própria Bíblia faz essa afirmação. Se eu fizesse o contrário, não estaria sendo fiel ao texto. Tentei captar o espírito de narrativa para tornar o texto interessante e ao mesmo tempo claro.

Em segundo lugar, eu estava determinado a não diluir a mensagem. Quando a Bíblia exige uma escolha, eu tentei ilustrar essa escolha de maneira bem clara. A Bíblia é muito direta sobre o que ela tem a dizer, e tentei refletir essa realidade evitando todo tipo de dubiedade. Ao seguir esse propósito, evitei o dilema de ser politicamente correto em detrimento da mensagem.

Tal como com qualquer livro, pode ser que ao lerem as primeiras páginas, muitos resolvam que "isso não é para mim". Eu gostaria de desafiar aqueles que pensam assim a lerem o livro até o final antes de decidirem o que vão acreditar sobre a Bíblia. Houve um tempo no qual eu também gostaria de jogar a Bíblia pela janela, mas então eu fui desafiado a parar e examiná-la mais uma vez. O meu exame ainda continua, e continuo me maravilhando com esse Livro dos livros. Existe uma grande probabilidade de que você também o faça.

Sobre a Bíblia

... E todo aquele que ouvir diga: "Vem!" Quem tiver sede, venha; e quem quiser, beba de graça da água da vida.

Declaro a todos os que ouvem as palavras da profecia deste livro: Se alguém lhe acrescentar algo, Deus lhe acrescentará as pragas descritas neste livro.

Se alguém tirar alguma palavra deste livro de profecia, Deus tirará dele a sua parte na árvore da vida e na cidade santa, que são descritas neste livro. Apocalipse 22.17-19

Capítulo Um

1 Prólogo

O ano — aproximadamente 33 d.C.

O sol do meio dia era escaldante. Tudo estava quieto. Até os pássaros se recusavam a cantar sob aquele calor excessivo. Cleopas chutou um torrão seco da estrada poeirenta e suspirou profundamente em sinal de cansaço. Apertando os olhos naquele mormaço, quase não podia distinguir o próximo cume. A poucos quilômetros, do outro lado, estava Emaús, sua casa e a de seu companheiro de viagem. O pôr-do-sol chegaria antes deles. Normalmente, eles teriam deixado Jerusalém mais cedo (afinal de contas, 11 quilômetros são uma caminhada razoável), mas os eventos da manhã os retiveram, pois desejavam notícias mais concretas. Emaús não tinha muito de cidade, mas hoje parecia muito atraente. Qualquer lugar o seria, menos Jerusalém com sua turba ruidosa, suas cortes romanas e seu governador, Pôncio Pilatos.

Os pensamentos de Cleopas foram trazidos abruptamente ao presente quando seu irritado companheiro de viagem lhe fez uma pergunta pela segunda vez. Os dois discutiam o que havia acontecido naquele dia e nos últimos anos, até que não houvesse mais nenhum detalhe a ser analisado. Cleopas estava exausto e, pior do que isso, confuso, com tudo o que havia ocorrido em Jerusalém. Naqueles dias, parecia que a vida continha mais perguntas do que respostas.

Arrastando-se colina abaixo, dobraram uma curva. Foi então que encontraram o estranho.

Horas mais tarde, no mesmo dia, na mesma noite, quando os dois voltaram a Jerusalém, quentes e suados — pois tinham se apressado — não conseguiram explicar aos seus amigos como o estranho se juntara aos dois. Primeiro, Cleopas pensou que ele tivesse saído da sombra de uma grande pedra, mas isto não se encaixou com a explicação de seu amigo. O fato era este: eles não estavam certos de onde ele surgira. Um pouco hesitante, Cleopas disse que o estranho simplesmente tinha aparecido. A reação dos amigos foram alguns comentários zombeteiros a respeito do calor e muito sol.

Mas de uma coisa eles estavam certos: durante várias horas o desconhecido explicou as antigas escrituras — a Bíblia —

começando desde o princípio, e o fez de forma inacreditável. A mensagem do estranho fez desaparecer todo o desânimo e dúvida de suas mentes. Assim, impressionados pela nova compreensão que obtiveram, apressaram-se em todo o caminho de volta a Jerusalém para contarem aos seus amigos sobre O Estranho. De algum modo, esses também precisavam ouvir a mensagem — a mensagem que Cleopas e seu companheiro haviam ouvido no Caminho de Emaús.

Afinal, o que foi que O Estranho falou sobre a Bíblia — para muitos, um livro confuso — que fez tanto sentido?

É disso que trata este livro. E para compreendê-lo claramente, faremos o que O Estranho fez — começaremos desde o princípio.

2 Compreendendo Corretamente as Coisas

Pare e pense: é muito razoável gastar algumas horas da sua vida para tentar compreender a Bíblia.

Afinal, a Bíblia contém declarações muito profundas sobre a vida... e sobre a morte.

Durante séculos, a Bíblia tem sido um *best seller* (o livro mais vendido). Qualquer pessoa que pretende ter um mínimo de informação precisa entender seu conteúdo básico. Infelizmente, a Bíblia tem caído em descrédito, não pelo o que ela diz, mas porque alguns homens e mulheres famosos, que dizem seguir a Bíblia, fizeram algumas das piores escolhas na vida.

Da mesma forma, a mensagem do livro sofreu ataques, às vezes, por pessoas bem intencionadas, que nunca reservaram tempo para realmente entenderem o que ela diz.

Mas a Bíblia não mudou. E, apesar do que os hipócritas ou críticos dizem, vale a pena conhecê-la:

...para **sua própria** paz de espírito,

...para o bem da **sua própria** vida e para o bem da sua vida após a morte.

Um Quebra-Cabeça

Em muitos sentidos, a Bíblia é como um quebra-cabeça. Com isso, não quero dizer que sua mensagem esteja oculta, mas que, para entendê-la corretamente, precisamos colocar as "peças bíblicas" no lugar certo. Podemos fazer isso aplicando quatro princípios básicos do aprendizado.

Alicerces

O primeiro princípio é aquele que usamos todo o tempo. Para aprender qualquer conceito novo, é necessário construir desde o alicerce — *partir do conhecido para o desconhecido.* Você não começa ensinando matemática avançada para uma criança no jardim de infância. Antes, começa com os números básicos e *segue do simples para o complexo.* Se você omitir os alicerces, até mesmo os mais simples conceitos de matemática avançada estarão além da sua compreensão.

O mesmo ocorre com a Bíblia. Se você negligenciar os alicerces, seu entendimento bíblico abrigará algumas ideias estranhas, resultando uma mensagem confusa; o quebra-cabeça apresentará uma imagem errada. Neste livro, começaremos com o básico e progrediremos a cada capítulo, construindo sobre os conhecimentos já obtidos.

Construindo um Varal

O segundo princípio é importante, especialmente quando se aprende História ou quando se lê uma história. Resumindo, é o seguinte: *comece do início e vá, em sequência até o fim.* Pode parecer óbvio, mas muitas pessoas tendem a ler a Bíblia aos pouquinhos e não em sequência, nunca dedicando tempo para ligar as partes. Neste livro, destacaremos os acontecimentos principais, enfileirando-os em sequência — como pendurar roupa em um varal. Como esta visão geral não abordará todos os assuntos, é de se esperar que haja algumas brechas no varal. Se você quiser, as brechas podem ser preenchidas mais tarde, depois que você tiver o quadro geral.

Embora esse varal não inclua todos os acontecimentos, os eventos que estudaremos se juntarão em uma mensagem contínua. Se você for um leitor típico, quando terminar a leitura deste livro, a Bíblia fará sentido de maneira extraordinária. De qualquer forma, fica totalmente a seu critério acreditar nela ou não. Eu espero sinceramente que você creia, mas essa escolha será sua. Minha tarefa é ajudá-lo a entendê-la claramente.

Sorvete e Sopa

O terceiro princípio é de extrema importância. *Não misture os temas — concentre-se em um tema por vez.*

A Bíblia trata de diferentes questões. Ela pode ser comparada a um livro de culinária com suas diversas receitas. Tradicionalmente, a Bíblia tem sido fragmentada em tópicos, tais como: Deus, anjos, homem e profecias. A intenção era facilitar a compreensão, mas é preciso ter cuidado. Ao observarem assuntos bem parecidos em trechos diferentes, algumas pessoas tentam relacionar as ideias, frequentemente resultando em uma compreensão errada do significado original.

"É como pular de uma receita de sorvete de milho para uma receita de sopa de milho só porque ambas tem a palavra milho. Se você começar a fazer sorvete e terminar com a receita de sopa, esquentará o sorvete até ficar bem derretido! Ambas podem ter a palavra milho, mas, misturadas, formam uma comida esquisita!"

Se você ficar pulando de um tópico para o outro ao ler a Bíblia, o resultado será uma confusão — seu quebra-cabeça ficará desconjuntado. Para evitar confusões assim, iremos nos concentrar em um tema por vez.

Primeiro, o Relevante

Este último princípio — *primeiro, o relevante* — deve ser aplicado a qualquer situação de aprendizado de um conteúdo desconhecido para nós. A ideia é aprender os pontos mais importantes primeiro.

A Bíblia inclui uma imensa variedade de assuntos, mas nem todos têm a mesma importância. Neste livro focalizaremos um tema maior — o tema mais significativo da Bíblia. Uma vez que o entendermos, a Bíblia terá um sentido profundo, e ao mesmo tempo simples.

A mistura de vários tópicos é uma das razões de encontrarmos muitos grupos diferentes de igrejas, religiões e seitas, que, em graus variados, defendem a Bíblia como seu livro. A "sopa" tem sido misturada com o "sorvete". O quebra-cabeça apresenta um quadro sem sentido. Em alguns casos, a confusão é menor. Em outras situações, a desordem tem provocado resultados terríveis.

3 UM ÚNICO LIVRO

Não há dúvida sobre isto: a Bíblia é um livro inigualável. Na verdade, é uma coleção de livros; sessenta e seis ao todo. Um autor, escrevendo sobre a singularidade da Bíblia, expressou-se assim:

Aqui está um livro:

1. *escrito ao longo de mais de 1500 anos;*
2. *escrito durante um período de mais de 40 gerações;*
3. *escrito por mais de 40 autores, provenientes das mais diversas posições e áreas de atividade — incluindo reis, camponeses, filósofos, pescadores, poetas, estadistas, sábios, etc.:*
   Moisés, um líder político, treinado nas universidades do Egito
   Pedro, um pescador
   Amós, um pastor
   Josué, um general
   Neemias, um copeiro
   Daniel, um primeiro ministro
   Lucas, um médico
   Salomão, um rei
   Mateus, um coletor de impostos
   Paulo, um rabino
4. *escrito em diferentes lugares:*
   No deserto, por Moisés
   No calabouço, por Jeremias
   Num palácio, por Daniel
   Numa prisão, por Paulo
   Durante viagens, por Lucas
   Na ilha de Patmos, por João
   Durante as durezas de uma campanha militar, por outros
5. *escrito em épocas diferentes:*
   por Davi, em tempos de guerra
   por Salomão, em tempos de paz
6. *escrito com diferentes estados de ânimo:*
   alguns livros escritos no auge da alegria e outros nas profundezas da aflição e desespero
7. *escrito em três continentes:*
   Ásia, África e Europa

8. *escrito em três línguas:*
   hebraico, aramaico e grego
9. *Finalmente, seu objeto de estudo inclui centenas de tópicos polêmicos. Observe-se ainda que os autores bíblicos escreveram harmoniosamente e com continuidade, de Gênesis a Apocalipse. Há somente uma história ...*[1]

Essa *única história* é o que queremos estudar — de modo simples e sem as frases comuns dos estudiosos. Sem dúvida, a coisa mais singular da Bíblia é que ela afirma ser a própria palavra de Deus.

Inspirada por Deus

Muitas vezes chamada de "as Escrituras", a Bíblia declara que ...

> *Toda a Escritura é inspirada por Deus ...* — 2 Timóteo 3.16

O conceito de Deus inspirando as Escrituras é um estudo em si mesmo. Assim como quando alguém solta o fôlego e este sai do mais profundo interior dessa pessoa, toda a Escritura deve ser vista como produto do próprio Deus. Deus e suas palavras são inseparáveis. Por isso a Bíblia frequentemente é chamada a *Palavra de Deus.*

Profetas

De modo bem simplificado, podemos definir assim: Deus falou a homens o que Ele queria registrar e esses homens o escreveram. A maioria deles foi chamada de *profeta.*

> *Há muito tempo Deus falou muitas vezes e de várias maneiras aos nossos antepassados por meio dos profetas ...*
> Hebreus 1.1

Hoje pensamos nos profetas como aqueles que predizem o futuro, mas nos tempos bíblicos um profeta era um mensageiro que transmitia as palavras de Deus ao povo. Às vezes, a mensagem se referia a eventos futuros, mas na maioria das vezes não; estava relacionada ao dia-a-dia das pessoas.

Deus guiou os profetas de maneira que registrassem precisamente o que Ele queria que fosse escrito. Ao mesmo tempo, Deus permitia ao escritor humano registrar *Sua Palavra — a Palavra de Deus* — no estilo próprio do profeta, mas sem nenhum erro. Esses homens não estavam livres para acrescentar seus pensamentos particulares à mensagem; nem essa era algo proveniente da sua própria imaginação.

> *...saibam que nenhuma profecia da Escritura provém de interpretação pessoal, pois jamais a profecia teve origem na vontade humana, mas homens falaram da parte de Deus, impelidos...* 2 Pedro 1.20-21

Deus não colocou o seu carimbo de aprovação sobre algum tipo de literatura feita pelo homem. A expressão *impelidos* é usada em outros lugares na Bíblia referindo-se ao transporte de um homem paralítico[2]. Assim como um homem inválido não pode andar por suas próprias forças, os profetas não escreveram as Escrituras por sua própria vontade. A Bíblia é clara neste ponto — ela é a mensagem de *Deus* do início ao fim.

Exatidão Extrema

Os profetas escreveram as palavras de Deus em rolos, normalmente uma pele de animal ou papel feito de fibra vegetal. Os originais eram chamados *manuscritos.*

Sendo que os manuscritos tinham uma duração limitada, faziam-se cópias dos rolos. Mas que cópias! E todas à mão! A consciência dos escritores de que aquilo que estavam registrando era a própria *Palavra* de Deus resultou em uma das mais notáveis tarefas de *fotocópias* já feitas. No texto hebraico...

Eles tinham todo cuidado possível. Nada era incômodo ou penoso a fim de garantir a transmissão exata do texto. Contavam o número de letras de um livro e destacavam a letra central, fazendo o mesmo com a palavra central.[3]

Isso era feito tanto com a cópia como com o manuscrito original para garantir que eles fossem exatamente iguais.

Esses escribas eram tão precisos em sua transcrição que, quando os Rolos do Mar Morto foram encontrados (escritos em 100 a.C.), e comparados com manuscritos resultantes das cópias de cópias feitas cerca de 1000 anos mais tarde (900 d.C.), não se encontraram diferenças significativas no texto.[4]

Josefo, um historiador judeu do primeiro século d.C., resumiu esse cuidado para o seu povo, quando declarou: *...quão firmemente temos dado crédito aos livros da nossa própria nação, e isso é*

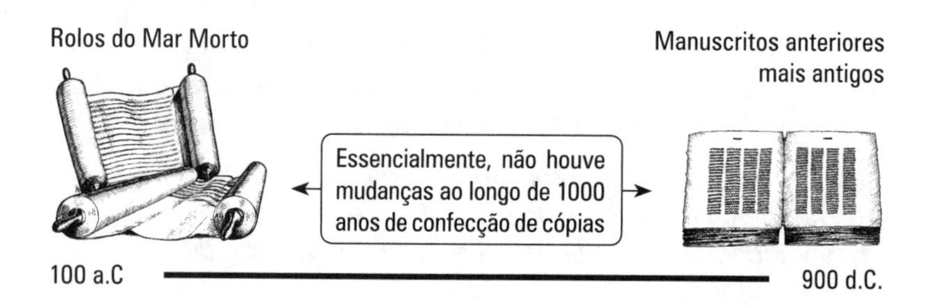

evidente pelo que fazemos; pois durante as muitas eras que já passamos, ninguém teve a ousadia de acrescentar qualquer coisa a eles; para tirar qualquer coisa deles ou fazer alguma mudança neles; mas tornou-se natural para todos os judeus... amar esses livros... divinos.[5]

Esses homens estavam totalmente convencidos de que tentar mudar o texto era provocar o próprio Deus. Temos razões suficientes para assegurar que o texto que temos hoje é essencialmente o mesmo que os profetas escreveram.

Verdadeiramente, a Bíblia é um livro singular sob qualquer ponto de vista. Não admira que a Bíblia seja... *o mais citado, o mais publicado, o mais traduzido e o mais influente livro na história da humanidade.*[6]

ANTIGO E NOVO TESTAMENTOS

Para começarmos a estudar a Bíblia, é importante saber que as Escrituras são divididas em duas seções maiores — o *Antigo e o Novo Testamentos.* Historicamente, a porção do *Antigo Testamento* foi subdividida em outras duas[7] categorias:

1. A Lei de Moisés (às vezes referida como *O Torah, Os Livros de Moisés ou A Lei)*
2. Os Profetas (Mais tarde esta porção foi subdividida em mais uma terceira seção, chamada *Os Escritos.*)

Nas Escrituras, os títulos *A Lei e Os Profetas* são uma maneira de referir-se a todo Antigo Testamento — uma parte que compreende aproximadamente dois terços da Bíblia. A terceira parte restante é chamada *O Novo Testamento.*

PALAVRA DE DEUS

Lembre-se de que a divisão em categorias não é o ponto crucial. O importante é ter em mente que a Bíblia afirma ser a Palavra de Deus — a mensagem dele para a humanidade. Ela nos ensina que, através de suas páginas, podemos conhecer a Deus. Essa declaração deveria fazer com que até mesmo o mais indiferente dos homens pare e considere o que ela tem a dizer.

A tua palavra, SENHOR, para sempre está firmada nos céus.

Salmo 119.89

Definição De Bíblia E Escritura[8]

Bíblia - s.f.

1. a. O conjunto dos livros sagrados do Antigo e do Novo Testamento;

   b. Escritura;

   c. Sagrada Escritura;

2. bíblia (fig) Livro de importância capital e/ou ao qual se tem predileção incomum.

Escritura — s.f.

1. a. Um escrito ou livro sagrado.

   b. Uma passagem de tal escrito ou livro.

2. Às vezes, Escrituras. Os escritos sagrados da Bíblia. Também chamada Sagradas Escrituras.

3. escritura. Uma declaração considerada como autoridade.

Capítulo Dois

1 No Princípio, Deus...

2 Anjos, Hostes e Estrelas

1 No Princípio, Deus...

A Bíblia começa com três palavras muito profundas:

No princípio Deus... Gênesis 1.1

Não existe nenhum argumento a favor da existência de Deus — parte-se do pressuposto de que Ele existe. Deus simplesmente *é*.

Eterno

Deus sempre existiu. Deus existia antes das plantas, animais e pessoas, antes da Terra e do Universo. Ele não teve início e não terá fim. Deus sempre existiu e sempre existirá. A Bíblia diz que Deus existia desde o passado eterno e existirá até o futuro eterno. Deus é eterno.

Antes de nascerem os montes e de criares a terra... de eternidade a eternidade tu és Deus. Salmo 90.2

É difícil compreendermos o conceito de um Deus eterno. Isso é tão complexo para o nosso intelecto que frequentemente rotulamos esse conceito de *impossível*. Mas há ilustrações que ajudam a nossa compreensão. Por exemplo, podemos comparar a eternidade ao cosmo.

A maioria de nós consegue imaginar nosso sistema solar — o Sol rodeado pelos planetas em órbita. Sabemos que isto é uma imensidão, mas sondas espaciais têm feito as maiores distâncias parecerem atingíveis. Mas vá um pouco mais longe e comece a medir o Universo. Se entrássemos em uma nave espacial e viajássemos à velocidade da luz, circularíamos a Terra *sete vezes em um segundo!* Gostou da viagem? Um pouco rápida, talvez? Dirigindo-nos ao espaço à mesma velocidade, passaríamos pela Lua em dois segundos, pelo planeta Marte em quatro minutos e por Plutão em cinco horas. A partir daí, começaria uma viagem pela nossa galáxia — a VIA LÁCTEA.

À velocidade da luz, poderíamos circular a Terra sete vezes em um segundo...

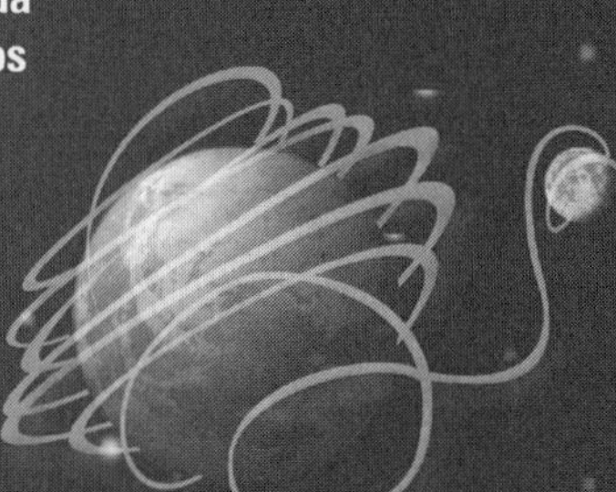

... passar pela Lua em dois segundos...

... e por Plutão em cinco horas.

Passar por Marte em quatro minutos...

À velocidade da luz, você alcançaria a estrela mais próxima em 4 anos e 4 meses. Isso significa que a cada segundo você viajaria 300 mil quilômetros — uma distância total equivalente a 40.682.300.000.000 quilômetros.

Nossa estrela, o Sol, está próxima ao limite da Via-Láctea. Todo nosso Sistema Solar, com seus planetas em órbita, caberia nesta caixa.

A Via-Láctea[1]

A massa de estrelas que você vê no céu à noite faz parte de uma família gigante de estrelas chamada Via-Láctea. Viajando à velocidade da luz, seriam necessários 100 mil anos para atravessá-la de um lado ao outro. Calcula-se que existam 100 bilhões de galáxias no Universo, muitas contendo bilhões de estrelas. Existem aglomerados e super-aglomerados de galáxias. Há aproximadamente vinte galáxias em nosso aglomerado e milhares em nosso super-aglomerado.

Você quer uma estrela com o seu nome?[2] Com base na atual população da terra, você poderia ter 16 galáxias com o seu nome. Isto significa que bilhões de estrelas poderiam ter o seu nome!

À velocidade da luz, você alcançaria a galáxia mais próxima em 2.000.000 de anos ...

... e o próximo aglomerado de galáxias em 20.000.000 de anos.

Nesta altura, você teria apenas começado a viajar pelo Universo.

Sim, é difícil compreendermos a ideia de um Deus eterno, assim como a vastidão de nosso Universo. Ambos são surpreendentes, porém, reais. A Bíblia é enfática sobre essa verdade. A existência eterna de Deus tanto é uma parte inseparável da Sua natureza que a Bíblia se refere a ela com o próprio nome de Deus...

...o nome do SENHOR, o Deus eterno. Gênesis 21.33

Muitos Nomes

Deus tem muitos nomes ou títulos, e cada um declara algo sobre Seu caráter. Veremos três:

1) Eu Sou

Disse Deus... "EU SOU O QUE SOU. É isto que você dirá... EU SOU me enviou a vocês". Êxodo 3.14

A explicação mais próxima dessa declaração é: *Eu Sou Aquele que É* ou *Eu Sou o Auto-existente.* Deus existe pelo seu próprio poder.

Nós temos necessidade de comida, água, ar, sono, luz — uma infinidade de itens essenciais para vivermos — Deus não. Ele não precisa de nada. Absolutamente nada! É o *auto-existente*, o *Eu Sou.*

2) Senhor

O título *Eu Sou* não é usado comumente na Bíblia porque seu significado está implícito na palavra SENHOR.

Não há absolutamente ninguém comparável a ti, ó SENHOR;
tu és grande, e grande é o poder do teu nome. Jeremias 10.6

O nome *SENHOR* não apenas realça a auto-existência do Deus eterno, mas também dirige nossa atenção para Sua posição — uma posição mais elevada do que todas as outras. Ele é SENHOR dos senhores.

3) O Altíssimo

Esse nome está relacionado ao nome *SENHOR*, enfatizando o papel de Deus como governante soberano.

Saibam eles que tu, cujo nome é SENHOR, somente tu, és o Altíssimo sobre toda a terra. Salmo 83.18

Assim como os impérios antigos tinham líderes absolutos ou soberanos que reinavam sobre seus domínios, Deus também é o Rei do Universo, o Deus Altíssimo.

A própria palavra *Deus* enfatiza sua posição como governante supremo. A palavra *Deus* significa *forte, líder poderoso, deidade suprema.*

A ideia de Deus como rei pode evocar a imagem de um velho sentado num trono de ouro que paira em algum lugar acima das nuvens. Em parte alguma a Escritura retrata Deus como um velho, mas faz referência ao trono de Deus — não oculto numa nuvem — mas em um *santo templo* situado no céu.

O SENHOR está no seu santo templo; o SENHOR tem o seu trono nos céus. Seus olhos observam; seus olhos examinam os filhos dos homens. Salmo 11.4

Deus governa do céu. Nós não sabemos muito sobre esse lugar chamado *céu*, mas o pouco que sabemos é incrível. Discutiremos isso mais tarde com mais detalhes, mas, por enquanto, basta saber que Deus é o supremo Governante.

Um só Deus

O termo o *Altíssimo* fala do lugar exclusivo de Deus no Universo. Não há nenhum outro como Ele. É único, o soberano Senhor de tudo.

Eu sou o SENHOR, e não há nenhum outro; além de mim não há Deus... Isaías 45.5

Antes de mim nenhum deus se formou, nem haverá algum depois de mim. Isaías 43.10

Não existe uma hierarquia de deuses, com um grande Deus governando. Não existem outros deuses *lá fora*, sejam auto-existentes ou criados.

Assim diz o SENHOR..."Eu sou o primeiro e eu sou o último, além de mim não há Deus". Isaías 44.6

A Bíblia diz com toda clareza — há um só Deus.

Um Espírito

Antes de entrarmos em outro assunto, precisamos entender mais uma coisa. A Bíblia nos diz que Deus é invisível porque é espírito.

Deus é espírito... João 4.24

Você não pode ver um espírito, porque ele não tem carne e ossos como nós. Mas só o fato de você não poder ver alguém não o torna menos real.

Pense no funeral de um amigo. Se o caixão estiver aberto, você pode ver o corpo. O corpo está lá, mas onde está o seu amigo? Ele se foi. O espírito de seu amigo não está mais presente. Quando olhamos para alguém, vemos apenas sua casa, o corpo humano — nós não vemos, de fato, a pessoa real, o espírito.

Veremos que a Bíblia indica de várias maneiras diferentes que o espírito do homem começa num determinado tempo e daí em diante vive para sempre. Mas Deus é diferente; ele nunca teve um início e nunca terá fim. Ele é o único espírito eterno, vivendo da eternidade passada até a eternidade futura.

Deus

Ele é **espírito**

Ele é **eterno**.

Ele é o **Eu Sou** — o auto-existente

Ele é o **Deus Altíssimo**, o Soberano Governante de tudo.

Ele é o **Deus único**.

E foi assim — *No princípio...*

2 Anjos, Hostes e Estrelas

Diversas páginas da Bíblia descrevem o primeiro ato criador de Deus. É possível juntar informações suficientes para responder questões básicas, mas não podemos ir além. A Bíblia não foi escrita para satisfazer a infinita curiosidade do homem. Ela oferece informações básicas sobre alguns eventos, mas silencia quanto aos detalhes adicionais. É exatamente o que ocorre em relação aos seres espirituais.

Nomes

A Bíblia se refere aos espíritos por muitos nomes diferentes — alguns no singular, outros no plural. Frequentemente, os chamamos anjos, mas a Bíblia usa muitos termos para defini-los: querubins, serafins, anjos, arcanjos, estrelas da manhã — a lista continua. Coletivamente, eles são denominados multidões, hostes ou *estrelas.

*Não confundir com estrelas do céu à noite. O contexto revela qual o significado em questão.

... os exércitos dos céus te adoram. Neemias 9.6

Todos eles podem ter nomes pessoais, mas só alguns são mencionados, tais como Gabriel e Miguel.

Invisíveis, Inumeráveis

Assim como Deus, espíritos são invisíveis. Não possuem corpos de carne e sangue como você e eu. Embora não possamos vê-los, eles devem estar por todo lugar. A Bíblia mostra que há ...

... milhares de milhares de anjos. Hebreus 12.22

A linguagem usada para numerar apenas os que estão ao redor do trono de Deus transmite uma soma incontável.

Então olhei e ouvi a voz de muitos anjos, milhares de milhares e milhões de milhões. Eles rodeavam o trono ...

Apocalipse 5.11

Servos

Os seres angelicais foram criados para servir a Deus e fazer a vontade dele. Eles são chamados espíritos ministradores.

Bendigam o SENHOR, seus anjos poderosos, que obedecem à sua palavra. Bendigam o SENHOR todos os seus exércitos, vocês, seus servos, que cumprem a sua vontade.

Salmo 103.20-21

Os anjos não são, todos eles, espíritos ministradores enviados para servir ...? Hebreus 1.14

A palavra *anjo* deriva de um termo grego, que significa *mensageiro* ou *servo*. Para isso Deus os criou. Eles pertencem a Ele e foram feitos para executar tudo o que Deus mandar.

Criador-Proprietário

O conceito de um criador que também é o proprietário tem perdido sua força em nossa economia industrializada e movida pelo dinheiro. Eu me lembro que quando andava por uma aldeia na Papua Nova-Guiné e perguntava — *"De quem é este remo?"* ou *"De quem é esta canoa?"* — recebia uma resposta que designava um proprietário. Perguntando como eles sabiam quem era o dono, olhavam para mim incrédulos: *"Bem, o dono é aquele que o fez!"* A conexão criador-proprietário era muito forte. Quando lhes perguntava se haveria algum problema se eu quebrasse um remo, eles enfatizavam que não seria uma boa ideia, a menos que eu quisesse ter problemas com o criador-proprietário. Investigando mais um pouco, perguntei se o dono podia quebrar o remo. Com um gesto tipicamente tribal, eles disseram: *"Está tudo bem se o dono o quebrar — foi ele quem o fez"*.

Deus criou os anjos e nada mais natural do que serem considerados propriedade dele. E visto que pertenciam a ele, deveriam cumprir suas ordens — como seus servos e mensageiros. Esta não era alguma forma antiga de servidão. Não existe qualquer paralelo aqui com uma sujeição obrigatória. Os anjos não poderiam ter um Criador-Proprietário melhor do que esse.

Intelecto e Poder Extraordinários

Para que pudessem cumprir suas ordens, Deus criou os anjos com grande inteligência e poder. Alguns desses seres angelicais tinham mais capacidades do que outros. Os anjos foram criados como seres perfeitos; sem nenhum mal. Mas eles também não eram robôs; tinham vontade própria, que lhes dava a capacidade de fazerem escolhas.[3]

Semelhantes, mas diferentes

Os anjos compartilham algumas semelhanças com o homem, apesar de o homem não ser tão poderoso ou inteligente. A Bíblia diz…

Tu o fizeste um pouco menor do que os seres celestiais…

Salmo 8.5

Embora semelhantes, os anjos são diferentes do homem. Eles nunca morrem.[4] Não se casam nem se reproduzem.[5] Apesar de normalmente serem invisíveis, em certas tarefas tornam-se visíveis. Quando falam ao homem, falam numa linguagem compreensível ao ouvinte.

O Querubim Ungido

O mais poderoso, o mais inteligente e o mais belo espírito criado foi um querubim. Seu nome é traduzido como *Lúcifer,*[6] que significa *brilhante* ou *estrela da manhã.*

> *... ó estrela da manhã, filho da alvorada!* Isaías 14.12

Lúcifer foi chamado de querubim ungido. O significado da palavra *ungido* tem suas origens no antigo ritual de derramamento de óleo sobre alguém ou alguma coisa, que era separado para Deus, para uma tarefa especial. Este ato era considerado sagrado e não podia ser praticado com leviandade.

> *Você foi ungido como um querubim guardião, pois para isso eu o designei. Você estava no monte santo de Deus... Você era inculpável em seus caminhos desde o dia em que foi criado...* Ezequiel 28.14-15

Parece que a tarefa de Lúcifer o mantinha na presença de Deus todo o tempo. Talvez ele de alguma maneira representasse os demais anjos e os dirigisse na adoração e louvor ao seu Criador-Proprietário. Mais tarde, aprenderemos mais sobre esse querubim ungido.

Adoração

A palavra *adoração* vem de uma palavra que significa *declarar digna uma pessoa.* A Bíblia diz que todos os anjos adoravam a Deus.

> *... Tu deste vida a todos os seres, e os exércitos dos céus te adoram.* Neemias 9.6

Isso faz sentido, visto que Deus é o Soberano Rei e, como tal, merece que se declare seu mérito. Por outro lado, se elogio as ações de um amigo, um terceiro pode questionar se meu amigo merece todo o louvor que estou dando a ele. Mas a Bíblia diz que Deus é digno de todo o louvor.

Tu, Senhor e Deus nosso, és digno de receber a glória, a honra e o poder, porque criaste todas as coisas, e por tua vontade elas existem e foram criadas. Apocalipse 4.11

...tu és grande e realizas feitos maravilhosos; só tu és Deus! Salmo 86.10

Todos os Anjos Assistiram à Criação

O ato criador de Deus tinha começado. Agora, quando as hostes angelicais assistiam a tudo e se regozijavam, Deus começou sua próxima grande obra de arte.

Sua tela: o Universo

Seu tema: toda a Terra

Onde você estava quando lancei os alicerces da terra? Responda-me, se é que você sabe tanto. Quem marcou os limites das suas dimensões? Talvez você saiba! E quem estendeu sobre ela a linha de medir? E os fundamentos, sobre o que foram postos? E quem colocou sua pedra de esquina, enquanto as estrelas matutinas juntas cantavam e todos os anjos se regozijavam? Jó 38.4-7

Capítulo Três

1 Céu e Terra

2 Era Bom

3 Homem e Mulher

1 Céu e Terra

O primeiro livro da Bíblia é chamado Gênesis. Gênesis significa *começos.*

No princípio Deus criou os céus e a terra. Era a terra sem forma e vazia; trevas cobriam a face do abismo, e o Espírito de Deus se movia sobre a face das águas. Disse Deus: "Haja luz", e houve luz. Deus viu que a luz era boa, e separou a luz das trevas. Deus chamou à luz dia, e às trevas chamou noite. Passaram-se a tarde e a manhã; esse foi o primeiro dia.

Gênesis 1.1-5

Do Nada

"No princípio criou Deus..." Criar é demonstrar profundo poder. É ainda mais incrível reconhecer que Deus criou tudo a partir do nada. Como seres humanos, nós também criamos, mas apenas com material já existente. Pintamos quadros usando óleo e tela. Construímos casas de madeira, massa e tijolos. Mas Deus, quando criou, não usou nada.

Onipotente

Para criar em tão grande escala sem nenhum material, sem planta, sem oficina e sem ferramentas, são necessárias habilidades muito além das nossas. A Bíblia nos diz que a criação foi possível simplesmente porque Deus é capaz. O poder de Deus não tem limites.

Grande é o nosso Soberano e tremendo é o seu poder...

Salmo 147.5

Ele é verdadeiramente *onipotente.*

Onisciente

Deus não apenas tem o poder, mas também tem o conhecimento. Ele é *onisciente.*

Grande é o nosso Soberano... é impossível medir o seu entendimento.

Salmo 147.5

Deus sabe tudo. Ele não precisa consultar um arquiteto ou um engenheiro. Seu conhecimento é ilimitado. Na criação, Deus não se limitou ao projeto de ninguém.

Presente em Todo Lugar ao Mesmo Tempo

Quando um homem está no processo de construção ou acabamento de um objeto, precisa de um lugar de trabalho, uma oficina ou estúdio. Mas Deus não necessitou de nenhuma oficina para dar forma à sua criação, pois a Bíblia nos diz que o Senhor está *em todo lugar ao mesmo tempo.*

> *"Sou eu apenas um Deus de perto" pergunta o SENHOR, "e não também um Deus de longe? Poderá alguém esconder-se sem que eu o veja?", pergunta o Senhor. "Não sou aquele que enche os céus e a terra?", pergunta o Senhor?*
>
> *Jeremias 23.23-24*

Somente Deus possui estes três atributos — **saber tudo, poder tudo e estar presente em todo lugar ao mesmo tempo** — e somente uma combinação perfeita desses três atributos seria capaz de criar o variado mundo no qual vivemos.

> *Mas foi Deus quem fez a terra com o seu poder; firmou o mundo com a sua sabedoria e estendeu os céus com o seu entendimento.* *Jeremias 51.15*

Os *anjos* não possuem nenhuma dessas características, mesmo poderosos e inteligentes como são. E nós? Nós nem mesmo chegamos perto desse tipo de capacidade.

Para construirmos até o mais simples objeto, necessitamos de uma união de esforços humanos. Por exemplo, digamos que decidimos fazer uma simples cadeira de metal — do tipo dobrável que você encontra em algumas lanchonetes.

Em primeiro lugar, precisamos de metal.

Mas onde encontrar o tipo certo de metal?

Nas pedras.

Mas como saber quais pedras contêm o metal exigido?

Precisamos de um geólogo e de um explorador que saibam como escolher as pedras que contêm ferro.

Supondo que encontremos as pedras corretas, qual será o próximo passo? As rochas estão no solo!

Precisamos de alguém com técnica para produzir dinamite e equipamento de mineração variado. Precisamos de mineiros que tenham habilidade para extrair com segurança o minério do solo.

Mas você ainda não pode construir uma cadeira só com um monte de ferro.

É necessário fundi-lo.

Você pode fazer um fogo com temperatura para derreter rochas?

Precisamos de gente que conheça os processos de fundição e fusão.

Se encontrarmos essas pessoas, o que isso resolve?

Essas pessoas vão encher uma fôrma de aço para nós. Nessa altura, talvez queiramos sentar naquele ferro derretido, isto é, depois de frio. Mas se vamos fazer uma cadeira, precisaremos de alguém que saiba transformar esse bloco numa peça de metal nivelado e com a espessura correta. Em seguida, precisaremos dobrar o ferro e soldá-lo.

Solda?

Parece que precisamos de alguém com conhecimento sobre eletricidade e como gerá-la.

Como você pode ver, fazer uma cadeira é um processo complicado. E nós nem mesmo mencionamos como fazer a tinta, especificamente do tipo que adere ao metal na cor que desejamos.

E o que dizer sobre os pés da cadeira?

Eles são de plástico.

Plástico?

Opa! Isso não é um dos derivados de petróleo? Deixe-me ver... perfurar um poço para encontrar óleo...!???

E tudo o que queríamos era fazer uma cadeira de metal. Mesmo para criar o mais simples objeto, são necessárias centenas de pessoas com conhecimento e habilidades combinados. **Ninguém sabe tudo**.

Nenhum de nós, humanos ou angelicais, pode ser comparado, nem de longe, a Deus, o qual **sabe** todas as coisas, e tem todo o **poder** para criar do nada e estar **em todo lugar**.

Desta forma, ele pode colocar o objeto que fez em qualquer lugar que escolher. Deus é inigualável.

> *Ah! Soberano SENHOR, tu fizeste os céus e a terra pelo teu grande poder e por teu braço estendido. Nada é difícil demais para ti.* Jeremias 32.17

Deus Falou

O relato desse imenso ato criador é registrado de modo simples e conciso. A mais surpreendente informação é apresentada em poucas palavras. Por exemplo, o texto bíblico faz apenas uma rápida referência sobre o *meio* pelo qual Deus realizou sua criação. Ele não usou mãos ou ferramentas. O Senhor apenas falou e o cosmo, e tudo o que ele contém, passaram a existir.

> *Disse Deus: "Haja luz"...* Gênesis 1.3

> *...o universo foi formado pela palavra de Deus...* Hebreus 11.3

Mais uma vez, essa capacidade confunde nossa imaginação. Não podemos compreender a criação de uma cadeira de metal através da fala, muito menos a do Universo! Afinal, o que se esperaria de um Deus Todo-poderoso? Quando pensamos a respeito, esperamos exatamente que Ele seja onipotente. A Bíblia declara isso como fato.

> *Mediante a* **palavra** *do SENHOR foram feitos os céus, e os corpos celestes, pelo sopro de sua* **boca**. *Toda a terra tema o SENHOR; tremam diante dele todos os habitantes do mundo. Pois* **ele falou**, *e tudo se fez;* **ele ordenou**, *e tudo surgiu.* Salmo 33.6,8-9

Foi assim que tudo começou. Deus chamou a luz à existência. Ele chamou a luz *dia*, e as trevas *noite*. De acordo com a Bíblia, o primeiro dia da criação estava concluído.

ANTIGO, MAS EXATO

Séculos atrás, era comum acreditar que a Terra era achatada. Esse pensamento nunca teve suas origens na Bíblia. A Escritura usa uma palavra que faz alusão à forma esférica do globo quando declara...

Ele se assenta no seu trono, acima da cúpula da terra...
Isaías 40.22

Alguns antigos especulavam se a Terra estaria estabelecida sobre um firme fundamento ou se era sustentada por um deus mitológico. A Bíblia diz que Deus...

...suspende a terra sobre o nada. Jó 26.7

No segundo século depois de Cristo, Ptolomeu catalogou 1.022 estrelas, relação que foi considerada oficial até a invenção do telescópio por Galileu no século XVII. Embora possamos ver aproximadamente 5.000 estrelas a olho nu, a Bíblia, em suas páginas mais antigas, diz que o número de estrelas é como

...a areia das praias do mar... Gênesis 22.17

PRESENTE EM TODO LUGAR AO MESMO TEMPO

Temos maior ou menor dificuldade de compreender os diferentes atributos de Deus. De qualquer maneira, é mais fácil compreendermos que Deus é *onipotente* e *onisciente* do que onipresente. Mas em diversos trechos as Escrituras nos ensinam que Deus está *presente em todo lugar.*

Quando paramos e consideramos essa ideia, ela é realmente confortante. Se estou viajando longe de minha família, é bom saber que Deus está com ela. Mas ao mesmo tempo desejo que o Senhor esteja comigo. Quando estou com problemas, eu não quero ter que *ir atrás de Deus* para buscar ajuda. Eu posso precisar de ajuda — AGORA! E, é claro, eu quero que também seja assim com a minha família.

Por outro lado, pode ser assustador saber que Deus está presente em todo lugar. Se eu errar, não haverá nenhum lugar para esconder-me.

No século X a.C., um rei de Israel, dirigido por Deus, escreveu estas palavras:

Para onde poderia eu escapar do teu Espírito? Para onde poderia fugir da tua presença? Se eu subir aos céus, lá estás; se eu fizer a minha cama na sepultura, também lá estás. Se eu subir com as asas da alvorada e morar na extremidade do mar, mesmo ali a tua mão direita me guiará e me susterá. Mesmo que eu diga que as trevas me encobrirão, e que a luz se tornará noite ao meu redor, verei que nem as trevas são escuras para ti. A noite brilhará como o dia, pois para ti as trevas são luz.

Salmo 139.7-12

É necessário distinguir o fato de Deus estar *em todo lugar ao mesmo tempo* do conceito de *panteísmo*. Resumindo, o panteísmo ensina que Deus está *em* tudo, e tudo *é* Deus. Por outro lado, veremos que a Bíblia ensina que o Senhor é distinto da criação — ele não é parte dela. A Escritura define Deus como um *ser*, não algum tipo de *força* abstrata ou *realidade transcendente*.

Será que você não sabe? Nunca ouviu falar? O SENHOR é o Deus eterno, o Criador de toda a terra. Ele não se cansa nem fica exausto; sua sabedoria é insondável.

Isaías 40.28

2 Era Bom

Deus começou a sua obra de criação. As cortinas foram abertas. Enquanto todos os anjos assistiam, céu e terra entraram no palco. Com uma palavra, o soberano Deus ligou os holofotes. O Ato Número Um foi encerrado: o Primeiro Dia. Nos próximos cinco dias da criação, seguem-se mais cinco atos do grande espetáculo de Deus.

Será que vocês não sabem? Nunca ouviram falar? Não lhes contaram desde a antiguidade? Vocês não compreenderam como a terra foi fundada? Ele se assenta no seu trono, acima da cúpula da terra, cujos habitantes são pequenos como gafanhotos. Ele estende os céus como um forro, e os arma como uma tenda para neles habitar. Isaías 40.21-22

A Bíblia compara a Terra a uma tenda. É um lugar de habitação exclusivo no Universo. Mas para que o planeta Terra pudesse ser uma habitação apropriada, muitas obras seriam necessárias. Nós vemos os anjos se calarem. A cortina se abre no Segundo Dia com a criação do *firmamento*. Firmamento? O que é isso? Deixe-me explicar.

Segundo Dia

Depois disse Deus: "Haja entre as águas um firmamento que separe águas de águas". Então Deus fez o firmamento e separou as águas que ficaram por cima. E assim foi. Ao firmamento Deus chamou céu. Passaram-se a tarde e a manhã; esse foi o segundo dia. Gênesis 1.6-8

Quando Deus criou o mundo, a Terra estava coberta com água. No segundo dia, vemos a primeira indicação de que originalmente o mundo foi criado diferente do que o conhecemos agora. A Bíblia diz que Deus colocou um pouco daquela água acima dos céus. Embora alguns comentaristas sugiram que isso se refere simplesmente às nuvens, outros têm especulado a existência de uma redoma transparente de vapor ao redor do globo. Se as *águas acima* sugerem uma redoma ou não, há evidências de que o clima era muito diferente daquilo que atualmente conhecemos. Parece que era uniformemente tropical. Sabe-se que uma atmosfera que contém mais vapor produz um *efeito estufa*. Mais tarde veremos que tudo o que conhecemos agora pode ser diferente do que havia antes. Em todo caso, de acordo com a Bíblia, Deus criou um *firmamento, provavelmente semelhante ao que chamamos atualmente de atmosfera.

*A palavra *firmamento* é sinônima de espaço e pode aplicar-se tanto à atmosfera terrestre como ao espaço.

Terceiro Dia

No início do terceiro dia, a água sob a expansão ainda formava um vasto oceano, sem nenhuma terra seca visível. Mais uma vez, Deus falou.

E disse Deus: "Ajuntem-se num só lugar as águas que estão debaixo do céu, e apareça a parte seca". E assim foi. À parte seca Deus chamou terra, e chamou mares ao conjunto das águas. E Deus viu que ficou bom. Então disse Deus: "Cubra-se a terra de vegetação: plantas que deem sementes e árvores cujos frutos produzam sementes de acordo com as suas espécies". E assim foi. A terra fez brotar a vegetação: plantas que dão sementes de acordo com as suas espécies, e árvores cujos frutos produzem sementes de acordo com as suas espécies. E Deus viu que ficou bom. Passaram-se a tarde e a manhã; esse foi o terceiro dia. Gênesis 1.9-13

O terceiro dia pode ser dividido em duas partes. Primeiro, vemos a terra seca aparecer. Aparentemente, enquanto o fundo do oceano baixava formando imensas bacias de água, a terra seca aparecia, emergindo das águas profundas. Segundo, vemos a criação das plantas e árvores.

Pois assim diz o SENHOR, que criou os céus, ele é Deus; que moldou a terra e a fez, ele fundou-a; não a criou para estar vazia, mas a formou para ser habitada; ele diz: "Eu sou o Senhor, e não há nenhum outro...". Isaías 45.18

Desde o início, Deus estava preparando o mundo para ser habitado, e agora a vida vegetal foi criada para prover nossas necessidades físicas: comida para comer, oxigênio para respirar e madeira para construir muitas coisas.

Quarto Dia

No primeiro dia da criação, Deus abriu a cortina das trevas quando chamou a luz à existência. No quarto dia, Deus criou os luminares.[1]

Disse Deus: "Haja luminares no firmamento do céu para separar o dia da noite. Sirvam eles de sinais para marcar estações, dias e anos, e sirvam de luminares no firmamento do céu para iluminar a terra". E assim foi.

Deus fez os dois grandes luminares: o maior para governar o dia e o menor para governar a noite; fez também as estrelas. Deus os colocou no firmamento do céu para iluminar a terra, governar o dia e a noite, e separar a luz das trevas.

E Deus viu que ficou bom. Passaram-se a tarde e a manhã; esse foi o quarto dia. Gênesis 1.14-19

Se achamos estranho que Deus tenha criado a luz antes do sol, temos de lembrar que para Deus é tão fácil criar a luz quanto criar os luminares.

"Eu sou o Senhor, que fiz todas as coisas, que sozinho estendi os céus..." Isaías 44.24

Ele fez a lua para marcar estações; o sol sabe quando deve se pôr. Salmo 104.19

Ordem

O Sol, a Lua e as estrelas revelam que o Criador-Mestre é um Deus de ordem. Ordem é a regra do Universo. Ele pulsa com precisão de um relógio atômico e, de fato, é um tipo de cronômetro. Nós escrevemos mapas de marés com anos de antecedência, com a certeza de que estão corretos. Lançamos satélites, certos de que estes chegarão aos planetas distantes e que estão se deslocando no momento preciso, como foram *programados. Todo o planeta descansa na regularidade do nascer e do pôr-do-sol. Sem este padrão fixo, nada sobreviveria.

*A sonda Galileu, da NASA, viajou seis anos antes de alcançar Júpiter, exatamente como fôra planejado.

A ordem observada no Universo é o resultado de leis físicas que governam todas as coisas. Nós podemos estudar essas leis através de várias ciências, tais como: astronomia, biologia, física e química. Deus estabeleceu essas leis físicas para manter o Universo em equilíbrio perfeito e surpreendente.

Ele é antes de todas as coisas, e nele tudo subsiste. Colossenses 1.17

Para nós, essas leis são tão naturais que nunca paramos para pensar que o mundo não seria igual sem elas. Mas imagine o resultado se, por alguns segundos, sem mais nem menos, um pouco a cada dia, a lei da gravidade fosse suspensa! Caos e morte reinariam. Seria como se alguém instantaneamente removesse todos os semáforos, sinais de "pare" e limites de velocidade das ruas de nossa cidade. Essas leis existem para um propósito. Leis definem limites irremovíveis de como algo deve funcionar.

O dia é teu, e tua também é a noite; estabeleceste o sol e a lua. Determinaste todas as fronteiras da terra... Salmo 74.16-17

Quase instintivamente, tratamos essas leis naturais com grande respeito. Por exemplo, andamos cuidadosamente à beira de um penhasco porque sabemos que desafiar a lei da gravidade tem sérias consequências. *Sempre que houver uma lei, haverá uma consequência.* A menos que sejamos irresponsáveis, evitamos transgredir essas leis, assim como fugimos de uma calamidade.

Essas leis — essa estrutura e ordem — revelam como é Deus. Ele é perfeito.

Quinto Dia

No quinto dia, Deus criou toda a sorte de vida marítima e aves.

Disse também Deus: "Encham-se as águas de seres vivos, e voem as aves sobre a terra, sob o firmamento do céu". Assim Deus criou os grandes animais aquáticos e os demais seres vivos que povoam as águas, de acordo com as suas espécies; e todas as aves, de acordo com as suas espécies. E Deus viu que ficou bom. Então Deus os abençoou, dizendo: "Sejam férteis e multipliquem-se! Encham as águas dos mares! E multipliquem-se as aves na terra". Passaram-se a tarde e a manhã; esse foi o quinto dia. Gênesis 1.20-23

Sexto Dia

O sexto dia foi o auge do ato criador de Deus. Deus começou o dia criando os animais.

E disse Deus: "Produza a terra seres vivos de acordo com as suas espécies: rebanhos domésticos, animais selvagens e os demais seres vivos da terra, cada um de acordo com a sua espécie". E assim foi.

Deus fez os animais selvagens de acordo com as suas espécies, e os demais seres vivos da terra de acordo com as suas espécies. E Deus viu que ficou bom. Gênesis 1.24-25

Espécies

No terceiro, quinto e sexto dias, respectivamente, a ordem foi que as plantas, a vida marinha, as aves e os animais se reproduzissem de acordo com suas espécies. O que significa *de acordo com a sua espécie*? Em outras palavras, significa que gatos dão à luz gatos, cachorros dão à luz cachorros e elefantes dão à luz elefantes. Não precisamos temer que, plantando batatas, nasçam eucaliptos.

As criaturas podem dar origem a diferentes variedades[2], mas, ainda assim, estas pertencem à mesma espécie. Por exemplo, podemos criar vários tipos de cachorros e terminar com um batalhão de caninos — desde o pequinês ao cão dinamarquês — contudo, ainda assim, todos são cachorros. Não se acrescenta nada novo. Na verdade, cada um desses cães contém menos informações genéticas do que a raça original da qual descendem. Por outro lado, já que as espécies estão preestabelecidas, um fazendeiro não precisa se preocupar com a possibilidade de o seu porco cruzar com uma ovelha. Mais uma vez podemos ver que Deus incluiu leis no sistema físico, para que estas mantenham a ordem.

Perfeito, Sem Defeito, Santo

Quando o Universo foi criado, a Bíblia diz várias vezes que...

> *... E Deus viu que ficou bom.* Gênesis 1.25

Essa é outra daquelas breves declarações carregadas de significado. Quando Deus criou, fez coisas realmente boas.

> *Este é o Deus cujo caminho é perfeito; a palavra do SENHOR é comprovadamente genuína.* Salmo 18.30

Nós, humanos, jamais podemos fazer algo sem defeito. O que produzimos pode ser totalmente aceitável, mas ainda terá defeitos. Entretanto, quando Deus criou, fez todas as coisas sem falha.

A Bíblia diz que o próprio Deus é perfeito — sem mácula. Usamos palavras tais como *santo* e *justo* para descrever aspectos dessa perfeição.

> *"Santo, santo, santo é o SENHOR dos Exércitos...* Isaías 6.3

> *Os seus feitos manifestam majestade e esplendor, e a sua justiça dura para sempre.* Salmo 111.3

> *... o Deus santo se mostrará santo em sua retidão.* Isaías 5.16

Veremos com mais profundidade essas palavras à medida que avançarmos na Bíblia. Por enquanto, tudo o que necessitamos saber é que as palavras *santo* e *justo* são usadas para descrever aspectos da natureza perfeita do Senhor.

Nunca poderemos enfatizar suficientemente a absoluta santidade de Deus. Este é um ponto que não pode ser ignorado em toda a história. É uma peça que não pode ser deixada fora do quebra-cabeça. Tenha isso em mente enquanto continua a ler.

A perfeição é fundamental para o caráter de Deus. Como Ele é perfeito, só podia realizar uma criação perfeita. A criação mudou, como veremos, mas no início era perfeita! Deus disse: *ficou bom*. Era perfeito.

Deus Cuida

Deus poderia ter criado todas as plantas e animais em preto e branco; todavia fez tudo com uma infinita variedade de cores e tons. Ele não apenas inventou as cores, mas também criou olhos capazes de apreciá-las.

Deus providenciou uma grande variedade de comidas de sabor agradável. Ele poderia ter criado toda comida com gosto de fígado! Uns podem até apreciar fígado, mas todos nós conhecemos pessoas que ficariam bastante desapontadas se tivessem que comer fígado. O Senhor não apenas criou uma infinidade de temperos, como nos supriu com paladar capaz de apreciar as delicadas mudanças de uma infinidade de alimentos.

Juntamente com muitas outras coisas, ele deu fragrância às flores e criou o nariz com a habilidade de apreciar uma variedade de aromas. Tudo poderia ter cheiro de ovos podres, mas não foi assim que Deus planejou.

Deus poderia ter limitado Sua criação de vida vegetal a umas poucas espécies. De fato, poucas seriam suficientes para suprir as nossas necessidades completamente. Mas não. Vemos uma variedade espantosa. É evidente que o Senhor é um Deus que verdadeiramente cuida de nós. A Bíblia diz que ele...

> *...tudo nos provê ricamente, para a nossa satisfação.*
>
> *1 Timóteo 6.17*

Deus não só tem toda a capacidade e poder para criar as variedades ilimitadas, mas esse poder foi unido a um interesse amoroso. Ele é um Deus que revelou a Si mesmo com atos de bondade no mundo ao nosso redor.

Deus continua impressionando a humanidade com Sua criação. Por séculos, muitas coisas estavam encobertas da visão do homem por causa de nossa incapacidade de ver e entender Sua criação. Mas, então, à medida que se desenvolveram microscópios eletrônicos, aceleradores atômicos, telescópios orbitais e outras tecnologias, fomos capazes de perscrutar algumas dessas áreas ocultas. E não nos cansamos de nossas descobertas. Antes, quanto mais descobrimos, mais admirados ficamos, mais impressionados nos tornamos e mais conscientes do que não sabemos. E tudo estava ali todo o tempo, criado por um tremendo Deus que inspira adoração!

Grande é o SENHOR e digno de ser louvado; sua grandeza não tem limites. Salmo 145.3

Houve ainda mais um passo antes do pôr-do-sol no Sexto Dia — antes que o Universo de Deus fosse terminado; esse passo foi a criação do homem e da mulher.

3 Homem e Mulher

Pois assim diz o SENHOR, que criou os céus, ele é Deus; que moldou a terra e a fez, ele fundou-a; não a criou para estar vazia, mas a formou para ser habitada; ele diz: "Eu sou o Senhor, e não há nenhum outro". Isaías 45.18

Sexto Dia (continuação)

O sexto dia começou com a criação de animais. Agora, o foco de toda história muda. Até agora, Deus estava preparando a Terra *para ser habitada*. Os anjos que assistiam a tudo devem ter se perguntado o que Deus tinha em mente para o desfecho final. A Terra seria para eles? Não sabemos se os anjos pensaram nisso ou não, mas certamente o modo como Deus agiu, na criação do homem, reservava algumas surpresas.

*Então disse Deus: "*Façamos o homem à *nossa imagem, conforme a *nossa semelhança. Domine ele sobre os peixes do mar, sobre as aves do céu, sobre os grandes animais de toda a terra e sobre todos os pequenos animais que se movem rente ao chão".*

* Talvez você esteja se perguntando o que Deus quis dizer quando falou: "**Façamos** o homem segundo a **nossa** imagem ...". Abordaremos o assunto a seguir.

Criou Deus o homem à sua imagem, à imagem de Deus o criou; homem e mulher os criou. Gênesis 1.26-27

A Imagem de Deus

A Bíblia diz que o Senhor criou o homem à *imagem de Deus.* Ora, obviamente isso não significa que somos cópias exatas. Nenhum de nós é onisciente, onipotente ou onipresente. A Bíblia também não ensina que somos *pequenos deuses,* e sim que o homem é como um espelho que reflete a imagem do objeto, mas não é o objeto. De certo modo, quando você olha para o homem, vê muitas coisas que ele tem em comum com Deus.

Antes de mais nada, Deus criou o homem com uma **mente**. De certa forma, Deus nos deu um pouquinho de Seu intelecto. Por termos uma **mente**, somos capazes de investigar, entender e criar, que são habilidades que Deus possui. Mas embora tenhamos um intelecto, não somos oniscientes. Na verdade, nascemos neste mundo com muito pouco conhecimento. Tudo o que *sabemos* teve que ser aprendido.

Deus também criou o homem com **emoções**. A palavra *emoção* pode ter implicações negativas, mas há um lado positivo. A capacidade de *sentir* é um aspecto muito importante do ser humano. Sem sentimentos, seu relacionamento com os outros seria como o de um robô — frio e calculista. Em contraste com um robô sem emoção, as Escrituras nos dizem que o Senhor é compassivo; Ele é carinhoso; e fica irado quando vê injustiça. Um deus sem coração, e sem a capacidade de sentir amor ou mostrar compaixão seria realmente amedrontador. Deus criou-nos com *sentimentos* porque *ele* tem sentimentos.

Deus também criou o homem com uma **vontade própria**. A capacidade do homem tomar decisões muitas vezes é considerada um direito. Mas a capacidade de escolher e de ter preferências é que permite à humanidade uma variedade sem fim. Alguns gostam de arroz, outros preferem batatas. Para o café da manhã, você pode ter pão de queijo, pão francês ou pão de forma. As escolhas são ilimitadas.

A capacidade de escolher distingue-nos dos robôs, que não são capazes de tomar decisões independentes — eles apenas correspondem ao que foi programado. O homem recebeu uma *vontade própria* para que ele pudesse seguir a Deus livremente, não como um robô, mas como alguém que tenha compreendido que Deus cuida dele e, portanto, sabe que Deus está procurando fazer o que é melhor para ele.

Possuir *intelecto, emoções* e *vontade própria* são todos aspectos do ser criado à imagem de Deus. Há outras áreas que podíamos abordar também, mas vamos seguir adiante. A Bíblia diz...

> *Então o SENHOR Deus formou o homem do pó da terra e soprou em suas narinas o fôlego de vida, e o homem se tornou um ser vivente.* Gênesis 2.7

As palavras *fôlego de vida* muitas vezes estão associadas ao *espírito* ou à parte não-material do homem. Este é mais um reflexo da imagem de Deus, pois Deus é Espírito. Como já dissemos antes, espíritos não podem ser vistos, pois não possuem corpos. Entretanto, no caso do homem, Deus optou por providenciar uma casa física de carne e ossos para o espírito do homem habitar — uma *casa* formada do *pó da terra.* Depois de formado, o corpo ficaria deitado ali, completo, mas totalmente sem vida. Foi quando Deus soprou o espírito no homem que o corpo tornou-se vivo. Somente Deus pode conceder vida; nenhum ser humano ou anjo possui essa capacidade. Mais uma vez, vemos que o Senhor é completamente distinto de todos os seus seres criados — Ele é maior que todos.

Uma Companheira

O primeiro e único homem que Deus criou foi chamado *Adão,* que significa *homem.* Em seguida, Deus criou a mulher.

> *Então o SENHOR Deus declarou: "Não é bom que o homem esteja só; farei para ele alguém que o auxilie e lhe corresponda".* Gênesis 2.18

> *Então o SENHOR Deus fez o homem cair em profundo sono e, enquanto este dormia, tirou-lhe uma das costelas, fechando o lugar com carne. Com a costela que havia tirado do homem, o SENHOR Deus fez uma mulher e a levou até ele. Disse então o homem: "Esta, sim, é osso dos meus ossos e carne da minha carne! Ela será chamada mulher, porque do homem foi tirada".*
>
> *O homem e sua mulher viviam nus, e não sentiam vergonha.* Gênesis 2.21-22,25

Esses poucos versículos têm gerado discussões acaloradas. Alguns entendem que quando Deus fez a mulher, a fez como uma cidadã de segunda classe. Não é assim. Deus tomou a mulher do lado do homem — para ser uma companheira; não do calcanhar do homem — para ser sua escrava. Adão deu à sua esposa o nome *Eva*, que significa *doadora de vida.*

O Jardim Perfeito

Deus tomou Adão e Eva e os colocou em um jardim especial, que havia criado para eles. O jardim era chamado *Éden.*

> *Ora, o SENHOR Deus tinha plantado um jardim no Éden, para os lados do leste, e ali colocou o homem que formara. Então o SENHOR Deus fez nascer do solo todo tipo de árvores agradáveis aos olhos e boas para alimento.* Gênesis 2.8-9

Nem mesmo todos os jardins e zoológicos do mundo podem ser comparados ao jardim de Deus! Era um paraíso perfeito — com linda folhagem, água límpida e abundante, com uma imensidão de peixes, uma inacreditável variedade de animais — com beleza indescritível! O clima também era diferente. A Bíblia diz...

> *...o SENHOR Deus ainda não tinha feito chover sobre a terra... Todavia brotava água da terra e irrigava toda a superfície do solo.* Gênesis 2.5-6

Nós não conseguimos imaginar muito bem como era o Éden, mas obviamente Deus não criou um jardim no qual Adão e Eva tivessem de lutar pela sobrevivência. O jardim apresentava uma abundância, e Deus provia tudo o que eles precisavam. Era um mundo perfeito para se viver!

Criador-Proprietário

Deus não perguntou a Adão e Eva se gostariam de viver no Éden — ele sabia o que era melhor para eles. Deus podia agir sem consultar ninguém, simplesmente porque como Criador, era também Proprietário. (Lembre-se da ilustração daquela tribo: aquele que faz o remo também é dono do remo.)

> *Teus, ó SENHOR, são a grandeza, o poder, a glória, a majestade e o esplendor, pois tudo o que há nos céus e na terra é teu.* 1 Crônicas 29.11

Do SENHOR é a terra e tudo o que nela existe, o mundo e os que nele vivem. Salmo 24.1

Reconheçam que o SENHOR é o nosso Deus. Ele nos fez e somos dele: somos o seu povo... Salmo 100.3

Assim como os anjos pertencem a Deus porque ele os criou, assim também o homem pertence a Deus porque o Senhor foi seu Criador. E assim como os anjos receberam a tarefa de serem servos de Deus, assim também Deus deu ao homem a responsabilidade de cuidar da Terra.

O SENHOR Deus colocou o homem no jardim do Éden para cuidar dele e cultivá-lo. Gênesis 2.15

Período de Teste

Só porque Deus não consultou Adão e Eva quanto a colocá-los no jardim, isso não significa que eles não tinham escolha. Deus criou o homem com vontade própria — a capacidade de escolha. Entretanto, quando se trata de algumas áreas da vida, tal como o amor, ter a capacidade de escolha não significa nada, a menos que haja alternativas. Assim, Deus colocou diante do homem uma opção muito simples, envolvendo duas árvores.

... E no meio do jardim estavam a árvore da vida e a árvore do conhecimento do bem e do mal. Gênesis 2.9

A primeira árvore mencionada é a *árvore da vida*. Se o homem comesse dessa árvore, viveria para sempre. Sem problemas.

A segunda árvore, entretanto, veio com uma advertência. Era a *árvore do conhecimento do bem e do mal*. Adão e Eva conheciam o *bem*; mas o *mal* era outra história. Ambos tinham sido criados como seres perfeitos e eram inocentes de todo mal. Sua experiência estava limitada à bondade de Deus. A Bíblia diz que se Adão e Eva comessem o fruto dessa árvore, não apenas conheceriam o que era bom, mas também o que era mau.

*E o SENHOR Deus ordenou ao homem: "Coma livremente de qualquer árvore do jardim, **mas não coma da árvore do conhecimento do bem e do mal**, porque no dia em que dela comer, certamente você morrerá".* Gênesis 2.16-17

Anteriormente, vimos que desafiar as leis físicas de Deus, como a gravidade, tem consequências. Este princípio — *uma lei quebrada tem suas consequências* — aplica-se a todas as leis ou mandamentos de Deus. Neste caso, Deus deu ao homem uma regra simples: "Não coma o fruto daquela árvore". A consequência de quebrar esse mandamento era muito clara — o homem morreria. Analisaremos a morte com maiores detalhes mais adiante.

Essa árvore era o que distinguia o homem como ser humano e não como robô. O homem tinha uma escolha — comer ou não comer, obedecer ou desobedecer. O robô só faz o que lhe foi programado, mas Adão e Eva tinham uma opção. Há uma grande diferença entre uma pessoa programada para dizer "*Eu obedecerei a você*" e alguém que assim o faz por sua própria vontade. Ter a capacidade de *escolher* é o que dá significado e profundidade à palavra *obedecer.* A possibilidade de escolha cria um relacionamento genuíno.

Essa única restrição aos primeiros humanos não podia mesmo ser chamada de privação. A situação não era como retratam alguns quadros, com Adão e Eva sentados sob duas árvores solitárias, com alguns poucos frutos à sua disposição. Eles tinham abundância.

> *Então o SENHOR Deus fez nascer do solo* ***todo tipo de árvores*** *agradáveis aos olhos e boas para alimento.*
>
> *Gênesis 2.9*

Criados para Sua Glória

Ao dar a Adão e Eva uma opção de escolha, Deus não estava querendo que eles se tornassem independentes. Pelo contrário, o homem foi criado para refletir a grandeza de Deus — para honrá-lo.

> *"Tu, Senhor e Deus nosso, és digno de receber a glória, a honra e o poder, porque criaste todas as coisas, e por tua vontade elas existem e foram criadas."* *Apocalipse 4.11*

Quando um filho é obediente ao seu pai, ele o honra. O mesmo acontece entre o homem e Deus. O homem foi criado com vontade própria para que, através de suas escolhas obedientes, ele honre o Senhor. De fato, como Criador do Universo,

Deus merece toda a honra que o homem pode lhe dar. Mostrar esse respeito resultaria em tremendos benefícios. A Bíblia diz que quando o homem se submete ao plano de Deus para ele, encontra a maior felicidade, satisfação e realização. Foi assim com Adão e Eva.

> *Deus os abençoou, e lhes disse: "Sejam férteis e multipliquem-se! Encham e subjuguem a terra! Dominem sobre os peixes do mar, sobre as aves do céu e sobre todos os animais que se movem pela terra".* Gênesis 1.28

Homem — O Amigo de Deus

Deus estava comprometido com o bem-estar de Adão e Eva. Deus estava lá para satisfazer cada necessidade que eles tivessem.

> *Disse Deus: "Eis que lhes dou todas as plantas que nascem em toda a terra e produzem sementes, e todas as árvores que dão frutos com sementes. Elas servirão de alimento para vocês. E dou todos os vegetais como alimento a tudo o que tem em si fôlego de vida: a todos os grandes animais da terra, a todas as aves do céu e a todas as criaturas que se movem rente ao chão". E assim foi.* Gênesis 1.29-30

A Bíblia fala de Deus vindo no frescor da tarde para andar com o homem. Adão e Eva podiam fazer isto, pois eram inocentes de qualquer tipo de mal ou erro. Eles tinham uma perfeição que lhes permitia estar na companhia de Deus. *Somente pessoas perfeitas*[3] *podem viver na presença de um Deus perfeito.*

Que experiência deve ter sido para esse novo casal — passear no jardim com o Criador do Universo! É bem possível que Deus tenha gastado tempo explicando em detalhes como fez as coisas, transmitindo conhecimento profundo sobre a complexidade das flores, chamando pássaros escondidos nos topos das árvores, apresentando animais isolados das florestas e apontando coisas que tinham escapado à observação deles. Sem dúvida, explicou as leis que mantêm tudo funcionando com tanta precisão. Que aula! E que Professor! Ninguém poderia ter explicado melhor como cuidar do jardim. O mundo era um lugar perfeito para se viver!

Mas Deus não era algum tipo de superprofessor rabugento e distante. O Criador era o *melhor* amigo de Adão e Eva. Na vida, o relacionamento familiar ideal é aquele no qual os pais dão carinho, e o filho, por sua vez, honra os pais com amor obediente. Esse era o relacionamento que Adão e Eva tinham com Deus. Deus amorosamente os supria de tudo, e eles amorosamente obedeciam ao Senhor, honrando-o. Foi assim que Deus criou as coisas.

Criação Concluída

E Deus viu tudo o que havia feito, ***e tudo havia ficado muito bom****. Passaram-se a tarde e a manhã; esse foi o sexto dia.*

Gênesis 1.31

Muitas vezes, começamos um projeto com grande entusiasmo. Com o passar do tempo, mexemos nele uma vez ou outra e finalmente desistimos, colocando o produto não acabado na última prateleira do armário. Mas Deus sempre termina o que se propõe a fazer. Podemos mudar de ideia sobre nossos planos, mas Deus nunca muda.

Mas os planos do SENHOR permanecem para sempre, os propósitos do seu coração, por todas as gerações.

Salmo 33.11

A Criação estava concluída. A Bíblia conta que Deus descansou no sétimo dia, não porque estivesse cansado, mas porque sua criação estava completa. Era tempo de recostar-se e deleitar-se!

O Que Dizer Sobre A Evolução?

A Bíblia não trata da Evolução. O debate entre Criação e Evolução tem gerado muita controvérsia, definido como um debate entre religião e ciência. Este livro não foi escrito para tratar desse assunto, mas aqui vão alguns pensamentos.

Primeiramente, não é totalmente correto designar a Evolução como ciência e Criação como religião. Desde que Charles Darwin publicou a teoria em 1859, o Darwinismo clássico tem sido substituído pelo Neo-Darwinismo e pela teoria do Equilíbrio Estável — teorias que diferem grandemente entre si. Não existe nenhum conjunto de fatos aceito por consenso como explicação das origens. Muitos eruditos argumentam que a Evolução não é ciência pura, mas que ela inclui aspectos fundamentais da religião. Essa religião pressupõe que não há Deus, preferindo colocar sua fé em uma enorme quantidade de tempo e no acaso. Eles destacam que a evolução viola leis básicas da Física.

Por outro lado, colocar a Criação totalmente na categoria de religião pode não ser correto também. Um grupo significativo de cientistas concluiu que este Universo complexo só poderia existir se houvesse um criador (tal como Deus), ou uma equipe de criadores. Utilizando-se exclusivamente da ciência, afirmam que o mundo tem uma complexidade irredutível[4], mesmo no nível mais elementar. Eles demonstram que essa complexidade universal e ordem só poderiam existir se tivessem sido planejadas desde o início — elas não poderiam evoluir por acaso. Embora alguns desses cientistas não se considerem crentes na Bíblia, muitos aceitam o que ela diz. Este último grupo é conhecido como cientistas criacionistas.

Desde meados da década de 60, houve uma explosão de material escrito sobre o assunto (ver Apêndice). Muita coisa pode ser lida e compreendida por leigos. Eu sugiro que você continue lendo e pesquisando, antes de formar a sua opinião.

Alguns questionam a validade da narrativa da Criação no que diz respeito aos dinossauros. De um ponto de vista bíblico, não há motivo para não acreditar que Deus os tenha criado juntamente com os demais animais. Existem evidências de que os dinossauros viveram no mesmo período que o homem.

Outros questionam a idade da Terra — aparentemente, ela é muito velha, mas a Bíblia não sugere longas eras. É verdade que cientistas desenvolveram numerosos modelos de relógios astronômicos, solares, terrestres e biológicos[5] na tentativa de determinar a idade do Universo, mas embora esses modelos empreguem cálculos lógicos, as épocas computadas têm deixado os cientistas coçando a cabeça. Dependendo do relógio usado, os períodos variam de poucos milhares de anos até bilhões de anos. Darwin especulou 400 milhões de anos para a evolução biológica. Hoje, uma estimativa geral é de no mínimo 4,6 bilhões de anos. Qual dos relógios está certo?

Existe uma resposta lógica que corresponda ao relato bíblico? Partindo unicamente da Bíblia, sabemos que Deus criou uma Terra "madura". No dia de sua criação, Adão podia ter andado entre árvores altaneiras, admirado os imensos animais e contemplado o céu estrelado. Talvez ele tenha pensado *"Puxa! Este lugar existe há muito tempo"*. Entretanto, Deus poderia ter-lhe contado que esse lugar tinha, quando muito, seis dias — Deus criara todo o Universo em perfeito estado de funcionamento. Cientistas, olhando para trás, tentam determinar o passado pelo que eles observam — assim como Adão. A Bíblia, porém, registra as origens da Terra da perspectiva de uma testemunha ocular — o próprio Deus.

Dessa forma, o que Deus quis dizer quando afirmou que criou o Universo? Em quem devemos crer? Na palavra de quem devemos confiar?

Séculos atrás, um rei ponderou sobre seu lugar no mundo:

> *Quando contemplo os teus céus, obra dos teus dedos, a lua e as estrelas que ali firmaste, pergunto: Que é o homem, para que com ele te importes? E o filho do homem, para que com ele te preocupes? Tu o fizeste um pouco menor do que os seres celestiais e o coroaste de glória e de honra. Tu o fizeste dominar sobre as obras das tuas mãos; sob os seus pés tudo puseste: todos os rebanhos e manadas, e até os animais selvagens, as aves do céu, os peixes do mar e tudo o que percorre as veredas dos mares. SENHOR, Senhor nosso, como é majestoso o teu nome em toda a terra!* Salmo 8.3-9

Capítulo Quatro

1 Eu Serei

A criação terminou com o selo de aprovação de Deus. Ele declarou que era *muito boa*. Tudo estava em ordem. Não havia dor, nem enfermidade, nem luta pela sobrevivência do mais apto, nem discórdia e, acima de tudo, não havia morte. Entre Deus e o homem havia um relacionamento sem igual, um companheirismo, uma amizade. O Éden era o lugar perfeito para se viver. Tudo era muito bom!

Mas hoje temos dor e doenças e só o mais capaz sobrevive. Às vezes, desejamos que a discórdia verbal fosse nosso único problema. Ao invés disso, em qualquer época, a tirania da guerra domina em muitas partes do mundo. Tudo entra em colapso ou se desgasta. De cada canto do reino animal até toda a humanidade, a vida envolve um conflito perpétuo. O mundo *não é um lugar muito bom*. O que aconteceu?

Lúcifer

Tudo isso começou no jardim do Éden. A Bíblia declara a respeito de Lúcifer...

> *Você estava no Éden, no jardim de Deus; todas as pedras preciosas o enfeitavam...* Ezequiel 28.13

Lúcifer, você se lembra, foi o mais poderoso espírito criado por Deus. Seu nome quer dizer *estrela da manhã*. Ele pertencia à ordem angelical denominada *querubim* e foi escolhido por Deus para responsabilidades especiais que o levavam até a presença de Deus.

> *Você foi ungido como um querubim guardião... Você estava no monte santo de Deus...* Ezequiel 28.14

Lúcifer era perfeito. Ele é descrito como dotado de incrível beleza e sabedoria.

> *Você era inculpável em seus caminhos desde o dia em que foi criado...* Ezequiel 28.15

> *Você era o modelo da perfeição, cheio de sabedoria e de perfeita beleza.* Ezequiel 28.12

Embora Lúcifer fosse o anjo mais poderoso, não havia indicação direta de que ele tivesse domínio sobre os outros seres espirituais.

Orgulho

O tempo em que o próximo evento ocorreu pode ser discutido. É provável que tenha acontecido em algum momento logo após o término da criação. Pode haver diferenças de opinião a respeito de *quando*, mas *o que* aconteceu está muito claro. A Bíblia diz que Lúcifer tornou-se arrogante. Sua beleza e poder *subiram à sua cabeça*, por assim dizer. Com o orgulho, vem a ambição. Cinco vezes Lúcifer disse "*eu vou*". Poderíamos fazer um estudo completo sobre esse "*eu vou*", mas, em resumo, basta dizer que Lúcifer queria provocar uma revolta celestial.

> *...ó estrela da manhã, filho da alvorada!... Você, que dizia no seu coração:*
>
> *"**Subirei** aos céus;*
>
> ***erguerei** o meu trono acima das estrelas de Deus;*
>
> ***eu me assentarei** no monte da assembleia, no ponto mais elevado do monte santo.*
>
> ***Subirei** mais alto que as mais altas nuvens;*
>
> ***serei como o *Altíssimo**".* Isaías 14.12-14

*Altíssimo é um dos nomes de Deus.

Lúcifer não queria apenas tomar posse do céu, mas estava decidido a ser como o Altíssimo. Ele estava determinado a encabeçar um golpe de estado para tomar o lugar de Deus. Então ELE seria o líder de todos os anjos e o Universo estaria sob o SEU domínio. O coração de Lúcifer ardia em ambição orgulhosa.

O único problema no plano de Lúcifer era que Deus sabia a respeito de tudo. Deus é *onisciente* e os pensamentos de Lúcifer não escaparam dele. A Bíblia diz que Deus odeia a arrogância. Ela está em primeiro lugar na lista das coisas que ele detesta.

> *Há seis coisas que o SENHOR odeia, sete coisas que ele detesta: **olhos altivos**...* Provérbios 6.16-17

Lúcifer tanto desprezou o propósito para o qual Deus o criara quanto o próprio Deus. Devemos lembrar que Deus não criou anjos como robôs. Eles foram criados com vontade própria. Sua escolha para servir era uma expressão de submissão voluntária ao soberano Deus. Mas Lúcifer tornou-se insatisfeito por ser um anjo. Ele tinha algo maior e melhor em mente. Tornou-se orgulhoso e escolheu rebelar-se. Lúcifer desprezou tanto o projeto para ele quanto o seu Projetista. O dicionário diz que desprezar significa: *sentir desprezo; não fazer caso de; recusar; rejeitar; não levar em conta.*

Deus chamou a atitude de Lúcifer de *pecado.*

Julgamento

Como Deus é perfeito, não podia tolerar o pecado de Lúcifer como se nada tivesse acontecido. *A perfeição, em razão de sua própria natureza, exige a ausência de imperfeição.* Veremos essa verdade várias vezes, à medida que avançarmos através da Bíblia.

Deus, que é reto (*justo*), não pode ter parte com o erro.

A *santidade* de Deus não deixa espaço para o pecado.

Deus, que não tem pecado, não pode tolerar pecado em sua presença.

Essa é uma realidade tão certa como qualquer lei física que governa o Universo.

A resposta de Deus ao pecado de Lúcifer foi imediata. Ele o expulsou de seu cargo no céu.

> *... você ... pecou. Por isso eu o lancei, humilhado, para longe do monte de Deus, e o expulsei, ó querubim guardião ... Seu coração tornou-se orgulhoso por causa da sua beleza, e você corrompeu a sua sabedoria por causa do seu esplendor. Por isso eu o atirei à terra ...*
>
> *Ezequiel 28.16-17*

Lúcifer não saiu sem um combate. Além de ser muito forte, muitos outros anjos o seguiram. A Bíblia dá alguns detalhes precisos do que aconteceu. Para ajudá-lo a entender o relato, eu juntei o contexto. Ao ler, você verá que qualquer dúvida sobre *de quem* está falando é esclarecida nos trechos subsequentes do texto.

> *Então apareceu no céu outro sinal: um enorme dragão vermelho ... Sua cauda arrastou consigo um terço das estrelas do céu, lançando-as na terra ...*
>
> *Houve então uma guerra nos céus. Miguel e seus anjos lutaram contra o dragão, e o dragão e os seus anjos revidaram. Mas estes não foram suficientemente fortes, e assim perderam o seu lugar nos céus.*

> *O grande dragão foi lançado fora. Ele é a antiga serpente chamada Diabo ou Satanás, que engana o mundo todo. Ele e os seus anjos foram lançados à terra.*[1] Apocalipse 12.3-9

Diabo, Satanás, Demônios

O texto indica que um terço dos anjos seguiu Lúcifer em sua rebelião. Lúcifer tornou-se conhecido como *Diabo* ou *Satanás*. Os nomes de Deus descrevem seus atributos, assim como os nomes de Lúcifer revelam seu caráter. Satanás significa *adversário* ou *inimigo*; Diabo quer dizer *falso acusador* ou *caluniador*. Os anjos rebeldes que seguiram Satanás agora são chamados de *demônios* ou *espíritos maus*.

Lago de Fogo

Quando Deus expulsou do céu o Diabo e seus demônios, isso foi apenas a primeira fase do julgamento desses espíritos rebeldes. A Bíblia diz que Deus tem um lugar de punição final, um...

> *... fogo eterno, preparado para o Diabo e os seus anjos.* Mateus 25.41

Em geral, esse local é chamado *O Lago de Fogo*. Muitas vezes vemos desenhos representando Satanás e seus demônios mergulhados em chamas até a cintura, conspirando e planejando maldades. Entretanto, a Bíblia nos diz que Satanás ainda não está lá. Ele foi lançado fora do céu, mas não no Lago de Fogo. Mais tarde, após muitos acontecimentos envolvendo Satanás e seus demônios, ele será confinado para sempre nesse lugar de castigo. Referindo-se a este tempo futuro, a Bíblia diz...

> *O Diabo, que as enganava, foi lançado no lago de fogo... Eles serão atormentados dia e noite, para todo o sempre.* Apocalipse 20.10

Guerra

Embora Deus tenha expulsado Satanás e seus demônios de sua presença, eles conservaram seu imenso poder e inteligência. Tornaram-se inimigos do Altíssimo Deus. Seria guerra total. Satanás estaria contra tudo o que é bom, contra tudo o que Deus é e o que planejou fazer. Satanás lutaria de modo sujo.

Só podemos especular o que, exatamente, ocorreu depois da rebelião de Satanás. Quase podemos ver o Diabo, consumido pela inveja e pelo ódio, lançando seu olhar astuto ao redor do Universo procurando um ponto fraco na armadura de Deus.

Não havia absolutamente nenhum!

Deve haver algum modo de vingar-se de Deus.

Os olhos de Satanás observaram a Terra... e ele viu o homem.

Mas é claro! — sorriu maliciosamente.

2 Disse Deus ...?

Quando Deus criou o homem, não o colocou simplesmente na Terra e foi embora. A Bíblia diz que Deus visitava Adão e Eva no jardim, e dá a entender que esse era um acontecimento regular. Em diversas ocasiões, as Escrituras dizem que Deus assume a forma humana para revelar-se ao homem. Esta era obviamente uma dessas vezes. Adão e Eva estavam intimamente ligados com seu Criador-Proprietário, e Deus cuidava de cada uma de suas necessidades.

O Impostor

Mas então Satanás entrou, às escondidas, no jardim. Ele não chegou tocando trombetas, anunciando a sua chegada nem dizendo o que queria. Satanás é sutil demais para isso. A Bíblia diz que Satanás é o maior impostor — o Diabo. Ele é incapaz de falar puramente a verdade.

"... o Diabo... foi homicida desde o princípio e não se apegou à verdade, pois não há verdade nele. Quando mente, fala a sua própria língua, pois é mentiroso e pai da mentira."

João 8.44

A palavra *mentira*, no original grego, é *pseudos* — uma falsidade consciente e intencional. Nós usamos essa palavra em nosso vocabulário. Ela também implica *imitação*.

Vários anos atrás, eu li um artigo sobre Satanás numa revista popular. Ele era ilustrado com um corpo vermelho, com chifres na cabeça, uma cauda pontuda e um tridente nas mãos. A ilustração era horrível. Conforme a Bíblia, retratá-lo assim é puro engano. A Bíblia diz que...

... o próprio Satanás se disfarça de anjo de luz.

2 Coríntios 11.14

Ele vem em todo seu esplendor cativante, imitando a Deus tanto quanto possível. Um retrato melhor do Diabo poderia ser um jovem bonito, num terno preto com um colarinho clerical. Satanás adora religião. Ele imita a verdade quase perfeitamente, mas não se pode confiar nele, pois por sua própria natureza, ele é um impostor — um falsificador, alguém que mente deliberadamente.

Tenho certeza que Satanás ficou muito feliz com a figura do traje vermelho e o tridente na mão. É mais fácil enganar pessoas se elas estiverem olhando na direção errada, procurando a coisa errada. Ele também gostaria muito das outras declarações da revista — *"teólogos praticamente eliminaram a figura do temido *capeta"*. A implicação era *ninguém mais acredita nesse sujeito!* Para o Diabo, não existe maneira melhor de enganar do que teólogos falando para as pessoas que ele é um mito!

*Este é um termo usado para o Diabo sem respaldo bíblico.

Engano

Assim, Satanás chegou ao jardim do Éden, tão sutilmente quanto possível. Sem trombetas nem fanfarra. Ele veio em forma de serpente, um réptil que é frequentemente identificado com o Diabo. A Bíblia registra vários casos de espíritos maus vivendo nas pessoas e nos animais, falando através deles ou fazendo-os agir de modo anormal. Nessa ocasião, Satanás falou por meio do réptil, e se dirigiu a Eva.

> *Ora, a serpente era o mais astuto de todos os animais selvagens que o SENHOR Deus tinha feito. E ela perguntou à mulher: "Foi isto mesmo que Deus disse: 'Não comam de nenhum fruto das árvores do jardim?'"* Gênesis 3.1

O fato de uma serpente falar não parece ter perturbado Eva. Sem dúvida, cada dia ela descobria uma nova e fascinante parte da criação de Deus. Talvez ela pensou que aquela era apenas outra dessas novas criaturas. Nós realmente não sabemos.

Dúvida

Em todo o caso, é interessante que Satanás tenha-se aproximado de Eva com uma pergunta sobre Deus. Ele colocou em sua mente algo que ela nunca havia considerado — *a criatura pode questionar o Criador.* A pergunta veio com um certo tom de menosprezo, "Deus realmente disse ...?"

"Deus *realmente* disse isso?"

Com sua observação do tipo: *"Você deve estar brincando"*, Satanás insinuou que o homem era um tanto ingênuo para aceitar a palavra do Senhor como verdadeira.

"Talvez Deus esteja retendo algum bem de vocês. Afinal, como você pode saber? Talvez o Senhor não seja tão bom e amoroso como ele aparenta ser."

Era uma sugestão de que Deus não estava sendo completamente honesto ou sincero. Satanás se apresentou como alguém interessado pelo homem, alguém que queria o melhor para ele. Satanás fingiu imitar a bondade de Deus. Sua lógica distorcida questionou a Palavra de Deus e, ao questioná-la, semeou a dúvida.

Além disso, Satanás exagerou grosseiramente a proibição de Deus. Deus NÃO havia proibido comer de *todas* as árvores. Ele mencionara apenas *uma* árvore: a árvore do conhecimento do bem e do mal. Mas o exagero produziu a reação desejada.

> *Respondeu a mulher à serpente: "Podemos comer do fruto das árvores do jardim, mas Deus disse: 'Não comam do fruto da árvore que está no meio do jardim, nem toquem nele; do contrário vocês morrerão'".* Gênesis 3.2-3

Eva tentou defender Deus, muito embora o Senhor não necessite da nossa defesa. Em seu zelo, ela acrescentou algo ao mandamento de Deus. Deus ordenou ao homem que não *comesse* da árvore, mas nunca disse que eles não poderiam *tocá-la*. Quando você *acrescenta* algo à Palavra de Deus, sempre *tira* alguma coisa dela. Eva retratou Deus como sendo mais exigente do que realmente era, e no processo desfigurou o caráter de Deus. Fazer com que as pessoas acrescentem ou subtraiam algo da Bíblia é uma das especialidades de Satanás. O Diabo se regozija com a confusão resultante. O acréscimo foi *tão pequeno*, mas era tudo o que Satanás precisava. Uma fenda tinha aparecido no dique.

Negação

> *Disse a serpente à mulher: "Certamente não morrerão! Deus sabe que, no dia em que dele comerem, seus olhos*

se abrirão, e ***vocês, como Deus, serão*** *conhecedores do bem e do mal".* Gênesis 3.4-5

Não contente em questionar a palavra de Deus, Satanás negou-a completamente. Sem rodeios, ele chamou Deus de mentiroso. Sugeriu que o motivo pelo qual Deus havia proibido a árvore era que Deus temia que Adão e Eva tivessem conhecimento demais. Astutamente, Satanás misturou verdade com erro. Era verdade que seus olhos seriam abertos e eles conheceriam o bem e o mal, mas era errôneo pensar que seriam como Deus com todos os seus atributos. Era errôneo também declarar que eles não morreriam. Satanás estava mentindo deliberada e propositalmente. Embora soubesse, por experiência, a consequência de ir contra a palavra de Deus, cruelmente induziu o homem a compartilhar de sua própria destruição.

Desobediência

Quando a mulher viu que a árvore parecia agradável ao paladar, era atraente aos olhos e, além disso, desejável para dela se obter discernimento, tomou do seu fruto, comeu-o e o deu a seu marido, que comeu também. Gênesis 3.6

Satanás teve êxito. Você quase pode ouvir suas gargalhadas ecoando pelo jardim. Como de costume, Satanás não ficou para ajudar a recolher os pedaços. Ele nunca faz isso. A Bíblia diz...

... O Diabo, o inimigo de vocês, anda ao redor como leão, rugindo e procurando a quem possa devorar. 1 Pedro 5.8

O Diabo devora tudo e só deixa os ossos. Ele pode apresentar-se como um grande provedor, proporcionando prazer, diversão, entretenimento, mas tudo isso é apenas temporário e frequentemente muito vazio. Na realidade, Satanás nunca dá. Quando ele reparte alguma coisa, é apenas angústia. Ele é um companheiro maldoso; uma companhia cruel.

Através dos anos, alguns têm acusado a mulher por sua desobediência direta contra o mandamento de Deus. Entretanto, aparentemente o marido esteve presente durante toda a conversa de Eva com Satanás. Adão poderia ter avisado sua mulher para não comer do fruto, e certamente ele não precisava comê-lo, mas *ambos* o comeram.

O que Adão e Eva fizeram é semelhante a crianças brincando na rua, desobedecendo às ordens da mãe. As crianças desobedientes pensam que sabem *melhor do que a mamãe* o que é seguro e divertido. Elas mostram que não confiam totalmente na ideia de segurança de sua mãe. Estão desrespeitando a sua autoridade. Da mesma maneira, Adão e Eva pecaram quando acharam que sabiam *melhor do que Deus* o que era bom para eles. Sua escolha foi uma declaração. Eles não confiaram completamente no seu Criador. Não tinham certeza de que Deus estava dizendo a verdade.

Adão e Eva tinham todas as razões do mundo para dizerem ao Diabo que ELE era mentiroso, mas preferiram acreditar em Satanás e não em Deus. Eles desobedeceram às instruções claras de Deus e juntaram-se à fileira dos rebeldes. A Bíblia diz:

*Quem quer ser amigo do *mundo faz-se inimigo de Deus.* Tiago 4.4

*O mundo influenciado e controlado por Satanás.

Esse é o resultado natural quando se escolhe o lado errado. Adão e Eva abandonaram sua amizade com Deus e se juntaram a Satanás. Eles rejeitaram um mundo puro e perfeito para experimentar um mundo proibido.

Uma Amizade Rompida

Mas esse tipo de escolha tem consequências. Como vimos anteriormente, *uma lei quebrada tem consequências*. As Escrituras nos ensinam que os efeitos do pecado têm um preço muito alto. A desafiadora escolha de Adão e Eva em seguir as mentiras de Satanás abriu um grande abismo no relacionamento entre Deus e o homem. Um Deus perfeito não poderia tolerar uma lealdade que não fosse total, amizade pela metade ou traição parcial. Se não houvesse confiança, não poderia haver nenhum tipo de relacionamento. A amizade estava terminada.

Por isso Deus os entregou ... [aos] ... desejos pecaminosos do seu coração ... Trocaram a verdade de Deus pela mentira, e adoraram e serviram a coisas e seres criados [Satanás], em lugar do criador, que é bendito para sempre. Amém.[2]

Romanos 1.24-25

Folhas de Figueira

Os olhos dos dois se abriram, e perceberam que estavam nus ...

Gênesis 3.7

Adão e Eva imediatamente sentiram que algo estava errado. Eles tinham sentimentos — muito desconfortáveis — que jamais haviam experimentado, chamados culpa e vergonha. Eles estavam desolados. A Bíblia diz que estavam com medo e, pela primeira vez, reconheceram que estavam nus. Lançando os olhos ao redor a procura de uma solução ...

... então juntaram folhas de figueira para cobrir-se. Gênesis 3.7

Talvez imaginaram que, se consertassem sua *aparência exterior*, Deus nunca notaria que as coisas tinham mudado *por dentro.* Eles apenas encobririam a situação e fingiriam que estava tudo bem. Era a primeira tentativa do homem para endireitar coisas em um mundo torto.

A solução da *folha de figueira* só tinha um problema: ela não funcionou. A condenação permaneceu. Uma boa aparência exterior não conserta a realidade interior. A perfeição se fora. Foram tomados por sentimentos de culpa. O abismo ainda estava lá.

Ouvindo o homem e sua mulher os passos do SENHOR Deus que andava pelo jardim quando soprava a brisa do dia, esconderam-se da presença do SENHOR Deus entre as árvores do jardim.

Gênesis 3.8

Somente pessoas culpadas correm e se escondem. Ninguém se esconde de um amigo. Agora havia uma barreira, um abismo entre Deus e o homem. A amizade terminara.

Deus É Exigente?

Alguém poderia dizer: "Mas Deus considerou pecado uma coisa tão pequena — apenas um pedaço de fruta!" É verdade. Deus não colocou um grande obstáculo no caminho do homem. De fato, nem era um obstáculo. Havia inúmeras árvores das quais Adão e Eva poderiam comer livremente. Este era o menor dos testes, mas caracterizou o homem como ser humano — como aquele que tem livre escolha.

Imagine uma moça que encontra um rapaz, e este parece ser a melhor pessoa do mundo. Ele demonstra amor verdadeiro por ela — deixa tudo de lado para fazer coisas especiais para ela, consola-a quando está magoada, compartilha de sua alegria e lhe diz que a ama. Então ela descobre que ele não tem escolha — ele foi programado para ser *amoroso.* Bem... seria um desapontamento terrível. Tudo pareceria tão artificial, insignificante e vazio.

O homem teve a oportunidade de fazer uma escolha e essa decisão fez uma diferença enorme. Esta opção:

comer ou *não comer*
obedecer ou *não obedecer*
amar ou *não amar*

...definiu o homem como humano.

O homem não era um robô. Era capaz de amar por sua própria vontade. O amor entre Adão e Eva era real; não artificial. E sua obediência e amor iniciais para com Deus também eram genuínos.

Embora o teste em si possa ter parecido insignificante, é muito sério desobedecer ao Senhor, mesmo nos assuntos mais insignificantes. A Bíblia diz que Deus é perfeito — Ele é santo e justo — e não pode tolerar nem mesmo o menor dos pecados. O teste deixa claro que desobedecer é errado. É pecado. *1 Samuel 15.23*

3 Onde Você Está?

Satanás havia levado Adão e Eva a pensarem que poderiam ser iguais a Deus. Foi exatamente isso que o Diabo queria para si mesmo. Mas Deus não criara o homem para ser governado pelos seus próprios instintos ou ideias. O importante era fazer o que Deus havia dito, e ELE disse...

> *"...não coma da árvore...porque no dia em que dela comer, certamente você morrerá".* Gênesis 2.17

Eles comeram, e num instante tudo mudou. Aconteceu exatamente o que Deus dissera. Sua palavra não mudou. Ela nunca muda.

> *Ouvindo o homem e sua mulher os passos do SENHOR Deus que andava pelo jardim quando soprava a brisa do dia, esconderam-se da presença do SENHOR Deus entre as árvores do jardim.* Gênesis 3.8

Não sabemos o que Adão e Eva pensaram enquanto se escondiam entre os arbustos do jardim, ouvindo o Senhor Deus se aproximar, mas se alguma vez você já jogou uma bola de futebol no vidro da janela do vizinho que estava fora de casa, e depois o viu chegando de carro... bem, você pode imaginar. Mas Adão e Eva não tinham ofendido o vizinho ao lado. Não, eles haviam desobedecido à palavra do Senhor do Universo, o Santo e Soberano Deus. O que diria o seu Criador-Proprietário? O que faria o Deus Todo-poderoso?

> *Mas o SENHOR Deus chamou o homem, perguntando: "Onde está você?"* Gênesis 3.9

Que alívio! Pelo visto, Deus não sabia de nada. Ele nem mesmo sabia onde estavam! Como duas crianças que acabaram com o pote de doce, ergueram suas cabeças. Seus rostos estavam mascarados com a inocência. "Ah, o Senhor estava procurando por nós?" Adão falou:

> *"Ouvi teus passos no jardim e fiquei com medo, porque estava nu; por isso me escondi".* Gênesis 3.10

Ele falou, mas cometeu um erro. Como um garoto que cabula as aulas e escreve sua própria nota de ausência assinando *"Minha mãe,"* Adão não tinha se dado conta de que nunca sentira medo antes e que sua nudez nunca o incomodara. Adão tinha "o rosto lambuzado de doce". Deus disse...

> *"Quem lhe disse que você está nu? Você comeu do fruto da árvore da qual lhe proibi comer?"* Gênesis 3.11

Perguntas, Perguntas!

Por que Deus estava fazendo todas essas perguntas? Será que um Deus onisciente não sabia *onde* Adão e Eva estavam escondidos? E será que Deus não sabia *por que* eles estavam se sentindo nus? Será que o Senhor realmente era tão limitado a ponto de perguntar aos transgressores se haviam comido do fruto proibido? A verdade é que Deus sabia *exatamente* o que tinha acontecido, mas estava fazendo perguntas para ajudar Adão e Eva a perceberem *eles* mesmos o que havia acontecido exatamente. Eles haviam desobedecido ao Senhor! *Confiaram em Satanás e não em Deus.*

À medida que prosseguirmos no estudo da Bíblia, veremos que muitas vezes Deus questiona o homem para ajudá-lo a ver as coisas com clareza.

A Culpa de Deus

As perguntas do Senhor também deram a Adão e Eva uma oportunidade para confessarem o seu erro.

> *Disse o homem: "Foi a mulher que me deste por companheira que me deu do fruto da árvore, e eu comi".* Gênesis 3.12

Adão admitiu ter comido a fruta — mais ou menos — mas só porque *essa mulher* que Deus criara lhe deu a fruta. Adão era uma vítima!

"Foi tudo culpa de Deus."

"Se Deus não tivesse criado a mulher... então a mulher não teria me dado a fruta e eu não teria comido." Bem, tudo está muito claro. Afinal, tudo foi culpa de Deus!

> *O SENHOR Deus perguntou então à mulher: "Que foi que você fez?" Respondeu a mulher: "A serpente me enganou, e eu comi".* Gênesis 3.13

Pois bem! Então assim a verdade apareceu. Nenhum dos dois era responsável. A culpa foi da serpente. Eva também fora uma vítima. E, é claro, se Deus não tivesse criado serpentes... ela tampouco teria pecado. Deus é quem estragou tudo!

Deus nunca interrogou a serpente. A verdade é que tanto Adão como Eva tinham escolhido pecar por iniciativa própria. Deus lhes deu uma oportunidade para confessarem e eles a desperdiçaram — recusaram-se a admitir sua culpa.

O que eles disseram	O que eles deveriam ter dito
Adão: *O homem disse: "A mulher que me deste por esposa, ela me deu da árvore, e eu comi".* ➠	*"Deus, eu falhei miseravelmente contigo. Desobedeci às tuas claras instruções para não comer do fruto. Eu pequei. Por favor, perdoa-me."*
Eva: *A mulher disse: "A serpente me enganou, e eu comi".* ➠	*"Senhor Deus, eu também pequei em desobediência ao teu mandamento. Quero ver nosso relacionamento restaurado. Por favor, fala-me o que devo fazer."*
Mentalidade de vítima culpa os outros	O responsável por suas próprias ações procura maneiras de restauração

Adão e Eva haviam *feito* a coisa errada. Agora eles *disseram* a coisa errada. Ainda assim, Deus não os aniquilou. Se nós fôssemos o juiz, o júri e o executor, teríamos feito o sinal do polegar para baixo e os esmagado em seguida. Mas Deus mostra o seu amor muito além do que podemos imaginar.

Uma Promessa

Este pecado inicial do homem teve consequências graves para toda a humanidade. Como veremos, Adão e Eva estavam agindo como representantes de toda a raça humana. Seu pecado trouxe uma maldição, mas Deus, em seu amor, também fez uma promessa.

> *Então o SENHOR Deus declarou à serpente: "Uma vez que você fez isso... Porei inimizade entre você e a mulher, entre*

a sua descendência e o descendente dela; este lhe ferirá a cabeça e você lhe ferirá o calcanhar". Gênesis 3.14-15

Estas sentenças merecem um exame mais rigoroso. Deus não estava falando sobre mulheres e serpentes com aversão entre si. A promessa tinha duas facetas:

O Diabo e seus seguidores	**A Mulher e sua descendência masculina**
Então o Senhor Deus declarou	
à ***serpente****:*	
Uma vez que você fez isso...	
porei inimizade entre ***você***	*e a mulher,*
entre a ***sua descendência***	*e o* ***descendente*** *dela;*
	... ***este*** *lhe ferirá*
... ***a cabeça****, e* ***você*** *lhe ferirá*	***o calcanhar****."*

O Senhor Deus disse que algum dia livraria o homem de Satanás. De mulher nasceria um filho que *esmagaria* a cabeça de Satanás — um ferimento fatal. Certamente, Satanás também feriria o filho, mas apenas com um *golpe* no calcanhar — um ferimento temporário que seria curado.

Essa foi a primeira de muitas promessas sobre o futuro descendente de Eva. Esse filho seria conhecido como O Ungido, por causa da tarefa especial que receberia de Deus. A tarefa que Deus tinha em mente para seu *escolhido* era *libertar* ou *salvar* a humanidade das consequências do pecado e do poder de Satanás. Por essa razão, ele também seria conhecido como O Libertador Prometido. Essas devem ter sido notícias muito boas para Adão e Eva.

A promessa de um Libertador acrescentou outro nome à lista dos termos que revelam o caráter de Deus. Ele seria conhecido como *aquele que salva* ou O Salvador.

> *... E não há outro Deus além de mim, um Deus justo e salvador; não há outro além de mim. Voltem-se para mim e sejam salvos, todos vocês, confins da terra; pois eu sou Deus, e não há nenhum outro.* Isaías 45.21-22

Um descendente de **EVA**
↓
O Libertador Prometido

Uma Maldição

Como vimos anteriormente, o pecado tem consequências. Sempre tem. Assim como desafiar a lei da gravidade resulta em ossos quebrados, violar a palavra de Deus tem consequências. Deus não podia desculpar o pecado de Adão e Eva. Ele não podia dizer *"Oh! Esqueça isso"* ou, *"Você não teve culpa. Vamos fazer de conta que isto nunca aconteceu"* ou *"Foi só UM pecadinho"*. Não. O estrago estava feito. Adão e Eva eram culpados. Um pecado trouxe julgamento. Um pecado trouxe medo e vergonha. Um pecado trouxe mais pecado. A Terra e tudo o que nela há sofreu a maldição. Os animais, o mar, os pássaros, até mesmo o solo foi afetado. A criação não era mais perfeita. Como resultado da maldição, a Bíblia diz...

> *... toda a natureza criada geme até agora, como em dores de parto.* *Romanos 8.22*

O homem passaria a vir ao mundo por meio do sofrimento do parto e o deixaria através da agonia da morte. Enquanto estivesse neste planeta, a vida seria cheia de injustiça, suor e miséria. Deus disse a Adão...

> *"Com o suor do seu rosto você comerá o seu pão, até que volte a terra, visto que dela foi tirado; porque você é pó, e ao pó voltará".* *Gênesis 3.19*

Os espinhos e cardos da vida, quer sejam reais ou simbólicos, fariam da existência do homem um sofrimento e uma luta pela sobrevivência. O pecado do homem provocou uma reação em cadeia de tristeza. Mas a pior consequência do pecado do homem foi justamente o que Deus havia advertido: a morte.

4 Morte

> *E o SENHOR Deus ordenou ao homem: "Coma livremente de qualquer árvore do jardim, mas não coma da árvore do conhecimento do bem e do mal, porque no dia em que dela comer,* ***certamente você morrerá****".* *Gênesis 2.16-17*

Em certo sentido, quando Adão e Eva escolheram desafiar a advertência de Deus, eles o testaram para ver se ele manteria sua palavra. *Deus quis dizer realmente o que disse? Será que o homem morreria? Ou será que Deus só estava proferindo ameaças — muito barulho por nada?* A resposta das Escrituras é bem enfática:

> *É mais fácil os céus e a terra desaparecerem do que cair da Lei [ou a Palavra de Deus] o menor traço.* Lucas 16.17

Nós não gostamos de falar sobre a morte. É um assunto tabu! Eu viajei por todo o mundo visitando os mais remotos grupos de pessoas do planeta e nunca encontrei uma sociedade que gostasse da morte. Já parei junto a muitas covas abertas, algumas em cemitérios de igrejas, algumas nas selvas, mas todas possuem um denominador comum: a tristeza. A alma humana está marcada com o ferro em brasa da realidade de que a morte significa separação. A pessoa amada se foi da nossa presença, para nunca mais retornar. O senso de perda e separação que sentimos naquele momento leva-nos muito perto do significado que a Escritura dá à palavra. Na Bíblia, morte significa algum tipo de *separação. Não* significa destruição ou não-existência.

Essa ideia também nos ajuda a entender que a morte não pode ser dissociada de sua origem — ela surgiu por causa do pecado. A Bíblia se refere a ela como recompensa ou pagamento pelo mal. Assim como uma pessoa recebe salário pelo trabalho, assim...

> *... o salário do pecado é a morte...* Romanos 6.23

A Escritura fala sobre a *morte* de várias maneiras diferentes. Veremos três.

1. Morte do corpo (Separação do espírito do homem de seu corpo)

A morte física não é difícil de entender. Estamos bem familiarizados com ela. Mas precisamos entender também como ela está relacionada a Adão e Eva.

Quando cortamos um ramo frondoso de uma árvore, as folhas não murcham instantaneamente nem aparentam estar mortas. Da mesma forma, quando Deus falou a Adão *"no dia em que dela comer, certamente você morrerá"*, Deus não estava dizendo que Adão cairia morto assim que comesse o fruto, e sim que Adão seria cortado de sua fonte de vida e, então, como um ramo, seu corpo posteriormente se desgastaria e pararia de funcionar. Os corpos...

> *... morrem e voltam ao pó.* Salmo 104.29

Embora o corpo morra, o espírito continua vivo. A Bíblia diz que o espírito do homem existirá para sempre.

2. Morte do relacionamento (O espírito do homem separado de Deus)

Já vimos que a desobediência de Adão e Eva pôs fim ao relacionamento íntimo com o Senhor. Mas as consequências tiveram um alcance maior. Os filhos de Adão e Eva, e os filhos dos seus filhos — de fato, toda a humanidade até hoje — nasceram separados de Deus.

O relacionamento entre Deus e o homem foi destruído de maneira tão profunda e completa que, mesmo que estejamos vivos fisicamente, Deus vê todos os seres humanos como...

... mortos em suas transgressões e pecados. Efésios 2.1

Existe aqui uma dinâmica que não devemos ignorar. Deixe-me ilustrar.

Passei grande parte de minha vida viajando ou vivendo em países tropicais. Durante algum tempo, minha esposa e eu vivemos numa casa sobre palafitas. Certa vez um rato enorme resolveu passear pelo vão estreito sob nossa casa e morreu. Infelizmente, o bicho morreu bem debaixo de nosso pequeno quarto. A princípio pensamos que não havia outra opção senão deixar o rato se decompor. A carcaça que apodrecia no calor e na umidade exalava um odor horrível em nosso quarto, dando um novo significado à palavra *fétido.* O rato fedia tanto que minha esposa e eu não conseguimos mais dormir lá. Fomos forçados a nos retirar para outra parte da casa. Dormir perto de uma carcaça mal-cheirosa não era normal ou natural para nós.

Na manhã seguinte, meu filho André se prontificou a dar um jeito na situação. Ele encontrou uma longa vara, enfiou-a até o fundo daquele vão estreito debaixo da casa e lentamente empurrou o rato para a abertura. Quando se deparou com a coisa, André, fazendo caretas, recuou enojado e disse: "Papai! O bicho está cheio de vermes". André enfiou a mão num saco plástico e esticou o braço debaixo da casa. Agarrando a criatura miserável pela cauda, puxou o cadáver infestado de vermes. Segurando os restos mortais longe de seu corpo, correu em direção à mata que cercava nossa propriedade e, com um forte impulso, arremessou o rato para longe.

Se aquele rato estivesse vivo e fosse capaz de perceber as emoções de meu filho, saberia que André estava muito descontente com ele — realmente furioso. E se aquele rato pudesse ler os seus pensamentos enquanto era arremessado para o mato, teria ouvido André dizer: "Fora daqui!" E se o rato pudesse falar diria: "Por quanto tempo?" André teria respondido: "Para sempre!"

O rato morto ilustra três diferentes modos de como Deus se sente em relação ao pecado. Primeiro, ele está irado. Não é uma ira cheia de malícia ou maldade. Deus não é um "esquentado" que perdeu a calma. Pelo contrário, sua reação é um reflexo do caráter puro e perfeito de Deus. É mais fácil compreendê-la como um tipo de *indignação justa*. Assim como ficamos perturbados com o rato podre, assim o Senhor fica irado com o pecado. *O pecado o enoja*. Deus criou o mundo para ser um lugar agradável de se viver, mas o pecado transformou grande parte dele num lugar de trabalho penoso. Cada vez que fazemos uma tarefa desagradável, ela nos lembra que o pecado devastou a criação de Deus. Dor e sofrimento, tristeza e aflição, sujeira e mau cheiro, brigas e embriaguez, terremotos e guerra — nada disso fazia parte da criação original de Deus. O pecado é como uma gota de cianureto em uma farta e deliciosa refeição — não é muito, mas a estraga completamente. O pecado é como uma picada de abelha no rosto — é coisa pequena, mas afeta totalmente a pessoa. *O pecado foi mais do que quebrar a lei; foi uma afronta ao caráter de Deus*. É por essa razão que a Bíblia diz que…

> *…a ira de Deus vem sobre os que vivem na desobediência.*
>
> Efésios 5.6

Adão e Eva desobedeceram a Deus quando ignoraram as instruções claras do Senhor. A desobediência contra Deus é a essência do pecado. A Bíblia diz…

> *Portanto, a ira de Deus é revelada dos céus contra toda impiedade e injustiça dos homens…* Romanos 1.18

Nós rotulamos o pecado como brincadeira ou maldade, inocente ou sádico, grande ou pequeno. A Bíblia reconhece certas diferenças quando se trata das consequências, mas, para Deus, todo pecado fede. É uma gota de cianureto em seu banquete.

Segundo, assim como o rato impeliu minha esposa e eu a dormirmos em outro quarto, e impeliu André a arremessar aquela carcaça repulsiva fora de sua presença, assim Deus se afastou do homem pecaminoso. A Escritura diz…

> *… as suas maldades separaram vocês do seu Deus; os seus pecados esconderam de vocês o rosto dele…* Isaías 59.2

Às vezes, ouço pessoas dizerem que Deus parece distante ou ausente. Bem, a Bíblia diz que o homem ESTÁ *afastado* do seu Criador.

> *… vocês estavam separados de Deus…* Colossenses 1.21

Santidade exige a ausência de pecado. Se o homem pecador entrasse na pureza radiante da presença de Deus, seria como se um exército de ratos ressuscitados e pútridos entrasse na sala de minha sogra, sujando seu carpete cor de marfim que ela acabou de limpar. Nenhum lugar em que pisassem poderia ser considerado puro novamente. Todo o lugar estaria corrompido. Da mesma forma, um Deus perfeito não pode permitir o pecado em sua presença, pois…

> *Teus olhos são tão puros que não suportam ver o mal; não podes tolerar a maldade…* Habacuque 1.13

Isso nos leva ao terceiro ponto ilustrado pelo rato morto. Por quanto tempo Deus acha que devemos estar separados dele? A resposta é clara: *para sempre!* O pecado tem consequências infinitas e eternas. Assim como não queremos viver com o rato fétido na próxima semana, ou em momento algum, Deus nunca permitirá que o pecado habite em sua presença.

Esta é uma dura notícia, mas continue a leitura. Haverá boas notícias. Por enquanto, entretanto, é importante entender que quando a Bíblia diz que o relacionamento entre o homem e Deus terminou, ela está falando sério. Esse relacionamento foi cortado mesmo — ele está morto.

3. Morte de uma alegria futura — a segunda morte

(O espírito do homem separado de Deus para sempre)

Quando um jovem casal está noivo, ele olha para o futuro com prazer, antecipando todas as alegrias do casamento. Eles folheiam revistas de decoração, discutem onde viverão e o que farão juntos. Mas se eles romperem o noivado e o relacionamento terminar, todos os seus planos também morrerão.

A Bíblia nos diz que Deus está preparando um lar maravilhoso para o homem após a morte. Este lugar é chamado céu. O céu é um lugar maravilhoso, projetado por Deus para alegria futura do homem. A vida eterna é parte do plano. Só o fato de estarmos livre do pecado, do sofrimento e *da morte* já será maravilhoso.

Mas assim como há vida eterna, há também **morte eterna**. Quando a Bíblia usa a palavra *morte,* às vezes ela se refere à *morte do plano original de Deus* para a humanidade. Essa morte também é chamada de segunda morte, provavelmente porque esta ocorre após a morte física. Essa *segunda morte* é reservada para aquelas pessoas que não estarão no céu. Em lugar disto, a Bíblia diz que elas irão para o *Lago de Fogo,* um lugar pavoroso que Deus criou especificamente para punir Satanás e seus demônios.

CONDENAÇÃO ETERNA

Depois vi um grande trono branco e aquele que nele estava assentado... Vi também os mortos, grandes e pequenos, em pé diante do trono, e livros foram abertos. Outro livro foi aberto, o livro da vida.

Os mortos foram julgados...

O lago de fogo é a segunda morte. Aqueles cujos nomes não foram encontrados no livro da vida foram lançados no lago de fogo. Apocalipse 20.11-15

A Bíblia fala sobre ser *lançado vivo dentro do lago de fogo que arde com enxofre*[a], e ser *atormentado de dia e de noite pelos séculos dos séculos*[b]. Será um lugar de tristeza[c], destituído de felicidade. As Escrituras falam de vermes[d] (literalmente larvas), de uma intensa escuridão[e], de pessoas a se lamentarem e rangerem seus dentes em extrema agonia e sede[f], lembrando-se dessa vida e desejando que ninguém se junte a eles. É um lugar de sofrimento solitário, e não uma orgia devassa entre amigos.

[a] Ap. 19.20 Embora o corpo físico morra, o espírito continua vivo.
[b] Ap. 20.10
[c] Salmo 116.3
[d] Marcos 9.48
[e] Mateus 8.12; 22.13; 25.30
[f] Lucas 16.24

Mas os covardes, os incrédulos, os depravados, os assassinos, os que cometem imoralidade sexual, os que praticam feitiçaria, os idólatras e todos os mentirosos — o lugar deles será no lago de fogo que arde com enxofre. Esta é a segunda morte. Apocalipse 21.8

Mais adiante, aprenderemos mais sobre o destino do homem.

Uma Natureza Pecaminosa

O pecado e a morte passaram a reinar na linhagem de Adão, transmitidos a todas as gerações pelo pai. Uma espécie gera a mesma espécie. Maçãs reproduzem maçãs, gatos reproduzem gatos, homem pecador reproduz homem pecador.

> *Portanto, da mesma forma como o pecado entrou no mundo por um homem, e pelo pecado a morte, assim também a morte veio a todos os homens, porque todos pecaram.* Romanos 5.12

Por causa do pecado de Adão, toda a sua descendência herdaria sua natureza pecaminosa. E porque ele morreu, toda sua descendência morreria.[3]

Adão, por natureza, tornou-se pecador—Adão morreria.

Todos os descendentes de Adão teriam a natureza pecaminosa—todos iriam morrer.

Muitas vezes nós associamos uma lista de crimes à palavra *pecador*, mas a Bíblia diz que pecado é mais do que isso. O homem tem uma *natureza pecaminosa*, frequentemente chamada *natureza adâmica*. Essa natureza é uma *condição* ou *estado*. Por exemplo, um médico disse que um amigo meu tem um *problema* de coração. Esse problema se manifesta através de *sintomas*. Quando meu amigo sobe escadas, fica ofegante e seu rosto muda de cor. De vez em quando, ele coloca um comprimido de nitroglicerina debaixo da língua. No mesmo sentido, podemos dizer que cada ser humano tem um *problema*, chamado natureza pecaminosa. Os *sintomas* deste *problema* são os atos pecaminosos.

Um Deus Honesto

Se toda essa conversa de pecado e morte parecer mórbida, ela deve servir como lembrete para nós que Deus não enfeita assuntos desagradáveis. Ele fala deles como são. Pecado e morte são duas coisas que todos os seres humanos têm em comum, e nós precisamos saber o que a Bíblia diz a respeito. Ouvir a verdade é o que se espera de um Deus perfeito.

Uma Recapitulação

No princípio, Deus e o homem eram amigos íntimos, vivendo em harmonia num mundo perfeito. Apenas pessoas perfeitas podem viver com um Deus perfeito.

A ponte do relacionamento se rompeu quando Adão e Eva creram na palavra de Satanás em vez de crerem na palavra do Senhor, e desobedeceram às instruções claras de Deus. O mundo todo mudou e passou a ser um lugar de culpa, tristeza e morte.

Depois que Adão e Eva pecaram, fizeram uma adaptação na sua aparência exterior, num esforço para parecerem melhores do que eram de fato. Eles tentaram cobrir seu pecado. Isso não funcionou. O abismo permaneceu.

À medida que prosseguirmos com nossa história, veremos que faz parte da natureza do homem negar sua verdadeira pecaminosidade, inventar maneiras de alcançar Deus e procurar um caminho de volta ao mundo perfeito.

O Que os Geneticistas têm Encontrado?

"Isso nos leva à conclusão de que todos os seres humanos, apesar das diferenças externas, são mesmo membros de uma única entidade que teve uma origem muito recente em um determinado lugar. Existe um tipo de fraternidade biológica muito mais profunda do que jamais havíamos imaginado." Assim disse Stephen Jay Gould, o paleontólogo e ensaísta de Harvard, no artigo de capa da revista *Newsweek* de 1988, intitulado "À procura de Adão e Eva".[4]

De acordo com o artigo, cientistas *"especializados em biologia molecular... observaram um agrupamento internacional de genes e selecionaram uma linha de DNA que os conduziu a uma única mulher, da qual todos descendemos... As distinções entre as raças foram absolutamente insignificantes"*.

A Bíblia diz: Adão deu à sua mulher o nome de Eva, pois ela seria mãe de toda humanidade. Gênesis 3.20

Em 1995, a revista *Time*[5] publicou um breve artigo que afirmava existirem evidências científicas de que *"... houve um 'Adão' ancestral, cujo material genético no cromossomo é comum a todos os homens na Terra"*.

A Bíblia diz: De um só fez ele todos os povos, para que povoassem toda a terra ... Atos 17.26

Os estudos do DNA humano concluem que todos nós descendemos de *um homem e uma mulher*. Alguns cientistas concordam; outros discordam. Mesmo aqueles que concordam se apressam a dizer que estes talvez não sejam o Adão e Eva bíblicos. Em todo caso, é interessante notar que as descobertas são compatíveis com a Bíblia. Essa e outras descobertas da biologia molecular confirmam o que a Escritura tem revelado há milênios: que nós todos somos intimamente aparentados.

Capítulo Cinco

1 Um Paradoxo

Nestes primeiros capítulos, aprendemos um pouco sobre como Deus é. À medida que progredirmos, aprenderemos mais, mas precisamos parar e comparar algumas características de Deus com a nova situação do homem.

Precisamos entender que, assim como Deus estabeleceu leis físicas que regem o Universo, ele também estabeleceu leis espirituais que governam o relacionamento entre ele e o homem. E assim como o conhecimento de física e química nos ajuda a compreendermos o mundo ao nosso redor, o conhecimento dessas leis espirituais nos ajuda a compreendermos a vida e a morte. Essas leis não são difíceis de entender. Primeiro, vamos analisar a situação do homem.

O Problema do Homem

Séculos atrás, no Oriente Médio, quando alguém fazia uma dívida, escrevia-se um certificado oficial para que as partes envolvidas não esquecessem a importância a ser paga. Os que fossem incapazes de pagar suas dívidas eram considerados criminosos, sob a completa penalidade da lei. Da mesma maneira, a Bíblia ensina que no "livro-caixa moral", nosso pecado contraiu uma dívida. Há um preço a ser pago. Estamos diante da...

DEVEDOR

... lei do pecado e da morte. — Romanos 8.2

Essa lei diz:

Aquele que pecar é que morrerá ... — Ezequiel 18.20

*Romanos 6.23 - parafraseado

A pergunta, portanto, permanece: Será que somos capazes de pagar o débito? A resposta enfática é sim. Entretanto, como a morte perdura por toda a eternidade, é difícil chamar isto de pagamento — pois a transação nunca se concluirá. Para pagá-la, devemos sofrer todas as consequências da morte em todo seu triplo sentido. Francamente, a maioria das pessoas reluta muito para pagar. O problema é o seguinte: nós temos que pagar. O débito é nosso. A humanidade se encontra num dilema.

Duas Facetas

Este dilema tem duas facetas, como os dois lados da mesma moeda.

- **Nós temos algo que não queremos** — o pecado. Por causa de nosso pecado, experimentamos culpa, vergonha, dor, separação de Deus e, finalmente, a segunda morte.
- **Nós necessitamos de algo que não temos** — perfeição. Precisamos de um nível de bondade que nos torne aceitáveis na presença de Deus.

A questão, portanto, é dupla: **Como podemos nos livrar do nosso pecado? E como podemos obter *uma justiça* que seja *igual* à *justiça* de Deus, para sermos aceitos em sua presença?**

Há outro modo de expressar isso. De acordo com o propósito da criação, a humanidade deveria viver na presença de Deus. Mas quando o homem desobedeceu a Deus, todo seu ser mudou. Ele perdeu a natureza sem pecado que o tornava aceitável a Deus. Assim, *como o homem pode recuperar aquela perfeição que lhe permite viver com Deus?*

Vamos manter essas perguntas em mente enquanto prosseguimos no estudo da Bíblia.

A Situação de Deus

Para compreendermos a situação de Deus, devemos olhar para dois diferentes atributos que são parte de Seu caráter.

1. Perfeitamente Justo

Vimos que o Senhor é um Deus perfeito, completamente sem pecado. Não ter pecado também significa que Deus é honesto e íntegro — justo.

Ele é a Rocha, as suas obras são perfeitas, e todos os seus caminhos são justos. É Deus fiel, que não comete erros; justo e reto ele é. Deuteronômio 32.4

Deus é um bom juiz porque ele não trata uma pessoa de um jeito, e outra pessoa de outro modo. Deus governa com equidade e justiça. Aqui na Terra, uma pessoa pode esconder um crime, mentir sobre ele, subornar o juiz, ou simplesmente não ser pega. Mas, com Deus, nenhum malfeitor fugirá sem punição. Ninguém escapará da justiça de Deus.

Pois Deus trará a julgamento tudo o que foi feito, inclusive tudo o que está escondido, seja bom, seja mau.
Eclesiastes 12.14

Honestidade e justiça são fundamentais à natureza perfeita de Deus.

A retidão e a justiça são os alicerces do teu trono...
Salmo 89.14

Visto que Deus é perfeito, podemos ter certeza de que Ele é absolutamente justo. Nós gostamos disso. Mas aqui está a má notícia. A justiça perfeita exige que o pecado seja punido com uma pena equivalente à ofensa. A pena mostra o quanto Deus leva o pecado a sério. Como vimos, a Bíblia diz que a nossa dívida de pecado só pode ser paga com a nossa morte — em todos os seus três sentidos.

Essa não é uma boa notícia. Felizmente, podemos ver o outro aspecto do caráter de Deus.

2. Perfeitamente Amoroso

Deus não é apenas perfeitamente justo, mas também é perfeitamente amoroso. A própria natureza de Deus faz com que Ele ame.

❖ Deus revelou um tipo de amor quando criou o mundo — um amor que cuida e se preocupa.

❖ Mas então Deus desvendou um amor mais profundo — um amor imerecido. As palavras *graça, misericórdia, bondade* e *compaixão* se referem a esse amor. Como pecadores, não merecemos a bondade de Deus mas, ainda assim, Deus nos ama com um perfeito amor, apesar do nosso pecado. Como Deus é perfeito, ninguém melhor do que ele para demonstrar graça e misericórdia.

Paradoxo

Agora nos deparamos com um paradoxo. Para ser completamente *justo*, Deus precisa exigir o pagamento da nossa dívida de pecado; devemos morrer. Mas porque Deus é *amoroso*, ele não deseja destruir-nos. As duas qualidades do seu caráter são equivalentes. Deus não é mais *amoroso* do que *justo*. Sendo assim, como pode Deus manter a *justiça* e ainda ser *amoroso*?

Para começar, Deus julga todo pecado, seja aqui na Terra ou após a morte física. Ele é 100% coerente nessa questão. Todos devemos morrer.

> *Que teremos que morrer um dia, é tão certo como não se pode recolher a água que se espalhou pela terra.*
>
> 2 Samuel 14.14a

Mas então entra em jogo o outro atributo da natureza de Deus. Porque Deus é amoroso por natureza...

> *...cria meios para que o banido não permaneça afastado dele.*
>
> 2 Samuel 14.14b

Embora Deus permita que nossos corpos físicos morram, por amor ele oferece um modo pelo qual podemos escapar dos aspectos eternos da penalidade de morte. Ao mesmo tempo, Deus torna possível vivermos em sua presença novamente. Então, como Deus julga o pecado e nos resgata ao mesmo tempo? Como Deus pune o pecado sem nos punir? Estudaremos isso nos capítulos seguintes.

Orgulho

Uma última coisa antes de mudarmos de assunto. A Bíblia diz que o orgulho causou a rebelião de Satanás. Muitas vezes consideramos o orgulho algo bom, mas a Bíblia diz que o orgulho é o que nos impede de chegarmos a Deus em busca de ajuda. Tantas vezes somos arrogantes demais para nos humilharmos e dizermos que precisamos do Senhor.

> *...Deus se opõe aos orgulhosos, mas concede graça aos humildes.*
>
> 1 Pedro 5.5

2 Expiação

Depois de terem comido o fruto, a primeira coisa que Adão e Eva fizeram foi vestir-se com folhas de figueira. Apesar dessas roupas, Adão disse a Deus que se sentia nu — exposto. Há uma razão para isto. A Bíblia diz que…

> *…O SENHOR não vê como o homem: o homem vê a aparência, mas o SENHOR vê o coração.* 1 Samuel 16.7

Deus via além de sua tentativa inútil de cobrir-se. Ele podia ver seus corações.

A Bíblia diz que Deus rejeitou a tentativa de Adão e Eva para remediarem a situação. As folhas de figueira cobriram sua nudez, mas seus corações estavam cheios de pecado. Deus queria ensinar-lhes que o homem não pode fazer nada, exteriormente ou interiormente, para remover o problema do pecado. Assim, ele recusou aceitar suas roupas de *folha de figueira*.

Uma Cobertura

Somente Deus podia lhes dar vestimentas que fossem aceitáveis a ele. Deus tomou animais, matou-os e…

> *O SENHOR Deus fez roupas de pele e com elas vestiu Adão e sua mulher.* Gênesis 3.21

Essa foi uma demonstração vívida de que *o pecado leva à morte*. Adão e Eva nunca tinham visto a morte antes. Se eles assistiram a tudo, deve ter sido uma experiência chocante — ver o sangue derramado no chão, o fôlego ofegante, o brilho dos olhos do animal indo embora — presenciar o fim de uma vida. Seja como for, imediatamente Deus fez com que entendessem a terrível realidade da morte. Animais morreram para que eles pudessem ser vestidos.

Banidos

Embora o homem tivesse pecado, ainda vivia no jardim e tinha acesso à árvore da vida. Comer dessa árvore significaria que o homem viveria para sempre. Assim Deus removeu o homem do jardim.

*Então disse o SENHOR Deus: "Agora o homem se tornou como um de *nós, conhecendo o bem e o mal. Não se deve, pois, permitir que ele tome também do fruto da árvore da vida e o coma, e viva para sempre".*

Por isso o SENHOR Deus o mandou embora do jardim do Éden para cultivar o solo do qual fora tirado.

Depois de expulsar o homem, colocou a leste do jardim do Éden querubins e uma espada flamejante que se movia, guardando o caminho para a árvore da vida. Gênesis 3.22-24

*Observe a palavra nós. Tendo em vista que a Bíblia afirma claramente que há um só Deus, é lógico perguntarmos — de quem Deus está falando quando diz "... o homem tem se tornado como um de nós"? Essa pergunta será respondida à medida que progredirmos nas Escrituras.

Este foi um ato de misericórdia. Deus não queria que os homens vivessem para sempre, presos numa armadilha como pecadores. Você pode imaginar o que seria do mundo se todos os homens e mulheres maus de todas as eras ainda estivessem vivos? Ao tirar o homem do jardim, Deus permitiu que as consequências do pecado cobrassem seu tributo, ou seja, a morte física. Mas Deus estava pensando além da sepultura. Ele planejava libertar o homem da segunda morte; uma maneira de escapar do Lago de Fogo.

CAIM E ABEL (ver a linha do tempo, páginas 174-175)

Adão teve relações com Eva, sua mulher, e ela engravidou e deu à luz Caim. Disse ela: "Com o auxílio do SENHOR tive um filho homem". Voltou a dar à luz, desta vez a Abel, irmão dele. Abel tornou-se pastor de ovelhas, e Caim, agricultor. Gênesis 4.1-2

Tanto Caim como Abel nasceram fora do jardim. Tendo sido concebidos como resultado da união de Adão e Eva, estavam na mesma situação de pecado de Adão e separados de Deus. Para Deus ser *justo*, sua lei precisa ser cumprida. Caim e Abel também deveriam morrer por causa de seu pecado.

Mas Deus os amava, por isso, em sua misericórdia, providenciou um meio para escaparem da condenação. Esse meio tinha duas dimensões:

Interior — Uma Fé em Deus

Caim e Abel deveriam simplesmente confiar em Deus e crer que o que o Senhor dissera era verdade. Por exemplo, Deus prometeu a Adão e Eva que O Libertador esmagaria a cabeça de Satanás e os salvaria das consequências do pecado. *Isso era possível? Era verdade? Deus realmente quis dizer isso?* Caim e Abel, individualmente, tinham que decidir por si mesmos se creriam ou não em Deus.

Exterior — Uma Ajuda Visual

Deus também queria mostrar-lhes *o que seria necessário* para remover o pecado. Isso envolveria uma ajuda visual viva. É um pouco assustador, portanto, prepare-se.

Um estudo[1] completo das Escrituras leva-nos à compreensão de que Deus orientou claramente Caim e Abel a escolherem um animal e matá-lo, deixando seu sangue escorrer sobre um *altar. Por que isso? O simples pensamento de sacrificar animais causa um sentimento de repulsa a muitos de nós. Que motivos Deus teria para dar essa instrução explícita? A Bíblia diz...

**Altares eram plataformas feitas de pedra ou terra sobre as quais se faziam sacrifícios.*

> *...sem derramamento de sangue não há perdão.*
> Hebreus 9.22

Deus estava dizendo que a dívida de pecado do homem só poderia ser paga, ou perdoada, se houvesse morte. Mas por que o sangue?

> *Pois a vida da carne está no sangue, e eu o dei a vocês para fazerem propiciação por si mesmos no altar; é o sangue que faz propiciação pela vida.*
> Levítico 17.11

O conceito de um sacrifício de sangue tem dois aspectos:

❖ **Substituição:** Normalmente o homem teria de morrer pelo seu próprio pecado, mas agora, baseado em determinados eventos futuros, Deus estava dizendo que aceitaria a morte de um animal inocente no lugar do homem — como um substituto. Era uma vida por uma vida; o inocente morrendo no lugar do culpado. O sacrifício ilustrava *a lei do pecado e da morte* sendo obedecida e a justiça sendo cumprida. Mas será que não era possível fazer um sacrifício sem o derramamento de sangue? Talvez por afogamento?

❖ **Expiação:** Deus disse que o sangue faria *expiação* pelo pecado. A palavra expiação significa cobertura. O sangue derramado cobriria o pecado do homem. Consequentemente, quando Deus olhasse para o homem, não veria mais o pecado. O homem seria visto como *justo* e, portanto, aceitável a Deus. O relacionamento seria restaurado. O homem ainda morreria fisicamente, mas as consequências eternas não seriam mais aplicadas (isto é, a separação de Deus para sempre no Lago de Fogo).

Através da fé em Deus, como ilustram a morte substitutiva e o sangue da expiação sobre o altar, o homem encontraria perdão para o pecado e um novo relacionamento com Deus.

Expiação — Uma Cobertura Para O Pecado

A palavra *expiação* contém a ideia de satisfazer o lado *justo, santo e reto* da natureza de Deus. A lei de Deus exigia a morte como punição pelo pecado. Quando Deus via o sangue do sacrifício inocente, ficava satisfeito com o cumprimento das exigências da lei.

Sacrificar um animal sobre um altar não removia o pecado. O homem continuava pecador. O sacrifício apenas ilustrava o que era necessário para o pecado ser perdoado — morte e derramamento de sangue. O sangue oferecia uma *expiação* ou *cobertura* para o pecado. De fato, do mesmo modo como Deus cobriu a nudez de Adão e Eva com uma vestimenta aceitável, assim o pecado do homem era coberto pelo sangue e o homem encontrava aceitação diante de Deus. Poderíamos dizer que temporariamente o Senhor ignoraria o pecado do homem como se ele tivesse sido apagado.

Tendo em mente as instruções claras de Deus, retornaremos agora à história de Caim e Abel e veremos o que aconteceu.

Dois Sacrifícios

Abel tornou-se pastor de ovelhas, e Caim, agricultor. Passado algum tempo, Caim trouxe do fruto da terra uma oferta ao SENHOR. Abel, por sua vez, trouxe as partes gordas das primeiras crias do seu rebanho. O SENHOR aceitou com agrado Abel e sua oferta. Gênesis 4.2-4

Caim e Abel trouxeram sacrifícios ao Senhor. Foi o que Deus lhes ordenara. Deus queria que eles provassem através de suas ações que confiavam em Sua Palavra como verdadeira. Mas havia um problema. Embora ambos estivessem trazendo sacrifícios, havia uma diferença.

Abel trouxe um animal que podia ser morto e seu sangue derramado. Isso foi bom — era o que Deus ordenara. Mas Caim trouxe produtos do campo. Vegetais não derramam sangue. Caim estava oferecendo um sacrifício, mas este estava errado.[1] Ele havia criado sua própria versão das *folhas de figueira.*

Rejeição

Abel, por sua vez, trouxe as partes gordas das primeiras crias do seu rebanho. O SENHOR aceitou com agrado Abel e sua oferta, mas não aceitou Caim e sua oferta. Por isso Caim se enfureceu e o seu rosto se transtornou. Gênesis 4.4-5

Deus rejeitou o sacrifício de Caim. Caim errou de duas maneiras.

Primeiro, suas ações revelaram que na realidade ele não confiava em Deus. Segundo, Caim falhou por fazer as coisas à sua própria maneira. Mas Deus não aceita ideias pessoais sobre como acertar as coisas com Ele. O

homem pode ter as melhores intenções do mundo, mas sinceridade não é suficiente — ela não serve de ponte sobre o abismo.

Muitas vezes consideramos o pensamento independente como algo bom, e há algum mérito em ser independente. Entretanto, precisamos tomar cuidado. Um espírito independente pode também ser muito centralizado em si mesmo. Quando a mentalidade *"Eu faço as coisas do meu jeito"* atinge os relacionamentos — como definir quem está certo e quem está errado, quem consegue e quem não, ou mesmo como nós dirigimos nações inteiras — ela pode tornar-se fatal.

Caim estava fazendo *as coisas à sua maneira.* Achava que sabia melhor do que Deus o que era certo.

Aceitação

Por outro lado, Abel ofereceu o tipo de sacrifício que Deus ordenara — um animal inocente que morreria e teria seu sangue derramado. Abel merecia morrer por seu próprio pecado, mas Deus, em sua misericórdia, permitiu que o animal morresse em seu lugar como um substituto. Ao colocar seu sacrifício diante do Senhor, Abel confiava que Deus manteria sua palavra — enviar um Libertador — e, de algum modo, iria salvá-lo da terrível punição do pecado. É provável que Abel não soubesse como O Libertador cumpriria seu papel, mas está claro que ele confiava em Deus como a solução para o pecado.

> *Pela fé Abel ofereceu a Deus um sacrifício superior ao de Caim. Pela fé ele foi reconhecido como justo, quando Deus aprovou as suas ofertas...* Hebreus 11.4

Enquanto Abel se aproximava de Deus pela fé, seu sacrifício providenciava uma cobertura — expiação — para o pecado. Quando Deus olhava para Abel, ele não via seu pecado. Em certo sentido, Deus passava por cima do pecado. Aos olhos de Deus, Abel era justo ou perfeito, e agora podia ser aceito em Sua presença.

A Bondade de Deus

Quanto a Caim, ele não estava feliz com Deus.

> *...Caim se enfureceu e o seu rosto se transtornou.*
>
> *O SENHOR disse a Caim: "Por que você está furioso? Por que se transtornou o seu rosto? Se você fizer o bem, não será aceito? Mas se não o fizer, saiba que o pecado o ameaça à porta; ele deseja conquistá-lo, mas você deve dominá-lo".* Gênesis 4.5-7

Deus bondosamente tentou mostrar a Caim que ele estava num caminho perigoso e que sua natureza pecaminosa o destruiria. Ele mostrou a Caim que ele também seria aceito caso se apresentasse como se apresentou Abel. Não há registro de uma resposta de Caim. Ele estava amuado.

Perguntas, Perguntas

> *Disse, porém, Caim a seu irmão Abel: "Vamos para o campo". Quando estavam lá, Caim atacou seu irmão Abel e o matou. Então o SENHOR perguntou a Caim: "Onde está seu irmão Abel?"* Gênesis 4.8-9

Assim como interrogou Adão e Eva, vemos agora o Senhor fazendo perguntas a Caim. Deus não precisava perguntar a Caim o que havia acontecido. Deus sabe tudo. Ele sabia exatamente o que tinha ocorrido, mas estava dando a Caim a chance de confessar o seu pecado. Porém assim como ocorreu com Adão e Eva, as palavras de Caim revelaram seu coração:

> ***Caim:*** *"Não sei; sou eu o responsável por meu irmão Abel?"*
>
> ***Deus:*** *"O que foi que você fez? Escute! Da terra o sangue do seu irmão está clamando".* Gênesis 4.9-10

O pecado não pode ser escondido. Caim matou seu irmão e então tentou argumentar, evitando uma confissão. Deus apontou seu dedo a Caim: "Você fez isso!" Não há qualquer evidência de que Caim sentiu remorso por suas ações. Deus poderia destruí-lo, mas, em sua misericórdia, levou-o para outra região. A raça humana havia começado muito mal.

Sete (ver a linha do tempo, páginas 174-175)

> *Novamente Adão teve relações com sua mulher, e ela deu à luz outro filho, a quem chamou Sete, dizendo: "Deus*

> *me concedeu um filho no lugar de Abel, visto que Caim o matou". Também a Sete nasceu um filho, a quem deu o nome de Enos. Nessa época começou-se a invocar o nome do SENHOR.* Gênesis 4.25-26

Embora Sete tenha nascido com uma *natureza pecaminosa*, confiou em Deus como Abel. Seria através de Sete e seus descendentes que Deus enviaria O SALVADOR. Deus estava mantendo a sua promessa.

Morte

Bem, é tempo de nos despedirmos de Adão. A Bíblia diz que ele teve uma grande família e viveu até à extrema velhice. Alguns estudiosos sugeriram que um efeito estufa na criação original poderia ter protegido o homem contra os raios cósmicos prejudiciais, possibilitando os períodos de vida incrivelmente longos registrados na história antiga. Outros observaram que o acúmulo de mutações degenerativas estaria em fase inicial, permitindo assim um prolongamento da vida. Mesmo que essas teorias tenham seus méritos, os cientistas acreditam cada vez mais que a extensão da vida de alguém é o resultado de um limite geneticamente determinado. Originalmente, esse limite genético poderia ter sido muito maior. Veremos mais tarde o que pode ter causado a mudança. Seja qual for a razão, a Bíblia diz que a palavra de Deus finalmente tornou-se verdade para Adão.

MORTO

> *Depois que gerou Sete, Adão viveu 800 anos e gerou outros filhos e filhas. Viveu ao todo 930 anos e morreu.* Gênesis 5.4-5

Com Quem Sete e Caim se Casaram?

A Bíblia diz que Adão e Eva tiveram outros filhos e filhas. Subentende-se que, nesse ponto da história, irmãos e irmãs casaram entre si. Como não houve tempo suficiente para que surgisse um número significativo de genes mutantes na combinação genética compartilhada pelos filhos, esse tipo de casamento consanguíneo não teria produzido nenhum efeito prejudicial. Mais adiante na história da Bíblia, vemos que esse tipo de casamento passou a ser proibido.

O QUE ACONTECEU COM ABEL QUANDO ELE MORREU?

Mesmo que a Bíblia não mencione explicitamente para onde foi o espírito de Abel quando assassinado, sabemos, por outros trechos das Escrituras, que aqueles que morrem vão para um lugar chamado *Paraíso*, um lugar que Deus preparou para homens e mulheres que creem. Alguns estudiosos da Bíblia distinguem entre Paraíso e céu durante esse período da história, mas todos concordam que agora ambos são um só.

A Bíblia não nos revela muito a respeito do céu, possivelmente porque nosso cérebro mortal e limitado teria dificuldade de compreendê-lo. Um escritor bíblico que obteve um vislumbre desse lugar ficou procurando palavras concretas para descrevê-lo — ele teve de lançar mão de palavras figuradas para explicar. Quando olhamos para o mundo que Deus criou em seis dias, é surpreendente pensar no que ele poderia fazer ao longo de várias eras. A Bíblia diz que o céu é um lugar real, com pessoas reais vivendo lá. Será como o Éden, só que incomparavelmente melhor.

A natureza pecaminosa do homem não existirá.

Nela jamais entrará algo impuro, nem ninguém que pratique o que é vergonhoso ou enganoso, mas unicamente aqueles cujos nomes estão escritos no livro da vida do Cordeiro. Apocalipse 21.27

O homem apresentará uma justiça completamente aceitável a Deus. Quando imaginou ver o Senhor, um escritor bíblico disse...

...feita a justiça, verei a tua face... ficarei satisfeito ao ver a tua semelhança. Salmo 17.15

O relacionamento único entre o homem e Deus será restaurado.

Ouvi uma forte voz que vinha do trono e dizia: "Agora o tabernáculo de Deus está com os homens, com os quais ele viverá. Eles serão os seus povos; o próprio Deus estará com eles e será o seu Deus". Apocalipse 21.3

Tudo será perfeito.

Ele enxugará dos seus olhos toda lágrima. Não haverá mais morte, nem tristeza, nem choro, nem dor, pois a

antiga ordem já passou. Aquele que estava assentado no trono disse: "Estou fazendo novas todas as coisas!"
Apocalipse 21.4-5

Não haverá funerais ou relacionamentos quebrados nem sepultura ou saudades, nem hospitais ou desabrigados, nem aleijados ou doenças, nem muletas ou bengalas.

Pelo contrário, o céu será um lugar de alegria e prazer sem fim.

Tu me farás conhecer a... alegria plena da tua presença, eterno prazer à tua direita. Salmo 16.11

Nossos corpos não estarão limitados pelo tempo ou espaço. Parece que seremos capazes de nos locomover instantaneamente. Também seremos capazes de reconhecer pessoas que conhecemos ou sobre as quais ouvimos aqui na Terra.

Pelo menos parte do céu será ocupada por uma grande cidade. Calculou-se que, mesmo que se usem apenas 25% da cidade, será possível acomodar 20 bilhões de pessoas, com espaço de sobra. Essa cidade é chamada a Nova Jerusalém.

E... mostrou-me a Cidade Santa, Jerusalém... Ela resplandecia com a glória de Deus, e o seu brilho era como o de uma joia muito preciosa, como jaspe, clara como o cristal. Tinha um grande e alto muro com doze portas e doze anjos... Apocalipse 21.10-12

Suas portas jamais se fecharão de dia, pois ali não haverá noite. Apocalipse 21.25

...A rua principal da cidade era de ouro puro, como vidro transparente. Apocalipse 21.21

Então o anjo me mostrou o rio da água da vida que, claro como cristal, fluía do trono de Deus... Apocalipse 22.1

Será uma cidade como nenhuma outra que conhecemos — sem poluição, sem ferrugem, sem corrupção, sem ladrões nem crime, nem medo — perfeita em cada detalhe. Todos os moradores do céu viverão ali eternamente.

Não haverá mais noite. Eles não precisarão de luz de candeia, nem da luz do sol, pois o Senhor Deus os iluminará; e eles reinarão para todo o sempre. Apocalipse 22.5

> *... habitarei na casa do SENHOR para todo o sempre.*
> Salmo 23.6
>
> Talvez possamos concluir esta seção com o seguinte versículo que, embora não se restrinja ao céu, certamente oferece uma ideia daquilo que Deus tem preparado.
>
> *Todavia, como está escrito: "Olho nenhum viu, ouvido nenhum ouviu, mente nenhuma imaginou o que Deus preparou para aqueles que o amam".* 1 Coríntios 2.9

3 DOIS A DOIS

Muitas pessoas veem a Bíblia como uma constante sequência de milagres impressionantes. Na verdade, os milagres foram a exceção. Séculos se passaram antes que algo extraordinário acontecesse. A esta altura da nossa história, a Bíblia mostra que se passaram mais de dez gerações antes do próximo grande evento na história do mundo. Cada uma dessas gerações representa um longo período, durante o qual a população do mundo aumentou consideravelmente.

Centenas e centenas de anos se passaram, mas Deus não esqueceu Seu compromisso de enviar O LIBERTADOR PROMETIDO. Em cada geração havia aqueles que criam em Deus. Embora a população do mundo estivesse aumentando rapidamente, o número dos que confiavam em Deus não aumentava na mesma proporção. A Bíblia relata que todos, exceto uns poucos, viraram as costas para Deus.

VIOLÊNCIA

A humanidade não apenas rejeitou a Deus, mas dedicou-se a seguir Satanás com todo o empenho. A Bíblia diz:

> *O SENHOR viu que a perversidade do homem tinha aumentado na terra e que toda a inclinação dos pensamentos do seu coração era sempre e somente para o mal. Ora,*

a terra estava corrompida aos olhos de Deus e cheia de violência. Ao ver como a terra se corrompera, pois toda a humanidade havia corrompido a sua conduta.

Gênesis 6.5,11-12

Se pensarmos em algumas nações do mundo que aparecem nos noticiários da TV associadas a relatos de anarquia, guerra, violência e roubo, então teremos uma ideia de como deve ter sido aquela época. As Escrituras dizem que os pensamentos do homem eram desperdiçados com o mal continuamente. Imperavam a perversão e caos. O mundo tinha se tornado um lugar mortal para se viver.

Vivendo para Si

Além disso, a Bíblia declara que a sociedade daqueles dias se dedicava a viver para si mesma.[2] O que Deus dizia não mais era importante. O homem zombava do plano de Deus e desenvolvera uma filosofia de vida que excluía qualquer desejo de procurá-lo. O homem nem mesmo tentava construir uma ponte sobre o abismo.

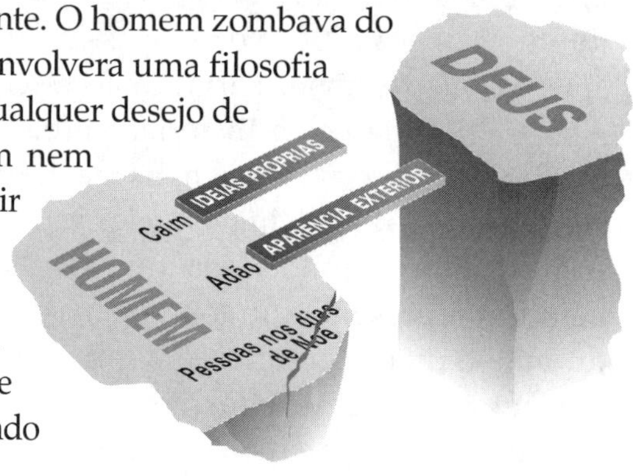

Embora a justiça estivesse longe da mente do homem, com o pecado era outra história.

Porque, tendo conhecido a Deus, não o glorificaram como Deus, nem lhe renderam graças, mas os seus pensamentos tornaram-se fúteis e o coração insensato deles obscureceu-se. Dizendo-se sábios, tornaram-se louco e trocaram a glória do Deus imortal por imagens feitas segundo a semelhança do homem mortal, bem como de pássaros, quadrúpedes e répteis.

Por isso Deus os entregou à impureza sexual, segundo os desejos pecaminosos do seu coração para a degradação do seu corpo entre si. Trocaram a verdade de Deus pela mentira, e adoraram e serviram a coisas e seres criados, em lugar do Criador, que é bendito para sempre. Amém.

Por causa disso Deus os entregou a paixões vergonhosas. Até suas mulheres trocaram suas relações sexuais naturais por outras, contrárias à natureza. Da mesma forma, os homens também abandonaram as relações naturais com as mulheres e se inflamaram de paixão uns pelos outros. Começaram a cometer atos indecentes, homens com homens, e receberam em si mesmos o castigo merecido pela sua perversão.

Além do mais, visto que desprezaram o conhecimento de Deus, ele os entregou a uma disposição mental reprovável, para praticarem o que não deviam.

Tornaram-se cheios de toda sorte de injustiça, maldade, ganância e depravação. Estão cheios de inveja, homicídio, rivalidades, engano e malícia. São bisbilhoteiros, caluniadores, inimigos de Deus, insolentes, arrogantes e presunçosos; inventam maneiras de praticar o mal; desobedecem a seus pais; são insensatos, desleais, sem amor pela família, implacáveis. Embora conheçam o justo decreto de Deus, de que as pessoas que praticam tais coisas merecem a morte, não somente continuam a praticá-las, mas também aprovam aqueles que as praticam.[3] Romanos 1.21-32

A Bíblia diz que naquele tempo o homem havia vendido sua alma ao pecado. Mas como vimos anteriormente, o pecado tem suas consequências. Sempre tem. Assim como desafiar a lei da gravidade resulta em contusões e ossos quebrados, ignorar a palavra de Deus tem consequências. Deus não podia ignorar o pecado. A Bíblia diz que Deus estava ofendido com tudo isso.

Disse o SENHOR: "Farei desaparecer da face da terra o homem que criei ...". Gênesis 6.7

O homem pode ter uma filosofia de vida que exclua Deus, mas Deus ainda o considera responsável por seu comportamento.

NOÉ (ver linha do tempo, páginas 174-175)

Entretanto, um homem e sua família eram diferentes. A Escritura diz que ...

A Noé, porém, o SENHOR mostrou benevolência ... Noé era homem justo, íntegro entre o povo da sua época; ele andava com Deus. Gênesis 6.8-9

Embora Noé fosse um bom homem, a Bíblia deixa claro que ele ainda era um pecador. De acordo com a lei do pecado e da morte, Noé tinha que morrer pelo pecado. Mas a Bíblia também mostra que Noé trouxe um sacrifício de animal a Deus, uma prova de que ele reconhecia a necessidade de ter um substituto inocente para pagar a punição de morte por ele. Noé cria que o Senhor de alguma maneira o salvaria das consequências do pecado. A Escritura diz que, por Noé confiar em Deus, o Senhor o considerou justo. Noé tinha um relacionamento correto com o Senhor, demonstrado através das palavras "*... ele andava com Deus*".

> *Deus disse a Noé: "Darei fim a todos os seres humanos, porque a terra encheu-se de violência por causa deles. Eu os destruirei com a terra. Você, porém, fará uma arca de madeira de cipreste, divida-a em compartimentos e revista-a de piche por dentro e por fora".* Gênesis 6.13-14

O Modo de Escape

Deus disse a Noé que construísse uma arca — um barco. Não seria um barco a remo. Seria uma grande embarcação, semelhante aos modernos cargueiros. Ela possuía vários andares, um sistema de ventilação integrado e uma porta — apenas uma porta. O navio foi feito de madeira e revestido com resina de árvore, um recurso comum nos séculos passados para vedar navios.[4] A arca foi o maior navio já construído até que seu tamanho e proporção foram quase duplicados em 1844 com o navio *Grã-Bretanha*. As dimensões da arca são ainda consideradas ideais para um barco grande e seguro. Ele não foi construído para ser veloz, mas somente para preservar a vida. Deus disse a Noé:

> *"Eis que vou trazer águas sobre a terra, o Dilúvio, para destruir debaixo do céu toda criatura que tem fôlego de vida. Tudo o que há na terra perecerá.*
>
> *Mas com você estabelecerei a minha *aliança, e você entrará na arca com seus filhos, sua mulher e as mulheres de seus filhos.*
>
> *Faça entrar na arca um casal de cada um dos seres vivos, macho e fêmea, para conservá-los vivos com você. De cada espécie de ave, de cada espécie de animal pequeno que se move rente ao chão virá um casal a você para que sejam*

*Aliança: um acordo, uma promessa ou contrato.

conservados vivos. E armazene todo tipo de alimento, para que você e eles tenham mantimento".

Noé fez tudo exatamente como Deus lhe tinha ordenado.

Gênesis 6.17-22

Obediência

Noé obedecia a Deus porque confiava nele, entretanto isso não tornou as instruções de Deus mais fáceis de serem obedecidas. Noé nunca havia construído um barco desse tamanho antes. E como ele explicaria a teoria de um dilúvio mundial para os seus vizinhos?

Deus deu essas ordens 120 anos antes que acontecesse o Dilúvio.[5] Durante esse tempo, Noé não só supervisionou a construção do barco, mas também advertiu a todos que em breve viria o juízo.[6]

A Bíblia nos diz que antes do Dilúvio as pessoas viviam centenas de anos. Existem várias teorias sobre as possíveis razões desse fato, mas a Bíblia não indica nenhum motivo. A longevidade é simplesmente descrita como um fato. Considerando o longo tempo de vida das pessoas, 120 anos para a construção da arca correspondiam o período normal de vida. Após o Dilúvio, o período de vida foi encurtado consideravelmente; a ponto de um homem de 90 anos ser considerado velho.

Existem livros excelentes sobre o impacto do Dilúvio sobre o clima e a geografia do mundo. Esses livros são teorias racionais, baseadas no relato bíblico e em observações científicas. Com tantas fontes detalhadas disponíveis, eu não tenho a intenção de repeti-las. Entretanto, nas próximas páginas, farei breves referências a algumas dessas teorias, esperando que elas o ajudem a entender melhor o dilúvio.

Então o SENHOR disse a Noé: "Entre na arca, você e toda a sua família, porque você é o único justo que encontrei nesta geração". Gênesis 7.1

E Noé fez tudo como o SENHOR lhe tinha ordenado.

Gênesis 7.5

Naquele mesmo dia, Noé e seus filhos, Sem, Cam e Jafé, com sua mulher e com as mulheres de seus três filhos, entraram na arca. Com eles entraram todos os animais de acordo com as suas espécies: todos os animais selvagens, todos os rebanhos domésticos, todos os demais seres vivos que se movem rente ao chão e todas as criaturas que têm asas: todas as aves e todos os outros animais que voam. Casais de todas as criaturas que tinham fôlego de vida vieram a Noé e entraram na arca. Os animais que entraram foram um macho e uma fêmea de cada ser vivo, conforme Deus ordenara a Noé.

Então o SENHOR fechou a porta. Gênesis 7.13-16

Uma Porta

Foram necessários sete dias para carregar a arca. Com poucas exceções, Noé levou apenas um par de cada espécie de animais no barco. Mesmo carregando espécies extintas, o barco tinha espaço adequado para abrigar a todos, sendo que os animais ocupavam apenas cerca de 60% da embarcação.[7] O espaço restante provavelmente carregava alimento. Talvez uma parte foi usada para abrigar os filhotes dos grandes animais. Para economizar comida, pode ser que alguns tenham hibernado. E, naturalmente, Deus seria capaz de sustentá-los da maneira que ele escolhesse.

Depois que a arca já estava carregada, Deus fechou a porta por fora. Quando veio o juízo e as águas começaram a subir, por mais que alguém batesse na porta, Noé não a abriria. Nem Noé, nem a sua família precisavam temer que a porta pudesse ser arrancada com a força da inundação. Eles estavam perfeitamente seguros porque Deus havia fechado a porta — a única passagem para a segurança. Ele fechou dentro os que creram e deixou fora os rebeldes.

Deus é bondoso. Ele havia dado 120 anos para que a humanidade deixasse seus caminhos pecaminosos e fizesse uso da sua misericórdia. Agora o seu tempo tinha acabado. O juízo veio, exatamente como Deus disse que viria. Às vezes o homem ameaça e nem sempre cumpre; Deus, porém, sempre mantém a Sua Palavra.

No dia em que Noé completou seiscentos anos, um mês e dezessete dias, nesse mesmo dia todas as fontes das grandes profundezas jorraram, e as comportas do céu se abriram. E a chuva caiu sobre a terra quarenta dias e quarenta noites.

Gênesis 7.11-12

As Fontes e Comportas

Existem figuras mostrando um velho numa pequena casa sobre um barco, rodeado de animais, e todos encharcados até os ossos por uma tempestade. Esse tipo de ilustração da história é errado. A pessoa seria louca — e estaria morta — se permanecesse do lado de fora, na tempestade que rebentou sobre a terra.

Primeiramente, a terra se rompeu, liberando quantidades maciças de água subterrânea. A Bíblia diz que *as fontes das grandes profundezas jorraram.* Supõe-se que a água tenha jorrado para o céu sob extrema pressão. Em seguida, essa água e aquela água que havia na atmosfera desceram enquanto *se abriam as comportas do céu.* Tamanha ruptura da crosta do planeta provavelmente envolveu uma enorme atividade vulcânica. É possível que nesse tempo tenha ocorrido todo o processo conhecido como *deriva continental.* Usando super computadores, um dos principais pesquisadores de placas tectônicas do mundo simulou em três dimensões todo o processo da deriva continental, mostrando que ele pode ter acontecido em poucos meses[8]. Enquanto fissuras rasgaram a crosta da Terra, vastas placas da superfície foram empurradas para o seu interior, revolvendo a bacia do oceano e o solo dos continentes.

A palavra hebraica para descrever esse evento significa uma inundação catastrófica. Na Bíblia, essa palavra é usada exclusivamente para descrever esse dilúvio. Nenhuma outra inundação se iguala a essa. Embora muitos acontecimentos ocorridos no cataclisma possam ser explicados pela ciência natural, devemos nos lembrar de que um Deus Todo-poderoso podia criar as circunstâncias do Dilúvio e os resultados catastróficos que o acompanharam, sem nenhum impedimento.

A *chuva* continuou por 40 dias, mas o texto sugere que a água continuou a fluir das *fontes* subterrâneas por 150 dias.

> *Quarenta dias durou o Dilúvio, e as águas aumentaram e elevaram a arca acima da terra. As águas prevaleceram, aumentando muito sobre a terra, e a arca flutuava na superfície das águas. As águas dominavam cada vez mais a terra, e foram cobertas todas as altas montanhas debaixo do céu.*
>
> Gênesis 7.17-19

Tudo o que havia em terra seca e tinha nas narinas o fôlego de vida morreu. Todos os seres vivos foram exterminados da face da terra; tanto os homens, como os animais grandes, os animais pequenos que se movem rente ao chão e as aves do céu foram exterminados da terra. Só restaram Noé e aqueles que com ele estavam na arca. Gênesis 7.22-23

Então Deus lembrou-se de Noé e de todos os animais selvagens e rebanhos domésticos que estavam com ele na arca, e enviou um vento sobre a terra, e as águas começaram a baixar. As fontes das profundezas e as comportas do céu se fecharam, e a chuva parou. As águas foram baixando pouco a pouco sobre a terra. Ao fim de cento e cinquenta dias, as águas tinham diminuído. Gênesis 8.1-3

Acredita-se que antes do Dilúvio as montanhas não eram tão altas como são agora. Se você fosse capaz de aplainar toda a superfície do globo, a água cobriria a Terra a uma profundidade aproximada a 3.000 metros. A Bíblia diz que, após o Dilúvio, as montanhas que vemos hoje *se ergueram* e os *vales baixaram*, presumivelmente formando as bacias oceânicas.

... as águas ficaram acima das montanhas; à tua repreensão, fugiram ... Elevaram-se os montes, desceram os

vales, até ao lugar que lhes havias preparado. Puseste às águas divisa que não ultrapassarão, para que não tornem a cobrir a terra. Salmo 104.6-9 (Ed. Rev. e Atual.)

UM PLANETA DIFERENTE

Noé e sua família estiveram no barco por 371 dias antes que Deus abrisse a porta e os deixasse sair. Muito antes daqueles dias, as águas tinham baixado e a arca havia se alojado em uma região montanhosa. Quando eles deixaram a arca, o solo não estava apenas seco, mas produzindo novamente. Era um planeta muito diferente do anterior. Era a Terra na qual vivemos agora.

Então Deus disse a Noé: "Saia da arca, você e sua mulher, seus filhos e as mulheres deles. Faça que saiam também todos os animais que estão com você: as aves, os grandes animais e os pequenos que se movem rente ao chão. Faça-os sair para que se espalhem pela terra, sejam férteis e se multipliquem".

Então Noé saiu da arca com sua mulher e seus filhos e as mulheres deles.

Depois Noé construiu um altar dedicado ao SENHOR e, tomando alguns animais e aves puros, ofereceu-os como holocausto, queimando-os sobre o altar. O SENHOR sentiu o aroma agradável... Gênesis 8.15-18,20-21

UMA PROMESSA

A primeira coisa que Noé fez depois de deixar a arca foi construir um altar e oferecer um animal inocente como sacrifício de sangue a Deus. O sacrifício não removia o pecado, mas ilustrava o que era necessário para pagar a sentença — morte com derramamento de sangue. É evidente que Noé confiava em Deus e cria que o Senhor manteria a sua palavra e, de alguma maneira, salvaria a ele e também a sua família das consequências do pecado. Deus estava satisfeito.

Deus abençoou Noé e seus filhos, dizendo-lhes: "Sejam férteis, multipliquem-se e encham a terra". Gênesis 9.1

"Vou estabelecer a minha aliança com vocês e com os seus futuros descendentes... Nunca mais será ceifada nenhuma forma de vida pelas águas de um dilúvio; nunca mais haverá dilúvio para destruir a terra."

E Deus prosseguiu: "Este é o sinal da aliança que estou fazendo entre mim e vocês... o meu arco que coloquei nas nuvens. Será o sinal da minha aliança com a terra".

Gênesis 9.9,11-13

Deus prometeu nunca mais destruir a Terra com um dilúvio. Sempre que chovesse, o arco-íris seria uma lembrança dessa promessa. Embora milhares de anos tenham se passado desde o Dilúvio, Deus tem mantido a sua Palavra.

Os filhos de Noé que saíram da arca foram Sem, Cam e Jafé... Esses foram os três filhos de Noé; a partir deles toda a terra foi povoada. *Gênesis 9.18-19*

Agora o homem tem um novo começo. Noé...

Viveu ao todo novecentos e cinquenta anos e morreu.

Gênesis 9.29

O Que Dizer sobre Dinossauros, Fósseis, Carvão e Petróleo?

Não encontramos a palavra *dinossauro* na Bíblia. A palavra é recente; foi inventada em 1841 por um anatomista inglês. Entretanto, os livros mais antigos da Bíblia contêm referências a animais que não possuem paralelos no presente. Dois dos maiores animais mencionados têm uma semelhança intrigante com achados fósseis.[9]

De acordo com o que diz a Bíblia, podemos concluir que os dinossauros foram criados por Deus e conviveram com o homem desde o princípio. Os dinossauros parecem ter sido répteis, e a maioria deles continuava crescendo ao longo de toda vida. Se o seu período de vida foi equivalente ao dos homens* antes do Dilúvio, talvez seja esta a razão pela qual alguns se tornaram imensamente grandes.

*Muitas pessoas viviam mais de 900 anos.

A Bíblia relata que um casal de cada animal terrestre foi conduzido à arca. É mais lógico imaginarmos que apenas os filhotes foram levados, não só para economizar espaço, mas também para maximizar a época de procriação nos anos após o Dilúvio. Tendo em vista que a média de tamanho dos dinossauros era o de um cavalo pequeno, e que mesmo os maiores dinossauros não eram maiores do que uma bola de futebol ao nascerem, os cálculos indicam que havia espaço suficiente para eles na arca. Podemos apenas conjeturar o que causou o seu fim. Ao longo das últimas décadas, muitas criaturas foram extintas, mas mesmo nestes casos mais recentes, é difícil determinar a causa exata da extinção. Retroceder alguns milênios torna as coisas mais difíceis ainda. Tendo em vista que o clima aparentemente mudou muito após o Dilúvio, supõe-se que teria sido muito difícil esses animais sobreviverem.

As condições criadas pelo dilúvio respondem muitas perguntas sobre o mundo natural. Por exemplo, a quantidade maciça de sedimentos criada pelo Dilúvio, o enorme peso da água, a tremenda erosão — tudo pode ter contribuído para os depósitos de carvão, petróleo e fósseis que encontramos atualmente. Muitos fósseis apresentam evidências esmagadoras de que os animais foram sepultados de forma rápida e catastrófica, muitas vezes em vastos *cemitérios fósseis*. A mera existência de fósseis bem conservados, como um peixe, por exemplo, significa que os animais foram sepultados rapidamente, e revestidos com sedimentos que endureceram em pouco tempo, antes que os necrófagos, as bactérias e a decomposição destruíssem suas características.

Já se escreveram muitos livros intrigantes sobre a perspectiva da criação e do Dilúvio. Esses livros apresentam explicações razoáveis e lógicas para grande parte do que nós vemos. Se você tiver dúvidas inquietantes, consulte o Apêndice, que contém uma bibliografia com mais informações.

4 Babel

O décimo capítulo do livro de Gênesis frequentemente é chamado *"A Origem dos Povos"*. Ele nos diz de onde vieram os maiores grupos étnicos, começando pelos três filhos de Noé. O capítulo termina com o versículo:

> *São esses os clãs dos filhos de Noé, distribuídos em suas nações, conforme a história da sua descendência. A partir deles, os povos se dispersaram pela terra, depois do Dilúvio.*
>
> Gênesis 10.32

Mais uma vez, séculos se passaram e a população da Terra aumentou. Nosso relato nos leva ao que os historiadores chamam de berço da civilização: a antiga Mesopotâmia, o atual Iraque.

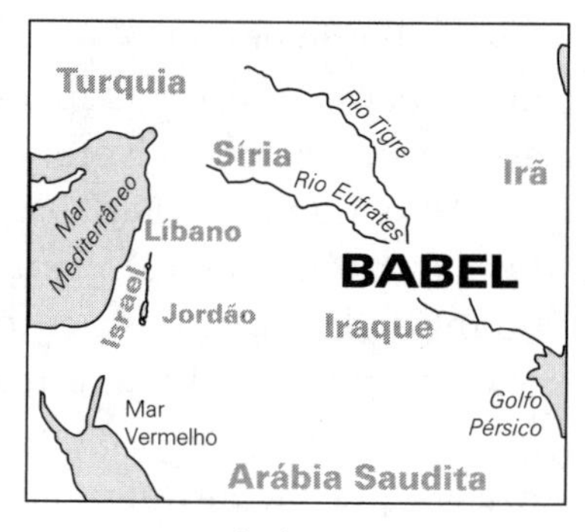

> *No mundo todo havia apenas uma língua, um só modo de falar. Saindo os homens do Oriente, encontraram uma planície em Sinear e ali se fixaram. Disseram uns aos outros: "Vamos fazer tijolos e queimá-los bem". Usavam tijolos em lugar de pedras, e piche em vez de argamassa. Depois disseram: "Vamos construir uma cidade, com uma torre que alcance os céus. Assim nosso nome será famoso e não seremos espalhados pela face da terra".* Gênesis 11.1-4

A Agenda do Homem

Após o Dilúvio, Deus disse ao homem...

> *"Sejam férteis, multipliquem-se e encham a terra".* Gênesis 9.1

Mas agora o homem não só estava tentando mudar a agenda, mas queria acrescentar algo por sua conta.

Primeiro: O homem achou que todos deveriam ficar em um lugar e construir uma grande cidade. Esta era uma desobediência direta à ordem de Deus. Mais uma vez, o homem achava que sabia *melhor do que Deus* o que era certo.

Como vemos, o homem tem problemas com a obediência. Você já notou que não é necessário ensinar uma criança a desobedecer ao pai e à mãe? Isso ocorre naturalmente porque rebelar-se é natural para o coração humano. Como seres humanos, não queremos que nos digam o que devemos fazer. Preferimos fazer as coisas ao nosso modo. Esse foi o problema com o povo de Babel.

Segundo: Com a cidade, os homens queriam construir uma torre para trazer honra a si mesmos. O povo estava dizendo...

... nosso nome será famoso... Gênesis 11.4

É impossível ler isso sem ouvir o sussurro maligno de Satanás. Essa também tem sido a ambição dele.

O que chama a atenção é que Deus não foi incluído em nenhum dos planos. Quando o homem está ocupado tentando ser *alguém* ou fazer um *nome* para si, podemos ter certeza de que o orgulho está em jogo. Deus terá de ser deixado fora da cena. É absurdo tentarmos nos exaltar quando nos comparamos a um Deus que é tão resplandescente, tão supremo, tão majestoso e tão poderoso. ELE fará com que qualquer pessoa que procura exaltar seu próprio nome pareça ridícula. Como já vimos anteriormente, a Bíblia diz que *Deus* é o único digno de ter Seu nome exaltado.

Assim, os planos do homem não se encaixam nem um pouco com as instruções do Senhor. Mais uma vez, o homem estava atuando independentemente do Deus Altíssimo.

Babel é o primeiro registro na Bíblia sobre uma religião organizada. Muitas vezes as Escrituras usam Babel, ou o que se tornou conhecida como Babilônia, como um exemplo dos esforços religiosos do homem. Ao tentar construir uma torre até os céus, o povo estava projetando o seu próprio modo de alcançar a Deus. Imagine-os trabalhando feito escravos no calor escaldante, enquanto ajuntavam barro, queimavam tijolos e os uniam com betume. Deve ter sido terrivelmente desgastante, e tudo para que pudessem alcançar os céus. Mas não

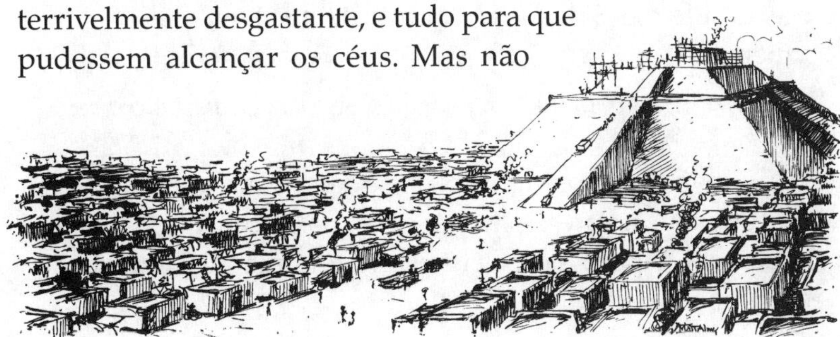

funcionou. Há somente um caminho para Deus — o caminho determinado por Deus.

Uma boa definição para a palavra *religião* é esta: **o esforço do homem para chegar a Deus**. Por natureza, o homem tende a ser muito religioso. Constantemente ele está procurando ou criando novos caminhos para encontrar Deus. É uma busca sem esperança. Veremos mais adiante que a Bíblia diz que a humanidade está num deserto espiritual — ela está PERDIDA — e não pode encontrar seu caminho de volta a Deus por si mesma. O homem tampouco pode se livrar do seu pecado ou encontrar justiça adequada para tornar-se aceitável ao Senhor.

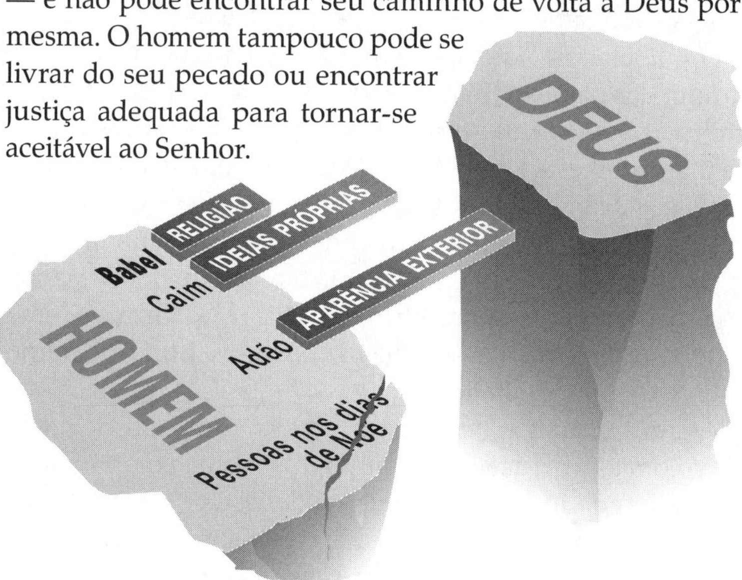

Em oposição à religião, a Bíblia ensina que o único caminho verdadeiro a Deus foi providenciado pelo Senhor quando, em sua misericórdia, ele se inclinou até o homem e lhe providenciou um meio de escapar da punição do pecado. É Deus quem nos resgata. Ele é o Salvador. A Bíblia deixa claro que o Senhor é quem...

... cria meios para que o banido não permaneça afastado dele.
2 Samuel 14.14

O povo de Babel ignorou esse fato. Naturalmente, nenhum dos seus impressionantes esforços de construção passou despercebido por Deus. Deus estava totalmente ciente do que estava acontecendo.

O SENHOR desceu[10] para ver a cidade e a torre que os homens estavam construindo. E disse o SENHOR: "Eles são um só povo e falam uma só língua, e começaram a construir isso. Em breve nada poderá impedir o que planejam fazer".
Gênesis 11.5-6

Deus já sabia aquilo que a história provaria ser verdade: que com uma linguagem comum, o progresso tecnológico do homem seria muito mais rápido. Isso parece ser um padrão. Quanto mais avançadas e confortáveis as coisas, menos o homem pensa que precisa de Deus. Ainda que Deus tenha dado vontade própria ao homem, ele não quer que o homem viva de forma independente dele.

ESPALHADOS

A história fala por si mesma. Deus interferiu para enfrentar a atitude desafiadora do homem. Deus disse...

*"Venham, *desçamos e confundamos a língua que falam, para que não entendam mais uns aos outros".*

Assim o SENHOR os dispersou dali por toda a terra, e pararam de construir a cidade. Gênesis 11.7-8

*Note mais uma vez que o verbo está na 1ª pessoa do plural. A Bíblia afirma claramente que há um só Deus. Desta forma, de quem o Senhor está falando quando usa o plural? Estudaremos isso mais tarde.

A teoria da migração das tribos nativas da América do Norte e da América do Sul através da ponte formada pelas ilhas Aleutas nunca teve fundamento sólido. Ainda que se tenham feito algumas associações linguísticas, não é possível provar essa teoria linguisticamente. Do ponto de vista racional, é impossível explicar por que minúsculos grupos humanos, linguisticamente isolados, acabaram em locais tão remotos como o norte da Groelândia ou as profundezas da selva amazônica. A Bíblia diz que Deus os espalhou — e parece que foi exatamente isso que aconteceu. Sem dúvida ele também lhes deu o conhecimento de como viver em seu novo ambiente.

Em todo caso, quando Deus os espalhou, seja através de uma ponte formada por trechos de terra ou de maneira literal, ele lhes deu novas línguas. Ele fez o serviço completo. Qualquer pessoa que já tenha iniciado a formidável tarefa de aprender outro idioma sabe que ninguém inventa uma nova língua só porque deseja. Algumas das línguas que Deus criou são tão complexas que linguistas experientes levam anos para aprendê-las e ainda assim não as dominam completamente.

A cidade que o povo estava edificando não desapareceu, mas recebeu um nome. O significado desse nome é *confusão.*

Por isso foi chamada Babel, porque ali o SENHOR confundiu a língua de todo o mundo.

Dali o SENHOR os espalhou por toda a terra. Gênesis 11.9

De Onde se Originaram Todas as Raças?[11]

Num certo sentido, há apenas uma raça — a raça humana. A Bíblia distingue as pessoas por tribos ou nações, não pela cor da pele ou pela aparência física. Mas essas diferenças existem. Como será que isso aconteceu?

Para facilitar a explicação, escolhemos a cor da pele, mas o mesmo se aplicaria aos olhos e forma do nariz, tipo do cabelo, estatura, etc.

Em geral, pensamos na pele como se ela tivesse muitas cores, mas na verdade ela tem uma só cor: melanina. Se temos só um pouco de melanina, nossa pele é clara; se produzimos uma grande quantidade, nossa pele é escura. Há alguns outros fatores que interferem na cor da pele, mas eles não são exclusivos de uma raça específica, e a explicação abaixo se aplica também a esses fatores.

Há muito tempo sabemos que se uma pessoa negra se casa com uma pessoa branca, o resultado final será uma pele morena. Se dois de seus descendentes casarem, os filhos desses poderão ser negros, brancos ou apresentar qualquer tom de cor entre eles. Por quê? Porque cada um dos pais possui todas as variações necessárias para produzir a variação dos genes requeridos para dar todo o espectro de cores.

Entretanto, se os filhos que nasceram com pele totalmente negra (do casamento acima) se casarem com outros descendentes da mesma cor, e migrarem para uma área onde seus filhos não podem se casar com pessoas de outra cor, seus descendentes serão sempre negros. Eles não mais terão os genes necessários para produzir pele branca. Em circunstâncias semelhantes isso se aplica também às pessoas com pele branca, que não teriam mais os genes necessários para produzir pele negra. Essa diversificação em dois diferentes grupos de cor, que não envolve o acréscimo de nenhum gene novo aos já existentes, só pode acontecer depois de algumas gerações. Embora a explicação acima tenha sido muito abreviada, você pode ver que o assunto não é tão complexo como parece ser.

A Bíblia diz que todas as nações da terra descendem de Noé, seus três filhos e suas esposas, que provavelmente eram morenas, os quais eram dotados de genes para pele branca e negra e que surgiriam em seus descendentes.

Capítulo Seis

1 Abraão

2 Fé

3 Isaque

1 Abraão

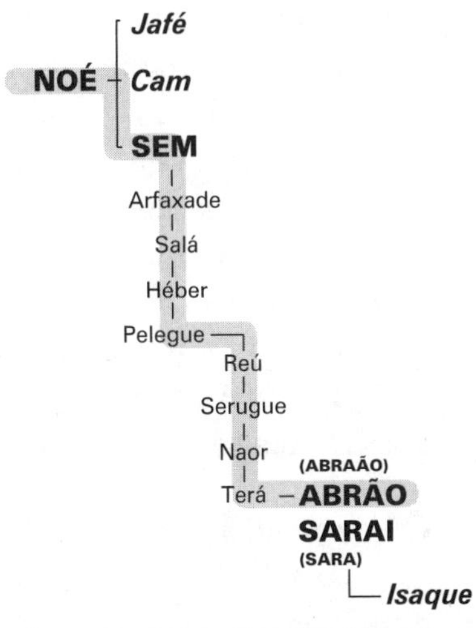

De acordo com o registro da Bíblia, após a confusão das línguas em Babel, passaram-se muitas gerações antes da próxima intervenção de Deus na história. Ao longo de todos esses anos, o Senhor não esqueceu sua promessa de enviar o Libertador. Embora a maioria das pessoas pouco se importasse com Deus, cada geração tinha aqueles que criam em suas promessas. Um desses foi o casal Abrão e Sarai.

> *Ora, Sarai era estéril; não tinha filhos.* Gênesis 11.30

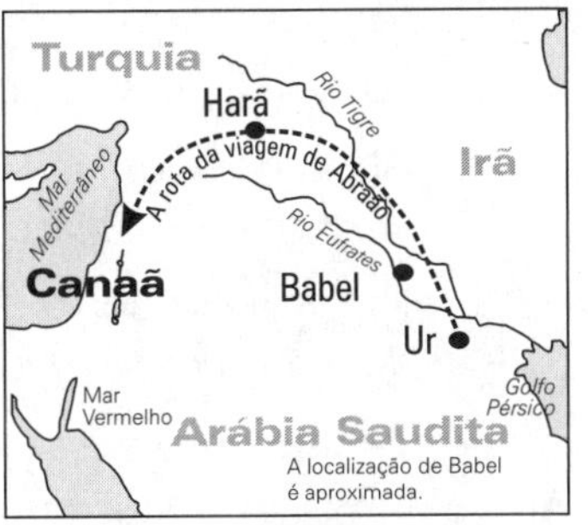

O lar de Abrão era a cidade de Ur, um pouco ao sul de Babel. Entretanto, seguindo as instruções do Senhor, ele deixou sua casa e foi para Harã. Foi lá que Deus falou a ele pela segunda vez.

> *Então o SENHOR disse a Abrão: "Saia da sua terra ... e vá para a terra que eu lhe mostrarei". Partiu Abrão, como lhe ordenara o SENHOR... Abrão tinha setenta e cinco anos*[1] *quando saiu de Harã.* Gênesis 12.1,4

Para Abrão, esse era um grande passo. Ele não podia consultar um Atlas, pesquisar o país através da Internet, ou discutir os planos com um agente de viagem. Ele nem mesmo sabia para onde estava indo! Deus não lhe dissera. Ao longo de sua viagem, teria que confiar em Deus para guiá-lo um dia por vez. Seu destino incerto era Canaã, que é atualmente Israel.

> *...partiram para a terra de Canaã e lá chegaram. ... Abrão construiu ali um altar dedicado ao SENHOR, que lhe havia aparecido.* Gênesis 12.5,7

Como Abrão cria que Deus o salvaria das consequências do pecado, ofereceu um sacrifício de sangue sobre um altar como uma *cobertura* — expiação — por seu pecado. Embora o animal ofertado fosse apenas uma figura do que era necessário para que o pecado fosse removido, o sacrifício de Abrão era uma evidência clara de que ele reconhecia a necessidade de ter um substituto que pagasse com a morte a pena por ele. Ele confiava em Deus, assim como Abel, Noé e todos os outros justos o fizeram em épocas passadas.

Abrão vivia uma vida seminômade, por isso os habitantes dos locais por onde passava o chamavam de *hebreu,* nome que tem a conotação de *peregrino, aquele de além.* Como Abrão passou muito tempo numa determinada área, o local recebeu o nome de Hebrom. A partir daquela época, Abrão e seus descendentes passaram a ser chamados hebreus.

Quatro Promessas

Deus também deu a Abrão quatro promessas específicas:

1. *Farei de você um grande povo…*[2]
2. *Tornarei famoso o seu nome…*[3]
3. *Abençoarei os que o abençoarem e amaldiçoarei os que o amaldiçoarem…*[4]
4. *…Por meio de você todos os povos da terra serão abençoados.* Gênesis 12.2-3

Quando Deus **abençoa**, concede favor e bem-estar.

Quando Deus **amaldiçoa**, traz infortúnio.

A primeira promessa de Deus eram boas notícias para Abrão. Para que se tornasse uma grande nação, ele teria que ter filhos. Entretanto, como não possuía nenhum descendente e Sarai já havia passado do tempo de gerar filhos, ele ficou perplexo, sem ter ideia de como isso aconteceria. Mas Deus prometera, portanto só podia ser verdade.

A última promessa estava relacionada à primeira, e era uma referência direta ao Libertador. Deus contou a Abrão que um de seus descendentes seria O Ungido, e que Ele seria uma bênção para todos. A Bíblia diz que Abrão creu em Deus e se regozijou "por ver" o dia da chegada do Libertador[5].

Depois dessas coisas o SENHOR falou a Abrão numa visão: "Não tenha medo, Abrão! Eu sou o seu escudo; grande será a sua recompensa!"

Mas Abrão perguntou: "Ó Soberano SENHOR, que me darás, se continuo sem filhos…?"

Levando-o para fora da tenda, disse-lhe: "Olhe para o céu e conte as estrelas, se é que pode contá-las". E prosseguiu: "Assim será a sua descendência".

Abrão creu no SENHOR, e isso lhe foi creditado como justiça.

Gênesis 15.1-2,5-6

Este último versículo está cheio de significado. Nós analisaremos três palavras que têm implicações de grande alcance. São as palavras *justiça, crédito* e *fé*. A última é tão importante que reservarei uma seção inteira para ela.

JUSTIÇA

Vimos anteriormente que a palavra *justiça* é usada em referência à perfeição de Deus — que não tem defeito, é santo, puro, limpo, totalmente sem mancha ou pecado.

CRÉDITO

A palavra *crédito* implica na ideia de resolver uma dívida monetária por meio de um pagamento. Esse termo é muito usado atualmente em nosso mundo financeiro. Gostamos de ver dinheiro *creditado* em nossa conta bancária, pois isso mostra que temos algo a receber! Mas o que a Bíblia quer dizer quando afirma que justiça foi creditado à conta de Abrão?

"Abrão creu no SENHOR, e isso lhe foi creditado como justiça".

Gênesis 15.6

Você se lembra do Certificado de Débito que todo ser humano recebe como resultado do pecado? Bem, Abrão tinha

*Romanos 6.23 - parafraseado

um também. Mas porque ele creu nas promessas, Deus fez um crédito em sua conta. Ele deu justiça a Abrão.

Foi como se Deus estivesse dizendo: "Abrão, como você confia em mim, farei um pagamento adiantado na conta de seu pecado. Estou colocando *minha* perfeição em seu livro-caixa. O que você precisa entender é que *minha* justiça excede em muito a sua pecaminosidade. O que eu lhe dou eliminará todo o seu pecado. Você pode considerar a sua dívida de pecado como paga. E porque o que lhe ofereço é *minha* justiça, esta não somente cuidará de sua dívida de pecado, mas dará a perfeição necessária para viver comigo no céu".

A Bíblia diz que Abrão tinha tanta confiança que Deus manteria a sua palavra, que...

> *...esperava a cidade que tem alicerces, cujo arquiteto e edificador é Deus.* Hebreus 11.10

Mesmo que o corpo de Abrão tenha morrido mais tarde, ele não experimentou o terrível castigo associado à segunda morte. Ele sabia que viveria para sempre com Deus no céu.

Anteriormente fizemos uma pergunta do tipo dois-lados-da-mesma-moeda: "Como podemos nos livrar do nosso pecado e ganhar *uma justiça equivalente à justiça de Deus* para podermos ser aceitos em sua presença?" Para Abrão, a resposta era simples: confiar no Senhor e crer em suas promessas, e Deus a providenciaria.

2 Fé

É muito fácil compreender essa palavra da maneira errada. Precisamos entender algumas coisas sobre fé de acordo com a Bíblia:

Abrão **creu** no SENHOR.	Ele **creu** no que Deus disse.
Abrão colocou sua **fé** no SENHOR.	Ele tinha **fé** em Sua Palavra.
Abrão **confiou** no SENHOR.	Ele sabia que Deus era **digno de confiança**.
Abrão tinha **confiança** no SENHOR.	Sua **confiança** estava em Deus somente.

❖ Muitas vezes as palavras ou conceitos *crer, fé, confiar e confiança* são usadas como sinônimos.

❖ A fé verdadeira se baseia em fatos, não em sentimentos. Quando você se senta numa cadeira, confia que ela o sustentará. Você não se senta nela porque tem um sentimento maravilhoso ou uma paixão irresistível por cadeiras. Na verdade, você verifica se a cadeira é forte e, com base nisso, apoia-se sobre ela. A fé de Abrão descansou no fato — a promessa de Deus. Era uma simples questão de matemática.

Deus disse: "Você terá um filho"
+ O Deus Criador é todo poderoso e diz a verdade
= Abrão terá um filho

- ❖ O que importa não é a *quantidade* de fé[6] que você tem, mas *em quem* coloca sua confiança. A fé de Abrão pode ter oscilado às vezes, mas sua confiança estava firmemente colocada em Deus.

- ❖ Fé bíblica não é apenas a aceitação mental dos fatos. Se fosse assim, não seria fé genuína.

A fé pode ser ilustrada da seguinte maneira: dois amigos estão num parque de diversões. Um pergunta ao outro: "Você crê que o carrinho da montanha-russa permanecerá nos trilhos?" O outro responde: "É claro que eu creio!" Então o primeiro diz: "Tudo bem, vamos dar uma volta!" Se o segundo amigo relutar e começar a dar desculpas para não acompanhá-lo naquele brinquedo, duvidaremos que ele realmente creia. Apesar de afirmar uma coisa com sua boca, o fato é que ele duvida em seu coração.

A montanha-russa pode inspirar algum receio e pode haver bons motivos para não andar nela, mas o ponto é este: *crer* e *fé* afetam nossas ações.

A fé de Abrão foi além da aceitação. Por ela, ele arriscou sua vida, sua reputação e suas ações. Porque creu, foi obediente a Deus e viajou para uma terra estranha. Porque creu, ofereceu sacrifícios, confiando em Deus para salvá-lo das consequências do pecado.

É importante compreender que a obediência de Abrão não era uma tentativa de provar a Deus ou aos outros a genuinidade de sua fé. Ao contrário, por confiar em Deus, o resultado natural foi que ele agiu como Deus queria. Assim, quando lemos as palavras *"Abrão creu no SENHOR..."*, precisamos pensar em todas as suas implicações.

Por causa da fé de Abrão, Deus mudou seu nome para Abraão, que significa *Pai de muitos*, e Sarai tornou-se Sara, que significa *Princesa*. Foi a maneira de Deus dizer que ele manteria sua promessa, embora já tivessem passado da idade de gerar filhos.

3 ISAQUE

O SENHOR foi bondoso com Sara, como lhe dissera, e fez por ela o que prometera. Sara engravidou e deu um filho a Abraão em sua velhice, na época fixada por Deus em sua promessa. Abraão deu o nome de Isaque ao filho que Sara lhe dera. Gênesis 21.1-3

Deus manteve a sua promessa a Abraão e Sara, mesmo em sua idade avançada. Ele sempre mantém a sua palavra e tem prazer em fazer o impossível.

Passado algum tempo, Deus pôs Abraão à prova, dizendo-lhe: "Abraão!"

Ele respondeu: "Eis-me aqui".

Então disse Deus: "Tome seu filho, seu único filho, Isaque, a quem você ama, e vá para a região de Moriá. Sacrifique-o ali como holocausto num dos montes que lhe indicarei".

Na manhã seguinte, Abraão levantou-se e preparou o seu jumento. Levou consigo dois de seus servos e Isaque, seu filho. Depois de cortar lenha para o holocausto, partiu em direção do lugar que Deus lhe havia indicado. No terceiro dia de viagem, Abraão olhou e viu o lugar ao longe. Disse ele a seus servos: "Fiquem aqui com o jumento enquanto eu e o rapaz vamos até lá. Depois de adorarmos, voltaremos".

Abraão pegou a lenha para o holocausto e a colocou nos ombros de seu filho Isaque, e ele mesmo levou as brasas para o fogo, e a faca. E caminhando os dois juntos, Isaque disse a seu pai Abraão: "Meu pai!"

"Sim, meu filho", respondeu Abraão.

Isaque perguntou: "As brasas e a lenha estão aqui, mas onde está o cordeiro para o holocausto?"

Respondeu Abraão: "Deus mesmo há de prover o cordeiro para o holocausto, meu filho". E os dois continuaram a caminhar juntos.

*Quando chegaram ao lugar que Deus lhe havia indicado, Abraão construiu um altar e sobre ele arrumou a lenha. Amarrou seu filho Isaque e o colocou sobre o altar, em cima da lenha. Então estendeu a mão e pegou a faca para sacrificar seu filho. Mas o *Anjo do SENHOR o chamou do céu: "Abraão! Abraão!"*

*O Anjo do Senhor—neste caso, um sinônimo para Deus. Compare com Gênesis 22.15-16

"Eis-me aqui", respondeu ele.

"Não toque no rapaz", disse o Anjo. "Não lhe faça nada. Agora sei que você teme a Deus, porque não me negou seu filho, o seu único filho". Abraão ergueu os olhos e viu um carneiro preso pelos chifres num arbusto. Foi lá pegá-lo, e o sacrificou como holocausto em lugar de seu filho. Abraão deu àquele lugar o nome de "O SENHOR Proverá". Por isso até hoje se diz: "No monte do SENHOR se proverá".

Pela segunda vez o Anjo do SENHOR chamou do céu a Abraão e disse: "Juro por mim mesmo", declara o SENHOR, "que por ter feito o que fez, não me negando seu filho, o seu único filho, esteja certo de que o abençoarei e farei seus descendentes tão numerosos como as estrelas do céu e como a areia das praias do mar. Sua descendência conquistará as cidades dos que lhe forem inimigos e, por meio dela, todos os povos da terra serão abençoados, porque você me obedeceu". Gênesis 22.1-18

Esta é uma história muito profunda. À primeira vista, temos a impressão de que Deus endossa o sacrifício de crianças! Mas analise mais profundamente.

Seu Único Filho

A situação é simples. Deus pediu que Abraão tomasse seu filho e o sacrificasse sobre um altar. Não foi um pedido qualquer. O Senhor lembrou a Abraão que aquele era o seu único filho. Dificilmente sua memória precisaria de ajuda. Durante anos, ele havia esperado por esse filho, e Isaque era realmente o filho a respeito de quem Deus prometera que seria o pai de incontáveis descendentes. O Senhor foi muito específico sobre isso e era óbvio que um filho morto não teria descendência!

O pedido de Deus deve ter desnorteado Abraão. Provavelmente, ele testemunhara sacrifícios humanos praticados por outras nações de seu tempo e sabia que era uma prática comum para apaziguar seus deuses. Contudo, a ordem de Deus para sacrificar Isaque ia contra tudo o que Abraão sabia sobre o Criador.

Em seu amor, Deus prometera que Isaque seria um descendente que geraria muitos filhos. Do ponto de vista humano, não havia nenhuma forma de conciliar a promessa de Deus com Sua presente ordem. Como Deus podia ser tão contraditório? Ainda assim, Abraão havia aprendido que o Senhor era totalmente digno de confiança, por isso fez exatamente como Deus exigiu. Chamou seu filho, selou o jumento da família, pegou os instrumentos para o sacrifício e saiu, determinado a cumprir a ordem do Senhor. Seu coração devia estar pesado de angústia! Obedecer era um enorme passo para Abraão, mas aquele passo mostraria sua absoluta fé na bondade de Deus.

A Bíblia não deixa de revelar os pensamentos de Abraão. Ela nos diz que Abraão se apegou à promessa de Deus, convicto de que mesmo que sacrificasse Isaque, o Senhor o ressuscitaria.

> *Pela fé Abraão, quando Deus o pôs à prova, ofereceu Isaque como sacrifício... Abraão levou em conta que Deus pode ressuscitar os mortos e... recebeu Isaque de volta dentre os mortos.* Hebreus 11.17,19

A Bíblia diz que Deus estava testando a fé de Abraão. Nós entenderemos o porquê nas próximas páginas. Essa prova radical — oferecer seu próprio filho — revelou a Abraão e a nós sua genuína confiança no Senhor.

Abraão e Isaque, com dois outros moços, se dirigiram às montanhas de Moriá. Quando eles se aproximaram, Abraão e Isaque continuaram sozinhos, e Isaque carregou a lenha. Em algum ponto do caminho, Isaque fez uma pergunta ao pai. Sem dúvida, Isaque havia testemunhado muitos sacrifícios e não precisava de um diploma de faculdade para reconhecer que uma coisa essencial estava faltando — o próprio sacrifício. Onde estava o cordeiro?

> *"... As brasas e a lenha estão aqui, mas onde está o cordeiro para o holocausto?"* Gênesis 22.7

Pode ser que alguém se pergunte se Isaque estava pensando nos sacrifícios de crianças das religiões vizinhas. Ele também confiava no Senhor tanto quanto seu pai! Quando seu pai respondeu que Deus mesmo providenciaria o cordeiro, Isaque foi de boa vontade com o pai.

Deus mostrou-lhes o lugar exato para erigir o altar numa das montanhas de Moriá. Muitos anos mais tarde, o templo judaico seria construído sobre o Monte Moriá, talvez no mesmo lugar onde Isaque estava sendo oferecido.

AMARRADO

Quando chegaram ao lugar que Deus lhe havia indicado, Abraão construiu um altar e sobre ele arrumou a lenha. Amarrou seu filho Isaque e o colocou sobre o altar, em cima da lenha. Gênesis 22.9

Isaque não era uma criança. A palavra hebraica traduzida como rapaz era usada para homens em idade militar. Com certeza

ele tinha idade suficiente para enfrentar uma luta, e embora Abraão não fosse mais um jovem, não há nenhum registro de combate. É óbvio que Isaque se submeteu voluntariamente a Abraão, um ato que demonstrou confiança implícita em seu pai, que ele sabia ser um seguidor da Palavra de Deus.

Isaque estava sob as ordens diretas e específicas de Deus para ser morto. Uma vez amarrado no altar, se achava incapaz de se libertar, pois não havia como salvar-se a si mesmo. A Bíblia diz que Abraão estendeu seu braço e tomou a faca. Podemos ver a mão do ancião vacilar e seu queixo tremer. Seu coração estava prestes a ser partido.

Esse é o seu único filho! A tensão do momento é inacreditável. Lentamente, o braço trêmulo se ergue e a lâmina fria da faca cintila à luz do entardecer. Deliberadamente, a mente se obriga a cravar a arma, e então... Deus interveio. O Anjo do Senhor chamou Abraão do céu e disse...

> *"Não toque no rapaz", disse o Anjo. "Não lhe faça nada. Agora sei que você teme a Deus, porque não me negou seu filho, o seu único filho".* Gênesis 22.12

Deve ter havido muitas lágrimas. Você pode ver o pai e o filho chorando com imenso alívio. Deus interveio. A sentença de morte se fora — pelo menos para Isaque. Mas ainda houve uma morte.

Um Substituto

A Bíblia diz que Deus providenciou um animal.

> *Abraão ergueu os olhos e viu um carneiro preso pelos chifres num arbusto...* Gênesis 22.13

Emaranhado dessa forma, o carneiro não iria se ferir tentando se soltar.

> *...Foi lá pegá-lo, e o sacrificou como holocausto em lugar de seu filho.* Gênesis 22.13

Houve morte, mas foi a morte do carneiro em vez de Isaque. Isaque ficou livre porque um carneiro morreu. Deus providenciou um substituto. Este acontecimento ficou tão marcado na mente de Abraão que ele deu um nome à montanha, como lembrança do que Deus é.

Abraão deu àquele lugar o nome de "O SENHOR Proverá". Por isso até hoje se diz: "No monte do SENHOR se proverá".
Gênesis 22.14

Abraão descobriu que Deus é aquele que salva...

... na hora da adversidade... Jeremias 14.8

A história termina com Deus reafirmando sua promessa a Abraão. Seus descendentes seriam muitos — toda a nação de Israel. A promessa de Deus incluía O UNGIDO como um dos descendentes de Abraão e Isaque. ELE seria uma bênção para todos os povos.

E disse: "Juro por mim mesmo", declara o SENHOR... "Sua descendência conquistará as cidades dos que lhe forem inimigos e, por meio dela, todos os povos da terra serão abençoados, porque você me obedeceu". Gênesis 22.16-18

O pedido de Deus para Abraão sacrificar Isaque foi um tipo de pedido *que é feito uma vez na vida — uma vez na história do homem.* Deus quis transmitir certas verdades, não apenas a Abraão, mas também a nós; verdades relacionadas a julgamento, fé e livramento através de um substituto.

Assim como Isaque estava sob a ordem direta de Deus para morrer, toda a humanidade está sob a sentença de morte.[7] Isaque não podia salvar-se a si mesmo. Mas Abraão confiou

no Senhor, crendo que de alguma forma seu amoroso Deus o livraria. E Deus interveio. Providenciou um modo de escape através de um substituto. Era uma vida em troca de outra vida — o inocente morrendo pelo culpado.

Assim como Abel ofereceu um sacrifício que morreu em seu lugar, o carneiro morreu no lugar de Isaque. E assim como Deus considerou aceitável o sacrifício de Abel, Deus providenciou um carneiro como um sacrifício aceitável no lugar de Isaque. Era ideia de Deus. Era o homem vindo a Deus de acordo com a maneira dEle, crendo que Sua Palavra era verdadeira.

Capítulo Sete

1 Israel e Judá

Deus havia prometido tanto a Abraão como a Isaque que O Libertador seria um de seus descendentes. Ambos viveram bastante tempo e morreram.

Jacó (Israel)

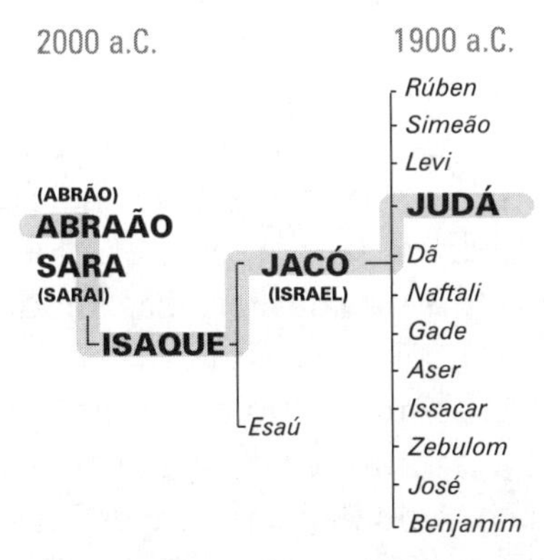

Isaque teve dois filhos: Esaú e Jacó. Esaú era como Caim, moldando sua vida de acordo com suas próprias ideias, agindo de sua própria maneira. Por outro lado, Jacó confiava em Deus e, por causa disso, o Senhor o considerou justo. Jacó frequentemente vinha a Deus, oferecendo sacrifícios de sangue sobre o altar.

Nesse lugar [Jacó] construiu um altar... porque ali Deus havia se revelado a ele. Gênesis 35.6-7

Jacó cria nos princípios encontrados na Palavra de Deus, que...

... sem derramamento de sangue não há perdão. Hebreus 9.22

Pois a vida da carne está no sangue, e eu o dei a vocês para fazerem propiciação por si mesmos no altar; é o sangue que faz propiciação pela vida. Levítico 17.11

Embora Jacó tenha falhado muitas vezes ao longo de sua vida, Deus era o objeto principal de sua confiança. Mais tarde seu nome foi mudado para *Israel*, que significa *Deus prevalece.* Hoje a nação de Israel, que descende diretamente de Jacó, tem esse nome por causa desse homem.

Deus renovou Sua promessa também a Jacó, a mesma que fizera a Abraão e a Isaque. O Senhor disse a Jacó...

"Eu sou o SENHOR, o Deus de seu pai Abraão e o Deus de Isaque... Todos os povos da terra serão abençoados por meio de você e da sua descendência". Gênesis 28.13-14

Deus estava dizendo que um dos descendentes de Jacó seria uma bênção para todas as nações — uma referência ao Libertador Prometido.

Jacó (ou Israel) tinha doze filhos, dos quais descenderam doze tribos.[1] Antes de Jacó morrer, contou a seu filho *Judá* que O Libertador viria através da sua tribo.

Egito

Abraão, Isaque e Jacó tiveram uma vida seminômade em Canaã (o que conhecemos hoje como Israel). Nos últimos anos da vida de Jacó, a fome assolou o país e ele, juntamente com seus filhos e suas famílias, mudaram-se para o Egito. Naquele tempo, seu povo contava com apenas setenta pessoas. O Egito os recebeu e os tratou muito bem.

Trezentos e cinquenta anos mais tarde, os israelitas ainda estavam no Egito, porém estima-se que naquela época já havia dois milhões e meio de israelitas. Os descendentes de Abraão, Isaque e Jacó tinham, de fato, se tornado uma grande nação, mas havia um problema — eles estavam no país errado. O que lhes fora prometido era a terra de Canaã, não o Egito. Entretanto, o Senhor dissera a Jacó muito antes que os setenta fugissem da fome em Canaã...

> *"Estou com você e cuidarei de você, aonde quer que vá; e eu o trarei de volta a esta terra. Não o deixarei enquanto não fizer o que lhe prometi".* Gênesis 28.15

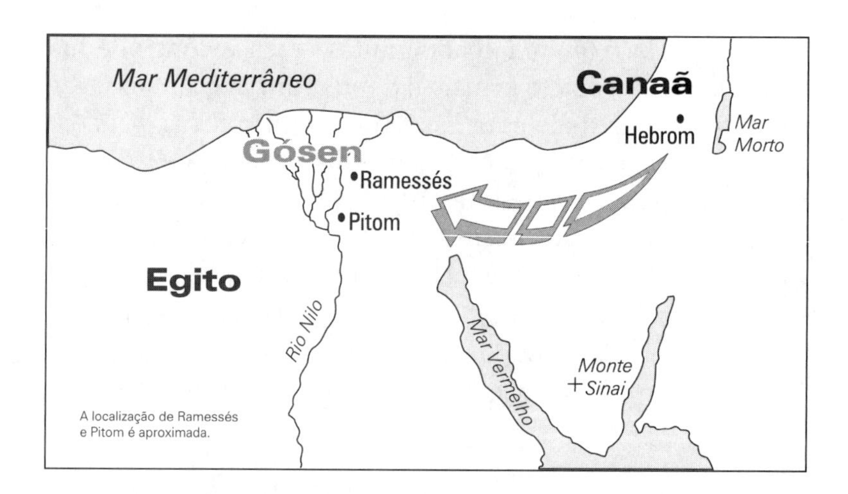

2 Moisés

Dois milhões e meio de israelitas no Egito dificilmente poderiam ser ignorados. O rei do Egito (ou o Faraó) teve uma ideia.

Disse ele ao seu povo: "Vejam! O povo israelita é agora numeroso e mais forte que nós. Temos que agir com astúcia, para que não se tornem ainda mais numerosos e, no caso de guerra, aliem-se aos nossos inimigos, lutem contra nós e fujam do país".

Estabeleceram, pois, sobre eles chefes de trabalhos forçados, para os oprimir com tarefas pesadas. E assim os israelitas construíram para o faraó as cidades celeiros de Pitom e Ramessés. Êxodo 1.9-11

Os israelitas não somente foram escravizados, como também condenados a trabalhos forçados.

Todavia, quanto mais eram oprimidos, mais numerosos se tornavam e mais se espalhavam. Por isso os egípcios passaram a temer os israelitas, e os sujeitaram a cruel escravidão. Tornaram-lhes a vida amarga, impondo-lhes a árdua tarefa de preparar o barro e fazer tijolos, e executar todo tipo de trabalho agrícola... Êxodo 1.12-14

Mas Deus não esqueceu suas promessas. A Bíblia diz...

Ouviu Deus o lamento deles e lembrou-se da aliança que fizera com Abraão, Isaque e Jacó. Deus olhou para os israelitas e viu a situação deles. Êxodo 2.24-25

Chegou o tempo de eles partirem. O Senhor tinha o homem certo para a tarefa, um israelita chamado Moisés.

Moisés nascera no Egito, filho de pais israelitas. Ao nascer, estava destinado a morrer. Mas, providencialmente, ele foi resgatado e criado como membro da família do Faraó, com acesso à melhor formação do país. Já adulto, assassinou um egípcio para defender um israelita, e então fugiu para o deserto a fim de escapar da morte. Foi lá que ele se tornou um pastor e, durante os quarenta anos seguintes, aprendeu a conduzir ovelhas. Essa foi outra etapa da formação planejada por Deus.

Moisés... levou o rebanho para o outro lado do deserto e chegou a Horebe, o monte de Deus. Ali o Anjo do SENHOR lhe apareceu numa chama de fogo que saía do meio de uma sarça. Moisés viu que, embora a sarça estivesse em chamas, não era consumida pelo fogo. Êxodo 3.1-2

É impossível ler isso sem imaginar o espanto de Moisés diante do arbusto. Ele deve ter ficado perplexo. O que está acontecendo aqui?! Sua esposa ficaria contente ao ouvir sobre isso — uma madeira que queima, mas não se consome seria um excelente combustível para o fogão de sua cozinha!

"Que impressionante!", pensou. "Por que a sarça não se queima? Vou ver isso de perto".

O SENHOR viu que ele se aproximava para observar. E então, do meio da sarça Deus o chamou: "Moisés, Moisés!"

Êxodo 3.3-4

Uma árvore falante! Você pode imaginar Moisés olhando à sua volta, suado, esperando que ninguém estivesse ouvindo. O que pensariam se o vissem conversando com um arbusto?!

"Eis-me aqui", respondeu ele.

Entao disse Deus: Não se aproxime. Tire as sandálias dos pés, pois o lugar em que você está é terra santa. Disse ainda: "Eu sou o Deus de seu pai, o Deus de Abraão, o Deus de Isaque, e o Deus de Jacó"... Êxodo 3.4-6

Moisés deve ter ficado gelado. Ele sabia tudo sobre o Deus Altíssimo. Sabia que Deus era o Criador-Proprietário de todos os viventes. Sabia que o Senhor era Deus santo, que se afastara da humanidade por causa do pecado dela. O próprio Moisés era pecador — um assassino.

...Então Moisés cobriu o rosto, pois teve medo de olhar para Deus.

Disse o SENHOR: "De fato tenho visto a opressão sobre o meu povo no Egito, tenho escutado o seu clamor, por causa dos seus feitores, e sei quanto eles estão sofrendo.

Vá, pois, agora; eu o envio ao faraó para tirar do Egito o meu povo, os israelitas". Êxodo 3.6-7,10

Moisés deve ter suspirado com alívio. Deus não viera para julgar o seu pecado, mas para dar-lhe uma tarefa. Porém havia um problema. Moisés era um pastor e a tarefa parecia tremenda. Quem era ele, afinal de contas? As pessoas não dariam muita atenção a alguém que diz ter conversado com um arbusto. Moisés disse a Deus:

"Quando eu chegar diante dos israelitas e lhes disser: O Deus dos seus antepassados me enviou a vocês, e eles me perguntarem: 'Qual é o nome dele?' Que lhes direi?" Disse Deus a Moisés: "Eu Sou o que Sou. É isto que você dirá aos israelitas: Eu Sou me enviou a vocês". Êxodo 3.13-14

EU SOU significa *o auto-existente*, o Deus que existe por seu próprio poder.

... Esse é o meu nome para sempre, nome pelo qual serei lembrado de geração em geração.

"Vá, reúna as autoridades de Israel e diga-lhes: O SENHOR, o Deus dos seus antepassados, o Deus de Abraão, de Isaque e de Jacó, apareceu a mim e disse: Eu virei em auxílio de vocês; pois vi o que lhes tem sido feito no Egito. Prometi tirá-los da opressão do Egito para a terra... onde manam leite e mel.

As autoridades de Israel o atenderão". Êxodo 3.15-18

Embora Moisés estivesse receoso, também sabia que quando Deus faz uma promessa, sempre mantém a Sua Palavra. Assim, Moisés fez suas malas e voltou para o Egito, para o Faraó e para os escravos israelitas. No caminho, encontrou o seu irmão Arão, a quem Deus enviara para ser seu porta-voz.

Assim Moisés e Arão foram e reuniram todas as autoridades dos israelitas, e Arão lhes contou tudo o que o SENHOR dissera a Moisés.

... e eles creram. Quando o povo soube que o SENHOR decidira vir em seu auxílio, tendo visto a sua opressão, curvou-se em adoração. Êxodo 4.29-31

Aconteceu exatamente o que Deus havia dito. O povo creu e adorou ao Senhor. Deus estava mantendo a sua promessa.

3 O Faraó e a Páscoa

Uma coisa era Moisés e Arão convencerem os líderes de Israel que Deus falara, mas só o fato de pensarem em convencer o Faraó os fazia terem pesadelos.

Depois disso Moisés e Arão foram falar com o faraó e disseram: "Assim diz o SENHOR, o Deus de Israel: 'Deixe o meu povo ir...'".

O faraó respondeu: "Quem é o SENHOR, para que eu lhe obedeça e deixe Israel sair? Não conheço o SENHOR, e não deixarei Israel sair". Êxodo 5.1-2

Bem, o Faraó estava certo em uma coisa — ele não conhecia o SENHOR. O Egito venerava uma enorme quantidade de deuses — o deus-sol, o deus das tempestades, o Rio Nilo — até o Faraó era um deus. Cada deus era representado por um símbolo diferente: o abutre, a rã, o escorpião, e assim por diante. Os egípcios adoravam a criação em lugar do Criador. Não somente o Faraó era ignorante do Deus verdadeiro, como também ele se recusou a conhecê-lo melhor. Para ele, adorar o Criador significaria uma considerável perda de poder e posição, e deixar os israelitas partirem seria difícil para a economia — uma perda do trabalho escravo. O Faraó se opôs inflexivelmente a essa ideia.

Então o SENHOR disse a Moisés: "Agora você verá o que farei ao faraó... Eu os livrarei do trabalho imposto pelos egípcios. Eu os libertarei da escravidão... com braço forte e com poderosos atos de juízo". Êxodo 6.1,6

Deus disse a Moisés que Ele traria julgamento sobre o Egito em forma de pragas. Somente assim o Faraó deixaria os israelitas partirem. Essas notícias eram desconcertantes. Se Deus trouxesse pragas sobre o Egito, como Faraó retaliaria? O Senhor encorajou os israelitas, lembrando-os de sua promessa aos seus antepassados.

"Eu os farei meu povo e serei o Deus de vocês. Então vocês saberão que eu sou o SENHOR, o seu Deus... E os farei entrar na terra que, com mão levantada, jurei [ou prometi] que daria a Abraão, a Isaque e a Jacó. Eu a darei a vocês como propriedade. Eu sou o SENHOR." Êxodo 6.7-8

O Povo de Deus

Deus disse que os israelitas seriam o **seu** povo. Isto não significava que *somente* o povo de Israel podia seguir o Deus verdadeiro, mas que o Senhor estava ajudando as diferentes nações da Terra a conhecerem exatamente quem é Deus e como ele se relaciona com o homem. Tudo o que o mundo precisaria fazer seria olhar para Israel e ver de modo bem nítido como Deus lidava com a humanidade!

Deus disse que traria pragas sobre o Egito a fim de livrar Israel. No processo, ele ensinaria ambas as nações algo a respeito de si mesmo.

Israelitas: a lição a ser aprendida...

> *Eu os farei meu povo e serei o Deus de vocês. Então* ***vocês saberão que eu sou o SENHOR, o seu Deus****, que os livra do trabalho imposto pelos egípcios.* Êxodo 6.7

Egípcios: a lição a ser aprendida...

> *"E* ***os egípcios saberão que eu sou o SENHOR****, quando eu estender a minha mão contra o Egito e tirar de lá os israelitas".* Êxodo 7.5

Deus estava ensinando às duas nações a mesma coisa: que somente Ele é Deus. Entretanto, o Faraó não queria nada com Moisés e Arão. Assim, Deus lhes ordenou:

> *Vá ao faraó de manhã, quando ele estiver indo às águas. Espere-o na margem do rio para encontrá-lo... Diga-lhe: O SENHOR, o Deus dos hebreus, mandou-me dizer-lhe: Deixe ir o meu povo... Mas até agora você não me atendeu.*
>
> *Assim diz o SENHOR: Nisto você saberá que eu sou o SENHOR: ferirei as águas do Nilo, e elas se transformarão em sangue. Os peixes do Nilo morrerão, o rio ficará cheirando mal, e os egípcios não suportarão beber das suas águas.* Êxodo 7.15-18

E foi exatamente o que aconteceu. Deus feriu o coração da religião egípcia, tornando um de seus deuses, o Rio Nilo, em sangue. Deus fez seu deus cheirar mal. Tornou o rio repugnante para eles! Mas...

> *... O coração do faraó se endureceu, e ele não deu ouvidos a Moisés e a Arão... Nem assim o faraó levou isso a sério.*
> Êxodo 7.22-23

Deus Versus Deuses

E assim começou o ciclo. Deus advertia o Faraó a deixar os israelitas partirem e o Faraó dizia NÃO; e Deus trazia uma praga, cada uma com o objetivo de atingir um deus egípcio diferente.

Primeiro, o Nilo se transformou em *sangue.*

Então, Deus enviou um castigo de *rãs* — em cada canto e fenda.

Na comida, nas camas — em todo o lugar.

A estas seguiram-se enxames de agressivos *mosquitos.*[2]
As *moscas* substituíram os mosquitos.
Então uma epidemia feriu o *gado* — todo o gado morreu.
Depois disso, o povo foi atormentado por *feridas purulentas.*
Então uma tempestade de *granizo* devastou suas colheitas.
O que não foi destruído pelo granizo foi devorado por uma nuvem de *gafanhotos.*

Finalmente, o Deus verdadeiro feriu o deus falso, o sol, com uma maldição de *trevas* tão densas que podiam ser tocadas.

Ao todo, Deus enviou dez pragas — a última e mais devastadora ainda estava por vir. Deus disse a Moisés e Arão:

> *Disse então o SENHOR a Moisés: "Enviarei ainda mais uma praga sobre o faraó e sobre o Egito. Somente depois desta ele os deixará sair daqui e até os expulsará totalmente".*
>
> *Disse, pois, Moisés ao faraó: "Assim diz o SENHOR: 'Por volta da meia-noite, passarei por todo o Egito.* ***Todos os primogênitos do Egito morrerão****, desde o filho mais velho do faraó, herdeiro do trono, até o filho mais velho da escrava que trabalha no moinho...".* Êxodo 11.1,4-5

A última praga foi, de fato, a pior e atingiria indiferentemente os egípcios e os israelitas que não seguissem as instruções de Deus. Deus, como um Deus justo, trouxe julgamento sobre o pecado, mas, como um Deus de amor, também era *misericordioso,* e providenciou um modo de escape.

Tome um cordeiro...

> *O SENHOR disse a Moisés e a Arão, no Egito: "...no décimo dia deste mês todo homem deverá separar um cordeiro ou um cabrito, para a sua família, um para cada casa".* Êxodo 12.1,3

Um macho, sem defeito. Não podia de modo algum ser um animal deformado ou defeituoso. Deus exigia um cordeiro perfeito.

> *O animal escolhido será macho de um ano, sem defeito, e pode ser cordeiro ou cabrito.* Êxodo 12.5

Mate o cordeiro no tempo determinado.

> *Guardem-no até o décimo quarto dia do mês, quando toda a comunidade de Israel irá sacrificá-lo, ao pôr-do-sol.* Êxodo 12.6

Aplique o sangue no portal externo de sua casa.

Passem, então, um pouco de sangue nas laterais e nas vigas superiores das portas das casas nas quais vocês comerão o animal.

Êxodo 12.7

Fique dentro de casa até pela manhã.

...Nenhum de vocês poderá sair de casa até o amanhecer.

Êxodo 12.22

Não quebre nenhum dos ossos.

Vocês a comerão numa só casa; não levem nenhum pedaço de carne para fora da casa, nem quebrem nenhum dos ossos.

Êxodo 12.46

Eu passarei adiante.

"Naquela mesma noite passarei pelo Egito e matarei todos os primogênitos, tanto dos homens como dos animais, e executarei juízo sobre todos os deuses do Egito. Eu sou o SENHOR! O sangue será um sinal para indicar as casas em que vocês estiverem; quando eu vir o sangue, passarei adiante. A praga de destruição não os atingirá quando eu ferir o Egito."

Êxodo 12.12-13

Quando Deus viesse em julgamento para matar o primogênito, *passaria adiante de* cada casa onde o sangue tivesse sido aplicado.

Depois os israelitas se retiraram e fizeram conforme o SENHOR tinha ordenado a Moisés e a Arão. Êxodo 12.28

A obediência deles foi a prova visível de que confiavam em Deus, crendo que o que ele disse era verdade.

Considere

Você pode imaginar o que teria acontecido se alguém argumentasse: "Isso é ridículo! Matar o melhor cordeiro! Eu tenho um carneiro velho e aleijado, ele deve servir".

Ou se alguém chamasse seus amigos e dissesse: "Ei, a noite está linda! Vamos fazer nossa festa lá fora".

Ou se outro dissesse: "De jeito nenhum vou sujar minha porta com sangue. Que nojo! Eu derramarei isto no chão, do lado de fora, atrás da casa".

Deus passaria adiante? É claro que não. Eles poderiam fazer isso com a melhor das intenções, mas não estariam obedecendo às instruções de Deus. Eles *estariam fazendo as coisas à sua maneira* — como Caim e o povo dos dias de Noé. O Senhor os julgaria juntamente com os egípcios porque se recusaram a confiar nele. Eles receberiam exatamente o que mereciam.

Por outro lado, o que aconteceria se um egípcio ouvisse que Deus iria enviar uma praga final? E se esse egípcio pensasse: "Os nossos deuses são falsos. Os israelitas adoram o único Deus verdadeiro. Eu quero que esse Deus seja o meu Deus. O que o Senhor requer de mim?" E então esse mesmo egípcio, colocando sua fé somente em Deus, seguisse as instruções para a Páscoa? Deus passaria adiante de sua casa naquela noite? Ele escaparia da punição? Sim, escaparia porque cria no Senhor e se dirigia a Deus à maneira de Deus. Sua fé seria honrada por Deus que estenderia a ele sua graça e misericórdia.

Então, à meia-noite, o SENHOR matou todos os primogênitos do Egito, desde o filho mais velho do faraó, herdeiro do trono, até o filho mais velho do prisioneiro que estava no calabouço, e também todas as primeiras crias do gado.

No meio da noite o faraó, todos os seus conselheiros e todos os egípcios se levantaram. E houve grande pranto no Egito, pois não havia casa que não tivesse um morto.

Naquela mesma noite o faraó mandou chamar Moisés e Arão e lhes disse: "Saiam imediatamente do meio do meu povo, vocês e os israelitas! Vão prestar culto ao SENHOR, como vocês pediram. Levem os seus rebanhos, como tinham dito, e abençoem a mim também".

Os egípcios pressionavam o povo para que se apressasse em sair do país, dizendo: "Todos nós morreremos!" No mesmo dia o SENHOR tirou os israelitas do Egito, organizados segundo as suas divisões. Êxodo 12.29-33,51

Deus Mantém a Sua Palavra

Deus havia sido misericordioso com o Faraó, dando-lhe muitas oportunidades para deixar os israelitas partirem, mas ele continuou a negar sua permissão. Deus lhe disse que julgaria os egípcios, e fez exatamente isso. Deus não é como nós. Podemos ameaçar disciplinar nossos filhos e muitas vezes não o fazemos. Deus sempre mantém a Sua Palavra. Os egípcios foram julgados.

Por outro lado, os israelitas experimentaram a bondade do Senhor porque creram nele. Quando veio para cumprir sua sentença, passou adiante dos lugares onde viu o sangue aplicado. O primogênito sobreviveu, mas só porque um cordeiro havia morrido. Foi assim desde o início. Deus aceitou o sacrifício de Abel como um pagamento de morte no lugar de Abel. Quando Abraão ofereceu Isaque como sacrifício, o carneiro morreu no lugar de Isaque. Agora com a Páscoa, o cordeiro morreu no lugar do primogênito.

Esses sacrifícios substitutivos eram declarações visíveis de cada pessoa que confiava em Deus como seu Salvador. Porque criam no Senhor, elas lhe obedeciam.

Esta festa tornou-se uma tradição para os israelitas. Passaram a celebrar a Páscoa todos os anos, como memorial de como Deus os livrara da escravidão.

Este dia será um memorial que vocês e todos os seus descendentes celebrarão como festa ao SENHOR. Celebrem-no como decreto perpétuo. Êxodo 12.14

E, assim, os israelitas foram libertos de sua escravidão e expulsos da terra por seus antigos senhores. Deus manteve sua promessa — aconteceu exatamente o que Ele disse que aconteceria.

Capítulo Oito

1 Pão, Codornizes e Água

2 Os Dez Mandamentos

3 A Sala do Tribunal

1 Pão, Codornizes e Água

Quando iniciaram sua longa jornada, os israelitas eram uma multidão desordenada. Os egípcios apressaram sua partida carregando-os de bens valiosos e, sem tempo para arrumar direito as malas, partiram numa enorme agitação, conduzindo seu rebanho adiante deles. Multiplique esses fatores por seu número aproximado — 2,5 milhões — e você terá uma confusão! Moisés era o líder, mas como você gritaria "Por aqui!" para uma multidão dessas? Mesmo os mais observadores e atentos não poderiam ver Moisés! Deus resolveu o dilema.

Durante o dia o SENHOR ia adiante deles, numa coluna de nuvem, para guiá-los no caminho, e de noite, numa coluna de fogo, para iluminá-los, e assim podiam caminhar de dia e de noite.

Êxodo 13.21

Com um farol desses, todos seriam capazes de se organizar imediatamente. Tudo o que tinham a fazer era olhar para frente e seguir a nuvem especial, confiando que o Senhor os guiaria. Eles podiam até mesmo viajar à noite, cortesia da coluna de fogo de Deus. Isso é que era organizar uma multidão!

Quando o faraó deixou sair o povo, Deus não o guiou pela rota da terra dos filisteus, embora este fosse o caminho mais curto, pois disse: "Se eles se defrontarem com a guerra, talvez se arrependam e voltem para o Egito". Assim, Deus fez o povo dar a volta pelo deserto, seguindo o caminho que leva ao mar Vermelho. Os israelitas saíram do Egito preparados para lutar.

Êxodo 13.17-18

Deus estava cuidando dos israelitas. Ele os guiou ao deserto do Sinai, onde praticamente não vivia ninguém. Essa terra desolada estava livre de inimigos, mas também não havia muito alimento. Assim, o povo começou uma grande sessão de reclamações.

... toda a comunidade de Israel reclamou a Moisés e Arão. Disseram-lhes os israelitas: "Quem dera a mão do SENHOR nos tivesse matado no Egito! Lá nos sentávamos ao redor das panelas de carne e comíamos pão à vontade, mas vocês nos trouxeram a este deserto para fazer morrer de fome toda esta multidão!" Êxodo 16.2-3

O povo se queixou e quis até mesmo retornar à escravidão. Sua atitude cética diante da provisão de Deus era deprimente, pois o Senhor já havia lhes mostrado seu cuidado vigilante e de maneira nenhuma os abandonaria. Deveriam pedir comida a Deus, pois ele queria ser seu provedor. Mas não, eles reclamaram!

Pão e Codornizes

*E o SENHOR disse a Moisés: "Ouvi as queixas dos israelitas. Responda-lhes que ao pôr-do-sol vocês comerão carne, e ao amanhecer se fartarão de pão. Assim saberão que eu sou o SENHOR, o seu Deus". No final da tarde, apareceram codornizes que cobriram o lugar onde estavam acampados; ao amanhecer havia uma camada de orvalho ao redor do acampamento. Depois que o orvalho secou, flocos finos semelhantes à geada estavam sobre a superfície do deserto. Quando os israelitas viram aquilo, começaram a perguntar uns aos outros: *"Que é isso?", pois não sabiam do que se tratava. Disse-lhes Moisés: "Este é o pão que o SENHOR lhes deu para comer".* Êxodo 16.11-15

*"O que é isto?" é uma tradução literal da palavra "maná". Algumas traduções usam a palavra "maná".

Deus os supriu de carne e pão e nem mesmo tiveram que trabalhar para isso. A cada dia, o pão estava disponível para ser recolhido e a cada dia eles seriam lembrados: *é Deus quem provê.* Eles devem ter se sentido um pouco envergonhados por terem murmurado tanto. Mas Deus ainda estava ensinando uma outra lição aos israelitas.

Uma Lição Simples

O pão tinha um propósito maior que a comida. Deus disse ...

"... Com isso os porei à prova para ver se seguem ou não as minhas instruções". Êxodo 16.4

Deus disse a Moisés que falasse ao povo para juntar somente o pão necessário para comer em um dia. Era uma instrução fácil de ser obedecida.

> *Todavia, alguns deles não deram atenção a Moisés e guardaram um pouco até a manhã seguinte, mas aquilo criou bicho e começou a cheirar mal. Por isso Moisés irou-se contra eles.* Êxodo 16.20

Foi uma lição simples e não fez mal a ninguém, mas com isso o povo aprendeu que o Senhor quis dizer exatamente o que havia dito: que deveriam crer no que Ele diz. A desobediência envolvia muitos riscos.

Murmuração

> *Toda a comunidade de Israel partiu do deserto de Sim, andando de um lugar para outro, conforme a ordem do SENHOR. Acamparam em Refidim, mas lá não havia água para beber. Por essa razão queixaram-se a Moisés e exigiram: "Dê-nos água para beber"... "Por que você nos tirou do Egito? Foi para matar de sede a nós, aos nossos filhos e aos nossos rebanhos?"*
>
> *Então Moisés clamou ao SENHOR: "Que farei com este povo? Estão a ponto de apedrejar-me!"* Êxodo 17.1-4

Nada aprenderam com os erros do passado. O povo voltou a se queixar, só que dessa vez era por causa da água.

> *Respondeu-lhe o SENHOR: "Passe à frente do povo. Leve com você algumas das autoridades de Israel, tenha na mão a vara... Eu estarei à sua espera no alto da rocha do monte Horebe. Bata na rocha, e dela sairá água para o povo beber".*
>
> *Assim fez Moisés, à vista das autoridades de Israel.*
> Êxodo 17.5-6

Água

Às vezes vemos uma interpretação artística desse milagre. Moisés é retratado em pé ao lado de uma rocha, segurando um cajado, com uma pequena fonte de água parecida com o jato da torneira de sua cozinha jorrando pelo chão. Na verdade, deve ter sido uma torrente. Havia uma multidão de pessoas sedentas e ainda todo o seu rebanho. Não era um gotejamento, mas uma poderosa torrente! A Bíblia diz:

> *Ele fendeu a rocha, e jorrou água, que escorreu como um rio pelo deserto.* Salmo 105.41

Novamente, o Senhor supriu as necessidades do povo, ainda que realmente não o merecessem. Deus, como seu Criador-Proprietário, poderia ter ordenado que parassem de reclamar, ficassem quietos e se comportassem. Afinal, o pecado tem consequências. Mas Deus foi paciente e gentil. Mostrou-lhes graça — bondade imerecida. Como pecador, o homem não merece o amor bondoso de Deus, mas Deus cuida do homem apesar de seu pecado.

2 Os Dez Mandamentos

O Senhor dissera que os israelitas eram Seu povo e, como tal, deveriam exemplificar para o restante do mundo o relacionamento de Deus com o homem e o relacionamento do homem com Deus. Mas os israelitas tinham muito o que aprender sobre o Senhor. O processo de revelação de Deus era contínuo, e uma das maiores revelações de seu caráter estava para acontecer.

> *No dia em que se completaram três meses que os israelitas haviam saído do Egito, chegaram ao deserto do Sinai. Depois de saírem de Refidim, entraram no deserto do Sinai, e Israel acampou ali, diante do monte.*
>
> *Logo Moisés subiu o monte para encontrar-se com Deus. E o SENHOR o chamou do monte, dizendo: "Diga o seguinte aos descendentes de Jacó e declare aos israelitas: Vocês viram o que fiz ao Egito e como os transportei sobre asas de águias e os trouxe para junto de mim. Agora,* ***se*** *me obedecerem fielmente e guardarem a minha aliança,* ***vocês serão*** *o meu tesouro pessoal dentre todas as nações. Embora toda a terra seja minha, vocês serão para mim um reino de sacerdotes e uma nação santa. Essas são as palavras que você dirá aos israelitas".* Êxodo 19.1-6

Se… Então

Em termos simples, Deus estava dizendo: "Se vocês me obedecerem, então serão aceitos por mim, e serão uma declaração para todas as nações de como eu sou". A única condição e a frase decisiva era: "*se* me obedecerem, *então* ...".

Até aqui, os israelitas haviam tido um desempenho lamentável. Eles juntaram mais pão do que necessitavam, ainda que o Senhor lhes tivesse dito claramente para não agirem assim. Eles reclamaram ao invés de confiar. Uma resposta honesta às palavras de Deus seria algo como: "Deus, somos um fracasso em seguir a tua palavra. Tu és santo e nós somos pecadores. Se estiveres esperando que sejamos sacerdotes santos e nos aceitares com base em nossa obediência a Ti, estamos sem saída!"

Sem Problema

Mas quando Moisés reuniu todo o povo e perguntou qual seria sua resposta à declaração de Deus, ele recebeu um entusiasmado sinal verde.

> *O povo todo respondeu unânime: "Faremos tudo o que o SENHOR ordenou". E Moisés levou ao SENHOR a resposta do povo.* Êxodo 19.8

Todos eles ecoaram com um só coração: "Deus, concordaremos com tudo o que o Senhor pedir de nós. Nós seremos grandes sacerdotes. Santidade também não é problema. Seremos a nação mais santa que o Senhor já viu. Nós daremos conta do recado!" Bem, talvez isso seja um pouco exagerado, mas dá para ter uma ideia. A verdade é que até então as pessoas não conseguiam compreender completamente a santidade e a justiça, por isso Deus precisava explicar tudo em detalhes.

Recursos Visuais

A lição começou com alguns recursos visuais.

> *E o SENHOR disse a Moisés: "Vá ao povo e consagre-o hoje e amanhã. Eles deverão lavar as suas vestes e estar prontos no terceiro dia, porque nesse dia o SENHOR descerá sobre o monte Sinai, à vista de todo o povo".* Êxodo 19.10-11

Deus disse a Moisés que fossem *consagrados*, isto é, separados. Esse recurso visual ajudou Israel a reconhecer a necessidade de serem *intocados* pelo pecado. A limpeza de suas vestes demonstrava a pureza diante do Senhor. Em si mesmas, essas ações não tinham valor intrínseco, mas ajudavam o povo a entender que a pureza espiritual era um aspecto importante da justiça.

Deus ainda tinha outros recursos visuais. Ele disse a Moisés...

> *Estabeleça limites em torno do monte e diga ao povo: Tenham o cuidado de não subir ao monte e de não tocar na sua base. Quem tocar no monte certamente será morto.* Êxodo 19.12

A linha divisória era uma imagem gráfica da separação que existe entre Deus e o homem por causa do pecado. As pessoas receberam ordens para não se aproximarem de Deus, pois ele é santo, e o homem pecador não pode viver em sua presença. Isso era um lembrete de que a morte é a consequência do pecado.

> *Ao amanhecer do terceiro dia houve trovões e raios, uma densa nuvem cobriu o monte, e uma trombeta ressoou fortemente. Todos no acampamento tremeram de medo. Moisés levou o povo para fora do acampamento, para encontrar-se com Deus, e eles ficaram ao pé do monte.*
>
> *O monte Sinai estava coberto de fumaça, pois o SENHOR tinha descido sobre ele em chamas de fogo... Então Moisés falou, e a voz de Deus lhe respondeu.* Êxodo 19.16-19

Os últimos recursos visuais de Deus foram terrivelmente impressionantes — trovões, relâmpagos, uma densa nuvem, som estridente de trombeta, fumaça e fogo. Todo o povo tremeu! Como pecadores, as pessoas tinham boas razões para tremer na presença de um Deus santo. O Senhor conseguiu ensinar a lição a eles.

Nos minutos seguintes, eles dariam um salto no seu conhecimento de como Deus é. Deus iria definir o que ele queria dizer com as palavras *santo* e *justo*. Era como se o Senhor estivesse dizendo: "Vocês viram com os seus próprios olhos que eu sou um Deus que cuida de vocês. Eu nunca fiz isso antes — nunca expliquei as coisas tão claramente — mas se vocês obedecerem às dez regras que eu lhes darei, então serão um povo santo — um povo especial, com um relacionamento especial, pertencendo só a mim. Saberão como viver juntos de forma agradável e ordenada. Todas as outras nações verão isso".[1]

Então Deus disse:

1º Mandamento

Eu sou o SENHOR, teu Deus... Não terás outros deuses diante de mim. Êxodo 20.2-3

O Senhor estava ordenando que não adorassem nada ou ninguém mais. A razão apresentada era clara:

"Eu sou o SENHOR, e não há nenhum outro; além de mim não há Deus...". Isaías 45.5

Havia um único Deus para ser honrado. Não era apenas questão de confiar em um deus, tinha que ser Deus — o Deus verdadeiro. Os que desejassem ser justos deveriam adorar somente o Senhor.

> Em geral as pessoas se sentem tranquilas, pensando que guardam este mandamento porque não adoram um deus *pagão*. Mas a implicação do mandamento é esta: se a família, posição, trabalho, aparência, dinheiro, recreação, aposentadoria ou qualquer outra coisa for mais importante que Deus, então você quebrou este mandamento.

2º Mandamento

*"**Não farás para ti nenhum ídolo**, nenhuma imagem de qualquer coisa no céu, na terra, ou nas águas debaixo da terra. **Não te prostrarás diante deles nem lhes prestarás culto**..."* Êxodo 20.4-5

O primeiro mandamento dizia que nós não devemos adorar outro deus. No segundo, o homem recebe a ordem de não adorar uma imagem ou ídolo de *qualquer* deus, seja este verdadeiro ou falso. Deus não queria nem mesmo que a humanidade se inclinasse diante de imagens, ícones, estátuas ou quadros que O representassem. Como o Senhor é espírito, não há necessidade de que o homem forme uma imagem física dele. Nenhuma imagem feita por homens é digna de adoração — somente o Deus verdadeiro.

"Eu sou o SENHOR; este é o meu nome! Não darei a outro a minha glória nem a imagens o meu louvor." Isaías 42.8

Outra exigência de Deus para a santidade — ser aceito pelo Deus Criador — era que ninguém adorasse qualquer imagem ou pintura dele ou de sua criação.

3º Mandamento

"Não tomarás em vão o nome do SENHOR, o teu Deus, pois o SENHOR não deixará impune quem tomar o seu nome em vão." Êxodo 20.7

Deus disse ao homem que ELE deveria sempre ser respeitado. Como o Soberano Deus, nem mesmo seu nome deveria ser usado levianamente. Como o Juiz de toda a Terra, merece reverência. Como Rei, é digno de nossa maior honra. O 3º Mandamento era claro. Para ser justo, é necessário honrar o Deus Altíssimo.

Nossa cultura está permeada com desrespeito a Deus. A todo momento ele é tratado de modo irreverente e seu nome é usado de modo banal em frases de exclamação. Se você já usou o nome de Deus desta maneira, então quebrou este mandamento.

4º Mandamento

*"**Lembra-te do dia de sábado, para santificá-lo**. Trabalharás seis dias e neles farás todos os teus trabalhos, mas o sétimo dia é o sábado dedicado ao SENHOR, o teu Deus. Nesse dia não farás trabalho algum..."* Êxodo 20.8-10

Deus disse aos israelitas que guardassem o sétimo dia, o sábado, como dia de descanso. Esse dia especial mostraria ao restante do mundo que Deus estabelecera um relacionamento distinto com eles. A Bíblia diz:

"Diga aos israelitas que guardem os meus sábados. Isso será um sinal entre mim e vocês, geração após geração, a fim de que saibam que eu sou o SENHOR, que os santifica".
Êxodo 31.13

Deus queria que os israelitas soubessem que para serem santos eles deveriam honrar o sábado como um sinal especial de distinção.

5º Mandamento

"Honra teu pai e tua mãe..." *Êxodo 20.12*

Neste mandamento, Deus diz que os filhos devem honrar seus pais. E que um lar normal deve ser um lugar de paz, não de hostilidade. Os filhos devem ser respeitosos e obedientes. Nesse contexto, parte-se do princípio que os pais estão buscando o melhor para sua família.

Deus estava dizendo a todos os filhos que a santidade exige que tenham um relacionamento de honra para com seus pais. O Senhor queria que os lares fossem locais de ordem e respeito, não de caos e raiva.

> Responder rudemente, ignorar, retrucar, ficar amuado, cortar a comunicação, criticar — tudo isso são maneiras de manifestar desrespeito.

6º Mandamento

"Não matarás." *Êxodo 20.13*

Deus deu vida ao homem, portanto é errado um homem tirar a vida de outro. Mas o Senhor estava pensando em algo mais que o ato de assassinar. Ele também se referia à intenção por trás do ato.

A Bíblia nos diz que...

Deus... julga os pensamentos e intenções do coração.

Nada, em toda a criação, está oculto aos olhos de Deus. Tudo está descoberto e exposto diante dos olhos daquele a quem havemos de prestar contas. Hebreus 4.12-13

Como Deus vê o coração, ele interpreta o assassinato em um plano muito mais amplo do que nós. O Senhor considera certos tipos de ira equivalentes a um assassinato.

"Vocês ouviram o que foi dito aos seus antepassados: 'Não matarás', e 'quem matar estará sujeito a julgamento'.

Mas eu lhes digo que qualquer que se irar contra seu irmão estará sujeito a julgamento. ... qualquer que disser: 'Louco!', corre o risco de ir para o fogo do inferno." Mateus 5.21-22

Para satisfazermos o padrão de justiça de Deus, não devemos perder a calma ou nos irar sem justa causa.

7º MANDAMENTO

"Não adulterarás." *Êxodo 20.14*

Deus estava dizendo que o sexo só é aceitável após o casamento, e que a única pessoa certa para dividir essa intimidade é o cônjuge.

Mas o Senhor vai um passo além. Já que ele vê o coração, sabe quando alguém tem pensamentos pecaminosos.

> *"Vocês ouviram o que foi dito: 'Não adulterarás'. Mas eu lhes digo: Qualquer que olhar para uma mulher para desejá-la, já cometeu adultério com ela no seu coração."*
> Mateus 5.27-28

Olhar para alguém que não seja seu cônjuge com o desejo de fazer sexo significa que você quebrou esta lei. Ser santo significa ter uma mente pura, bem como ações puras.

8º MANDAMENTO

"Não furtarás." *Êxodo 20.15*

Deus não quer que ninguém pegue o que pertence a outros. Deus é aquele que dá a cada pessoa o direito à propriedade. Furtar é desobedecer ao Senhor e quem rouba não pode ser considerado justo.

> Furtar significa também enganar — seja numa prova ou nos impostos.

9º MANDAMENTO

"Não darás falso testemunho contra o teu próximo." *Êxodo 20.16*

O homem sempre deve ser honesto, pois Deus não tomará parte no engano. Anteriormente, vimos que Satanás é mentiroso e que, pela sua própria natureza, é enganador. Mas Deus é exatamente o oposto. A verdade vem da natureza de Deus — é sua própria essência. Ele é o...

> *...Deus que não mente...* Tito 1.2

Quando o Senhor nos diz algo, podemos ter certeza de que isso é verdade, porque...

...é impossível que Deus minta... Hebreus 6.18

Porque Deus é verdadeiro, para ele toda mentira é como um *golpe no rosto* em desafio. Satanás é *pai da mentira*, e quem conta uma mentira está seguindo Satanás. Falsas acusações, calúnia, difamação, fofoca — tudo isto é pecado de acordo com a lei de Deus.

10º Mandamento

*"**Não cobiçarás** a casa do teu próximo. Não cobiçarás a mulher do teu próximo, nem seus servos ou servas, nem seu boi ou jumento, **nem coisa alguma que lhe pertença.**"*

Êxodo 20.17

Não devemos invejar as posses de outras pessoas, suas habilidades, sua aparência ou qualquer coisa que possuam.

Satanás disse: "*Eu serei como o Altíssimo*", e cobiçou a posição de Deus. Cobiçar, ser ganancioso e invejoso é pecado e totalmente inaceitável ao Senhor. É o caminho que Satanás seguiu.

> Em nossa sociedade, *colidimos* o tempo todo com os parâmetros dessa lei. Isso acontece de forma muito sutil. Muitos têm *um desejo ardente de subir na vida*, e não querem ficar para trás. Dizem-nos que, afinal de contas, *nós merecemos o que é bom*, o que não deixa de ser um apelo ao nosso orgulho — outro pecado.

Agora Eu Sei

Assim foram entregues os Dez Mandamentos. Deus os escreveu em duas pedras, provavelmente para indicar que sua lei não muda. Com o passar dos anos, o homem pode convencer-se de que não há problema em enganar alguém, mas a Lei ainda dirá que está errado.

Agora o homem sabia o que o Senhor considera pecado. Um dos escritores bíblicos, refletindo sobre essa verdade, escreveu...

Que diremos então? A Lei é pecado? De maneira nenhuma! De fato, eu não saberia o que é pecado, a não ser por meio da Lei. Pois, na realidade, eu não saberia o que é cobiça, se a Lei não dissesse: "Não cobiçarás". Romanos 7.7

Mas ainda havia perguntas. Até que ponto Deus seria rigoroso no cumprimento dessas regras? Será que alguém poderia quebrar uma delas, ocasionalmente? O que Deus esperava?

3 A Sala do Tribunal

Talvez os Dez Mandamentos parecessem vagos, a menos que se soubesse *como* e *quando* deveriam ser obedecidos. Havia alguma exceção? Suponhamos que uma pessoa tivesse cometido adultério em algum momento do passado. Deus a culparia para sempre? O que esperaria um legislador perfeito?

Para começar, Deus nos diz que, para sermos aceitos por ele, devemos obedecer todos os dez mandamentos — cada um deles!

De novo declaro a todo homem que ... ***está obrigado a cumprir toda a Lei.*** Gálatas 5.3

Nós não podemos selecionar quatro e ignorar o restante. Deus é muito específico. Ele quer que obedeçamos a *todos* eles. Não só isso, mas

> *...quem obedece a toda a Lei, mas tropeça em apenas um ponto, torna-se culpado de quebrá-la inteiramente.*
> Tiago 2.10

Se desobedecermos a um mandamento — apenas UMA VEZ — é como se tivéssemos violado todos. Não seremos mais perfeitos. Deus não pode nos aceitar em sua santa presença.

O Senhor é absolutamente perfeito em sua santidade e ele só pode aceitar aqueles que são perfeitos em sua justiça. *A justiça do homem deve igualar-se à justiça de Deus*, caso contrário o relacionamento não poderá ser restaurado.

Violar a Lei é como cortar uma corda com dez nós. Basta cortar um nó para que a corda se rompa. Da mesma forma, basta violar uma lei para se tornar culpado por infringir todo o padrão de certo e errado para Deus.

Não apenas precisamos guardar toda a Lei, mas Deus nos considera responsáveis por todo pecado, mesmo do pecado do qual não estamos cientes.

> *Se alguém pecar, fazendo o que é proibido em qualquer dos mandamentos do SENHOR, ainda que não o saiba, será culpado e sofrerá as consequências da sua iniquidade.*
> Levítico 5.17

Certa ocasião eu estava ensinando este assunto a um jovem casal. Quando cheguei neste ponto da lição, o rapaz bateu seu punho na mesa e praguejou. (Sua namorada o acusou de ter quebrado uma das leis de Deus pelo mau uso do nome de Deus. Definitivamente, ela não escolheu uma boa hora.) Ele disse: *"Deus não é justo! Se essa é a única maneira de ser aceito por Deus, ele fez com que isso seja impossível. Não há como cumprir perfeitamente essa lista de regras!"* Sua frustração era bem evidente.

O Conhecimento do Pecado

Deus sabia que o homem não seria capaz de guardar essa lista de regras impecavelmente. Não era surpresa para ele. Sua intenção ao entregar os Dez Mandamentos é clara.

> *Ora, sabemos que tudo o que a Lei diz, o diz... para que* ***se cale toda boca*** *[ficar em silêncio], e* ***todo o mundo esteja sob o juízo*** *de Deus [culpado].* Romanos 3.19

Esse versículo afirma duas coisas:

1) A Lei silencia aqueles que dizem que suas vidas são boas o suficiente para serem aceitos por Deus. Ninguém pode examinar essas dez regras, mesmo superficialmente, sem sentir sua propensão para o pecado.

2) Os Dez Mandamentos nos mostram que somos, de fato, transgressores. No início, o homem era amigo de Deus, *inocente* de todo o mal. Mas quando Adão e Eva desobedeceram às instruções de Deus, Deus colocou de lado o manto da amizade e vestiu a toga de magistrado. Agora, ao invés de Deus ser amigo do homem, era o juiz, convocando-o ao banco dos réus. Nenhum advogado se levantou para defender a causa do homem. Ninguém pôde. Nenhum advogado, por mais hábil que fosse, poderia levar o tribunal a pensar que o condenado era inocente. Não haveria nenhum jurado indeciso. Nem suborno. O perfeito Juiz falou. O veredicto foi dado. O homem era CULPADO de quebrar a Lei de Deus.

CULPADO

> *Portanto, ninguém será declarado justo diante dele baseando-se na obediência à Lei, pois é mediante a Lei que nos tornamos plenamente conscientes do pecado.* Romanos 3.20

O propósito das dez leis é conscientizar-nos de que somos pecadores. Elas nos mostram a santidade de Deus e nossa pecaminosidade. É um simples padrão do que é certo e do que é errado. Os Dez Mandamentos são como um termômetro — ele pode mostrar-nos que estamos doentes, mas não contribui para a nossa melhora.

Um Espelho

Em muitos casos, os Dez Mandamentos são para nós o que um espelho é para um rosto sujo. Se você estiver sozinho, não poderá dizer se seu rosto está limpo ou não. Alguém poderia apontar para você e dizer: *"Seu rosto está imundo!"*, mas você poderia negar, dizendo *"Meu rosto não está sujo; eu não vejo nada!"*

E você poderia realmente acreditar nisso. Mas se alguém lhe desse um espelho, veria que seu rosto estava realmente sujo e não haveria como negá-lo. Sua boca seria *calada* e você reconheceria que era *culpado* de estar com o rosto sujo.

O mesmo ocorre com o pecado. Nós não sabíamos realmente o que era pecado até Deus nos dar a Lei. Assim como o espelho expõe a sujeira, os Dez Mandamentos nos conscientizam do pecado.

Os Dez Mandamentos **não** foram dados como uma lista de regras a serem guardadas a fim de nos tornarmos corretos diante de Deus. Esse não era o propósito da Lei. Seria como tentar remover a sujeira de seu rosto esfregando-o com um espelho! Os espelhos são feitos para refletir, não para limpar. Na verdade, há uma grande possibilidade de que, ao tentar limpar-se com o espelho, você embace o vidro, reduzindo assim a sua capacidade de oferecer um reflexo nítido. Pessoas que tentam ser aceitas por Deus guardando os Dez Mandamentos normalmente os modificam ou os minimizam para que elas não pareçam tão más.

O Ponto de Vista de Deus

Podemos abordar esse assunto de uma outra maneira. Lembra-se de como comparamos nossa visão de um rato infestado de vermes com o ponto de vista de Deus sobre o pecado? Bem, tentar agradar ao Senhor guardando os Dez Mandamentos é como borrifar perfume sobre um rato em decomposição — isto não fará com que ele se torne mais atraente a nós. *O rato continua podre.* Da mesma forma, guardar os Dez Mandamentos não nos torna mais aceitáveis a Deus. *Ainda continuamos pecadores.*

Isso nos leva de volta ao motivo dos Dez Mandamentos. Deus deu a Lei...

> *...de modo que por meio do mandamento ele (o pecado) se mostrasse extremamente pecaminoso.* Romanos 7.13

Deus quer que vejamos todo o pecado, grande ou pequeno, da maneira como ele o vê — totalmente destrutivo, ofensivo, inteiramente repugnante, horroroso, maligno, imundo. Ele quer que compreendamos que sua pureza excede qualquer justiça que possamos alcançar por nós mesmos. Ele quer que entendamos que mesmo nos nossos melhores momentos, *nossa bondade não é equivalente à sua santidade.* Nem mesmo chega perto.

O Abismo

Até essa época, uma pessoa poderia se vangloriar de que Deus a amava mais do que a outra, porque achava que era melhor do que outros. Mas ao entregar a Lei, Deus fez com que todos percebessem que:

> *Sei que sou pecador desde que nasci, sim, desde que me concebeu minha mãe.* Salmo 51.5

Agora o ser humano não apenas podia conhecer sua propensão para o pecado, mas também ter uma ideia da perfeição do Senhor. A santidade de Deus — sua justiça — estava além do alcance do homem; inacessível. A brecha provocada pelo pecado era maior do que o homem supunha. Como ninguém era capaz de guardar a Lei perfeitamente, esta não podia servir de ponte sobre o abismo.

Dois Grupos

A reação dos israelitas à primeira leitura dos Dez Mandamentos sem dúvida reflete o pensamento de muitas pessoas hoje em dia. A Bíblia diz que todos os israelitas tremeram de medo, mas

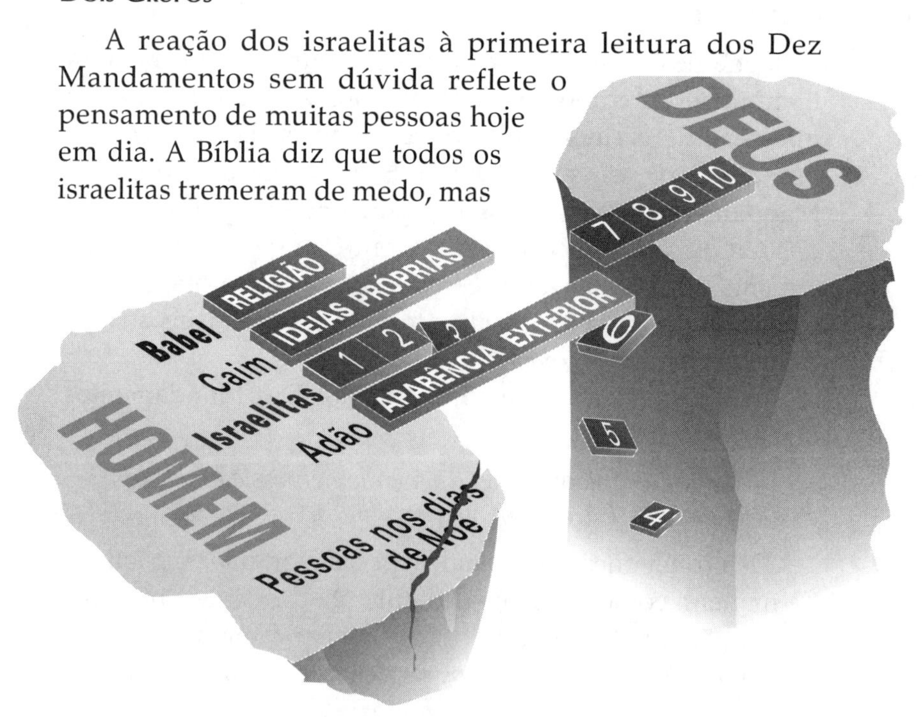

provavelmente a maioria estava apenas com medo dos trovões e relâmpagos. Estavam impressionados pelas manifestações externas e alarmados com a tremenda demonstração de poder. Quanto aos Dez Mandamentos, eles não entenderam o principal e acharam que não teriam problemas para segui-los. O mesmo acontece com muitos hoje. Eles se concentram na obediência aos mandamentos e não entendem o seu propósito.

Por outro lado, houve aqueles israelitas que obtiveram uma profunda consciência da justiça de Deus. Agora eles sabiam o que Deus quis dizer quando falou que *santidade é igual à ausência de pecado.* Eles também tiveram medo, mas por outra razão. Sabiam que nunca seriam capazes de guardar todas essas leis.

Seja qual for a razão, a Bíblia diz que os israelitas tremeram.

> *E disseram a Moisés: "Fala tu mesmo conosco, e ouviremos. Mas que Deus não fale conosco, para que não morramos".*
>
> Êxodo 20.19

> *Disse o SENHOR a Moisés: "Suba o monte, venha até mim, e fique aqui; e lhe darei as tábuas de pedra com a lei e os mandamentos que escrevi para a instrução do povo".*
>
> Êxodo 24.12

Agora os Dez Mandamentos estavam em vigor e os israelitas eram responsáveis por observá-los como um padrão moral. Mas aqueles que eram honestos consigo mesmos sabiam que para serem *aceitos por Deus,* teriam de encontrar um outro meio.

As Dez Sugestões?

Os Dez Mandamentos são, às vezes, chamados de Lei Moral, como se dissessem respeito ao comportamento moral e ético.

Só porque a Lei Moral não é capaz de restaurar o relacionamento quebrado com Deus, não significa que não tenha valor. Tal como as leis físicas produzem a ordem no Universo, assim as leis espirituais produzem ordem em uma nação.

Muitos países rejeitaram o código de conduta bíblico, imaginando que a sociedade é moralmente neutra. Na verdade, não existe nenhuma sociedade assim. Nenhuma civilização dessa espécie jamais sobreviveu. Não tomar posição é, na verdade, assumir uma posição.

A rejeição das verdades absolutas da Bíblia produziu uma insensibilidade diante do erro, e cada geração passa a conviver cada vez mais facilmente com o pecado. A Bíblia ensina que isso finalmente levará ao caos.

De Que Tipo Você É?

Muitos concordarão que são *pecadores*. Entretanto, poucos admitirão prontamente que são *pecadores incapazes*. Há uma grande diferença.

❖ *Pecadores* acreditam que há alguma coisa que eles podem fazer para se tornarem aceitáveis a Deus. Eles creem que Deus quer que observem os Dez Mandamentos, a Regra Áurea, que vão à igreja, façam orações, sejam batizados, deem esmolas ou que sejam gentis com seus vizinhos. Eles pensam que fazer uma dessas coisas irá torná-los agradáveis a Deus.

A noção de que a soma das *boas ações* de uma pessoa pode compensar as *más* e, consequentemente, torná-la merecedora da aceitação de Deus, é totalmente estranha à Bíblia. Fazer o *bem* é louvável, mas a Bíblia ensina que nenhuma dessas obras pode restaurar nosso relacionamento quebrado com Deus.

Nós temos um problema profundo do qual não podemos nos livrar — é a *nossa condição de pecadores.*

Conceito inexistente na Bíblia

❖ Por outro lado, *um pecador* incapaz sabe que não há nada que possa fazer para ser aceito por Deus. Ele não é capaz de se livrar do "rato morto" do pecado que está contaminando a sua vida. A Bíblia diz que somos totalmente incapazes.

> *Somos como o impuro — todos nós!* ***Todos os nossos atos de justiça são como trapo imundo.*** *Murchamos como folhas, e como o vento as nossas iniquidades nos levam para longe.* Isaías 64.6

Até mesmo a nossa bondade está muito longe da santidade de Deus. Como ilustração, poderíamos dizer que ***todos os nossos atos justos são como ratos imundos.*** Assim como um rato apodrecido é repulsivo para nós, todo o pecado é ofensivo para um Deus puro e santo.

Capítulo Nove

1 O Tabernáculo

2 Incredulidade

3 Juízes, Reis e Profetas

1 O TABERNÁCULO

Como dissemos no último capítulo, sem dúvida houve aqueles israelitas que imaginaram que podiam ser aceitos por Deus por guardarem os Dez Mandamentos. Tolamente, eles escolheram uma vereda que os guiava ao deserto espiritual. Por outro lado, houve outros que estavam prontos para que Deus lhes mostrasse o único caminho para a aceitação.

Observando a Bíblia como um todo, vamos refletir por um momento. Se Deus estivesse escrevendo um plano de aula para ensinar ao homem exatamente o que ele deveria fazer para ser *reto* ou *justo* diante dele, como teria começado? Qual teria sido o seu primeiro ponto?

ESBOÇO DA LIÇÃO — 1º PONTO:

Ilustração: Um homem nadando para atravessar um rio foi arrastado por uma forte correnteza. Debatendo-se, gritou por socorro. Muitas pessoas estavam observando, mas ninguém era capaz de ajudar o homem que estava se afogando, exceto um forte nadador.

As pessoas na margem insistiam para que esse salva-vidas fosse ajudar o homem que estava se afogando. Mas ele não reagia. Ficou assistindo enquanto a luta pela sobrevivência tornava-se mais e mais desesperada. Finalmente, quando o homem estava completamente exausto, o nadador competente mergulhou na água e puxou-o para a beira.

Quando as pessoas criticaram o salvador por ter esperado tanto, ele respondeu: "O homem que estava se afogando nunca teria permitido que eu o ajudasse enquanto tivesse alguma força em si mesmo. Eu só poderia salvá-lo quando ele desistisse de tentar se salvar". [1]

Conclusão: o primeiro passo para aproximar-se de Deus é reconhecer que você é um pecador, *incapaz* de salvar a si mesmo das consequências eternas do pecado.

Se o Senhor tivesse apresentado sua lição desta forma, quase poderíamos ouvir os israelitas gritando de frustração: *"Mas Deus, o Senhor já tratou desse assunto. Nós já sabemos isso!"*

Talvez Deus respondesse: "Sim, eu sei, mas este é exatamente o ponto que eu quero que vocês entendam. O primeiro passo para ser aceito por mim é reconhecerem que são pecadores incapazes. Eu posso resgatar somente aqueles que desistem de tentar salvar a si mesmos".

A lição acima pode ser imaginária, mas a aplicação é um fato. É o que toda a Bíblia ensina. Agora vamos um passo adiante.

Disse o SENHOR a Moisés: "Diga aos israelitas que me tragam uma oferta. Receba-a de todo aquele cujo coração o compelir a dar.

E farão um santuário para mim, e eu habitarei no meio deles". *Êxodo 25.1-2,8*

Um Recurso Visual

Os israelitas deveriam construir um **santuário*, um lugar sagrado chamado *Tabernáculo*, onde Deus poderia viver entre eles. Deus *não* estava pedindo a eles que fizessem isso porque Ele precisava de uma casa. Pelo contrário, Deus estava criando um elaborado recurso visual. À medida que estudarmos, vamos compreender aos poucos o seu significado completo. Serão necessárias algumas páginas para explicar. Portanto, não fique impaciente e não pule adiante para o próximo capítulo. É uma peça importante do quebra-cabeça.

*Não confunda essa estrutura com uma igreja. Elas não têm nenhuma relação.

Tudo começou quando Deus pediu contribuições voluntárias para um projeto de construção. Ele apenas queria que as pessoas dessem de boa vontade, de coração. Não houve nenhum apelo ou coação. Cada um daria o que desejasse. Entretanto, Deus deixou algo bem claro:

Façam tudo como eu lhes mostrar, conforme o modelo do tabernáculo e de cada utensílio. *Êxodo 25.9*

Esquema Básico

O Tabernáculo poderia ser desmontado e transportado. A estrutura em forma de tenda possuía paredes de tábuas e um teto coberto por peles de animais marinhos. Era dividido em duas partes: um terço do seu interior formava um cômodo chamado *O Santo dos Santos* ou *O Lugar Santíssimo* e os outros dois terços constituíam o *Lugar Santo*. Uma cortina pesada, às vezes mencionada como véu, separava as duas áreas.

O véu separará o Lugar Santo do Lugar Santíssimo.

Êxodo 26.33

Finalmente, o Tabernáculo possuía ainda um pátio externo chamado átrio, rodeado por uma cerca de aproximadamente 2 metros de altura. Um único portão dava acesso ao complexo todo.

Havia ao todo sete móveis no interior, na *tenda*, e no exterior, no *átrio*.[2]

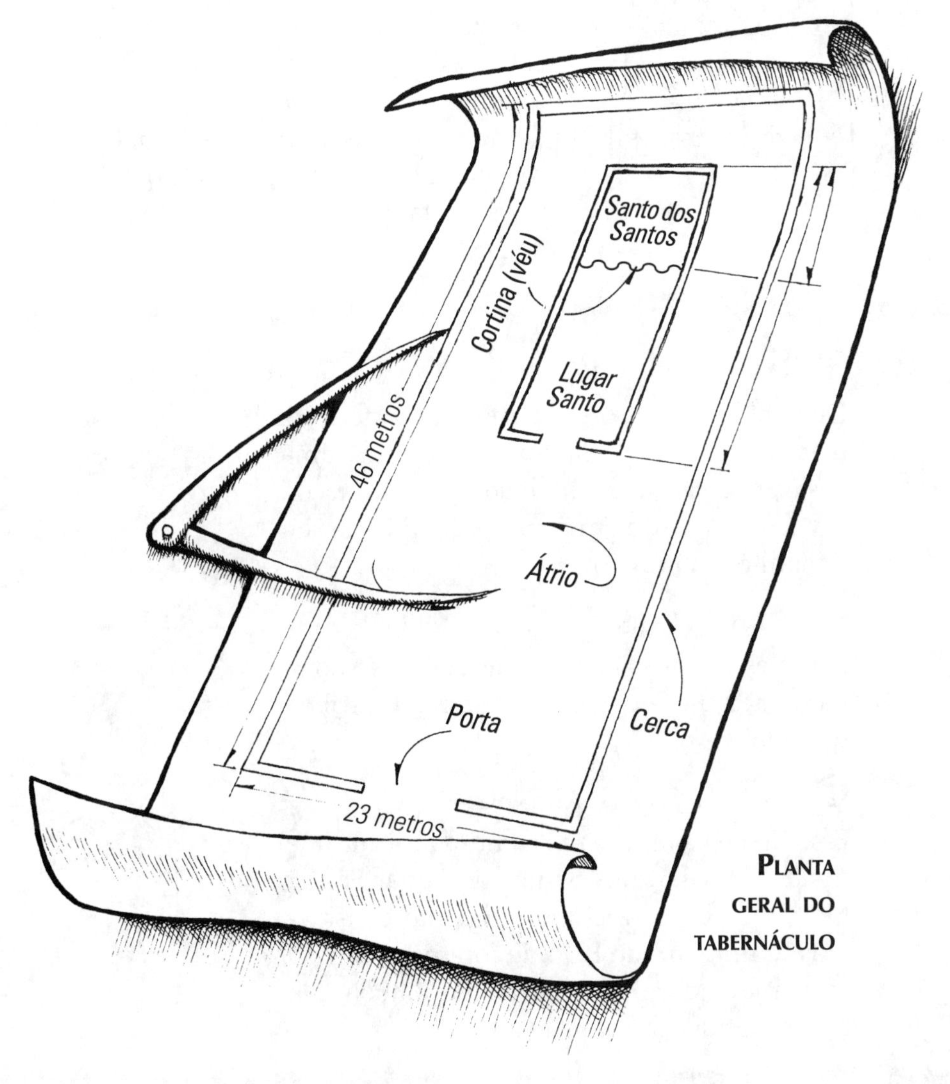

Planta geral do Tabernáculo

O Átrio

❶ O ALTAR DE BRONZE:

Logo na entrada do átrio estava o primeiro objeto. Era bastante grande, feito de madeira e revestido de bronze, apresentava um chifre em cada um dos quatro cantos, além de duas varas, uma em cada lado, para transportá-lo.

❷ A BACIA:

Essa grande bacia de bronze encontrava-se entre o Altar de Bronze e o Lugar Santo. Cheia de água, era usada para a lavagem cerimonial, e indicava que o homem precisa estar puro quando se aproxima de Deus.

❸ O CANDELABRO:

Deus não definiu o tamanho do candelabro, mas conhecemos a sua forma. Ele tinha uma haste principal que se subdividia em sete braços. Como era feito de ouro puro, sem dúvida seu tamanho era limitado.

❹ A MESA DOS PÃES DA PROPOSIÇÃO:

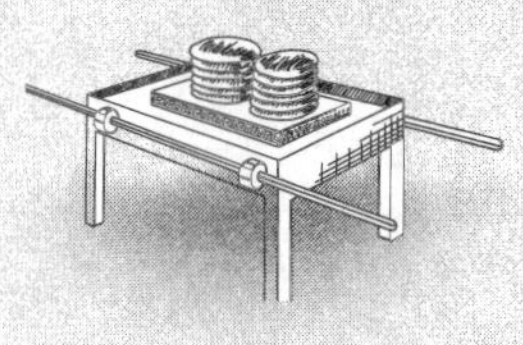

Sobre essa mesa especial colocavam-se doze pães, cada um representando uma das tribos de Israel.

❺ O ALTAR DE INCENSO:

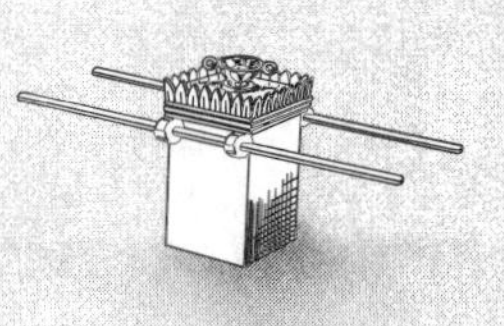

Esse altar encontrava-se à frente da cortina que dividia O Santo dos Santos do Lugar Santo. Nele, oferecia-se incenso enquanto os israelitas se reuniam do lado de fora para orar. O aroma subindo em direção ao céu simbolizava as orações que sobem a Deus.

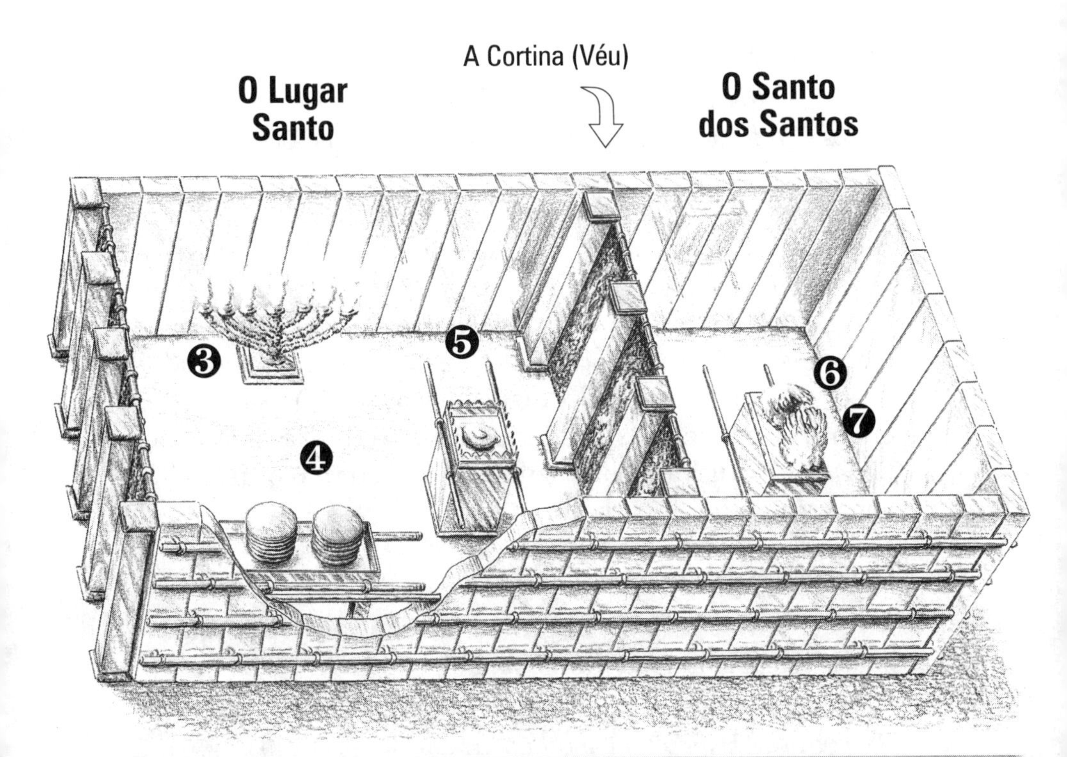

❻ A ARCA DA ALIANÇA:

Parte da finalidade dessa pequena caixa de madeira revestida de ouro puro era servir como baú. Já conhecemos alguns dos objetos que ela abrigava — as tábuas com os Dez Mandamentos e um pote com uma amostra do pão que Deus lhes dera no deserto.

❼ O PROPICIATÓRIO:

A Arca da Aliança tinha uma tampa ou cobertura de ouro toda trabalhada, sobre a qual havia dois anjos com as asas estendidas.

A Arca e sua Cobertura de Expiação, ou Propiciatório, eram os únicos objetos dentro do Santo dos Santos. Deus dissera...

> *Ali, sobre a tampa, no meio dos dois querubins que se encontram sobre a arca da aliança, eu me encontrarei com você e lhe darei todos os meus mandamentos destinados aos israelitas.*
>
> *Êxodo 25.22*

Os Sacerdotes

"Chame seu irmão Arão e separe-o dentre os israelitas, e também os seus filhos... para que me sirvam como sacerdotes."

Êxodo 28.1

Deus ordenou que Moisés designasse Arão e seus filhos como *sacerdotes* no Tabernáculo, e Arão como o *Sumo Sacerdote.* Deus separou esses homens dos outros, não porque eles eram especiais, mas porque o Senhor queria que o povo respeitasse Sua santidade. Deus não queria uma multidão desorganizada cuidando do Tabernáculo. Os sacerdotes eram especialmente treinados para cumprirem as instruções de Deus, e atuavam como guardiões enquanto os israelitas vagavam de um lugar a outro.

O Tabernáculo Concluído

A estrutura toda ficou pronta nove meses depois que os israelitas chegaram ao Monte Sinai.

Moisés inspecionou a obra e viu que tinham feito tudo como o SENHOR tinha ordenado... Êxodo 39.43

Assim, o tabernáculo foi armado no primeiro dia do primeiro mês do segundo ano. Êxodo 40.17

Com o Tabernáculo concluído, a nuvem que guiava os israelitas se moveu e ficou acima do Santo dos Santos. Isto significava a presença de Deus no meio de Seu povo.

Então a nuvem cobriu a Tenda do Encontro...

Moisés não podia entrar na Tenda do Encontro, porque a nuvem estava sobre ela, e a glória do SENHOR enchia o tabernáculo. Êxodo 40.34-35

O Recurso Visual em Funcionamento

Depois de terminado o Tabernáculo, era tempo de usar esse grande recurso visual. Deus disse a Moisés...

"Diga o seguinte aos israelitas: Quando alguém trouxer um animal como oferta ao SENHOR, que seja do gado ou do rebanho de ovelhas". Levítico 1.2

Deus ordenou que o homem deveria trazer um sacrifício ao Tabernáculo.

Deveria ser *"... de gado ..."*. Levítico 1.3

Podia ser um carneiro, um bode, um boi, mas não podia ser qualquer outro animal como um porco, cavalo ou camelo.

Deveriam oferecer *"... um macho ..."*. Levítico 1.3

Este seria *"... sem defeito ..."*. Levítico 1.3

Não podia ser doente nem aleijado.

Devia ser apresentado *"... à entrada da Tenda do Encontro, para que seja aceito pelo SENHOR"*. Levítico 1.3

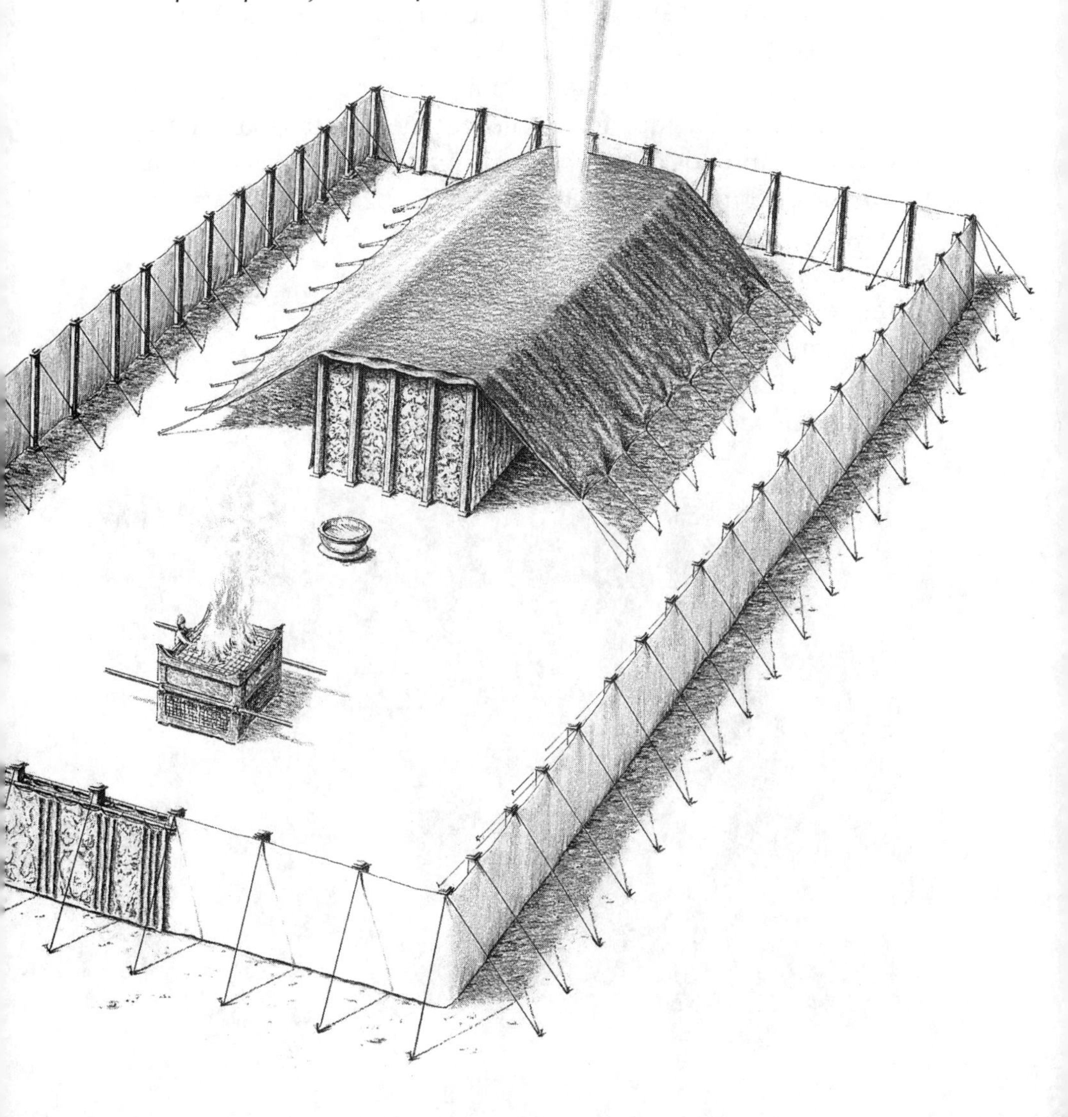

O sacrifício deveria ser oferecido somente do lado de dentro da porta do átrio, no *Altar de Bronze. Além de reconhecer que era um pecador incapaz, este era o primeiro passo para aproximar-se de Deus. O ofertante...

*Na Bíblia, o bronze normalmente é associado ao julgamento do pecado.

> *...porá a mão sobre a cabeça do animal do holocausto para que seja aceito como propiciação em seu lugar.*
>
> Levítico 1.4

Ao colocar a sua mão sobre a cabeça da oferta, o homem se identificava com o sacrifício. A mão sobre a cabeça simbolizava o pecado e a culpa individual transferidos do homem para o animal. O animal devia morrer porque agora carregava o pecado do homem. A *morte é a punição do pecado.* Aquele que oferecia o sacrifício cortava a garganta do animal, uma confissão final de que fora o seu pecado que causou a morte dele. Era um dos casos nos quais o *inocente morre no lugar do culpado* — como um substituto. A Bíblia diz que Deus aceitava o sacrifício a favor do pecador.

Os israelitas devem ter achado isso muito familiar. Seus antepassados não haviam se aproximado de Deus oferecendo sacrifícios de sangue? Sim, era assim que faziam.

Um Salvador Justo

Mais uma vez, o Senhor lembrava Seu povo de que a única exigência para ser aceito é crer que Ele é...

...Deus justo e Salvador... Isaías 45.21

Ao oferecer o sacrifício de animais, o povo demonstrava através de atos externos que tinha uma confiança interior em Deus — isso provava que criam no Senhor. Como a morte é a punição pelo pecado, o sacrifício ilustrava o que era necessário para que o pecado fosse perdoado.

...sem derramamento de sangue não há perdão. Hebreus 9.22

Pois a vida da carne está no sangue, e eu o dei a vocês para fazerem propiciação por si mesmos no altar; é o sangue que faz propiciação pela vida. Levítico 17.11

Quando Deus via a morte do animal, ficava satisfeito porque a exigência da *lei do pecado e da morte* tinha sido plenamente cumprida — houvera uma *morte como pagamento* pelo pecado. Deus não mais acusaria o homem da dívida do pecado; o homem não seria julgado; as consequências eternas não mais se aplicariam. Ao invés disso, o Senhor honraria a confiança da pessoa nele e creditaria justiça em sua conta, como fez com Abraão.

"...Abraão creu em Deus, e isso lhe foi creditado como justiça." Romanos 4.3

Já que essa justiça vinha de Deus, ela concedia ao homem toda perfeição necessária para viver na presença de Deus.

Nada disso era novidade. Foi assim que Abel, Noé, Abraão, Isaque, Jacó e todos os outros homens através dos tempos chegaram a Deus.

O Dia da Expiação

Os sacerdotes tinham toda liberdade dentro do complexo do Tabernáculo para cumprirem suas tarefas, com uma exceção. Eles estavam absolutamente proibidos de entrarem no Santo dos Santos.

O Santo dos Santos era onde a presença de Deus, simbolicamente, vivia entre os homens. Homens pecadores não podiam nem mesmo espiar dentro daquele cômodo. A cortina pendurada entre os dois aposentos era grossa, impedindo olhares curiosos. Ela protegia o mais sagrado de todos os lugares. Nem mesmo Arão, como Sumo Sacerdote, podia entrar no Santo dos Santos, exceto no Dia da Expiação.[3]

> *No entanto, somente o sumo sacerdote entrava no Santo dos Santos, apenas uma vez por ano, e nunca sem apresentar o sangue do sacrifício, que ele oferecia por si mesmo e pelos pecados que o povo havia cometido por ignorância.*
>
> *Hebreus 9.7*

Qualquer violação dessa instrução resultaria em sua morte.

> *O SENHOR disse a Moisés: "Diga a seu irmão Arão que não entre a toda hora no Lugar Santíssimo, atrás do véu, diante da tampa da arca, para que não morra; pois aparecerei na nuvem, acima da tampa".* *Levítico 16.2*

A oferta do dia da Expiação era uma cerimônia anual, uma lembrança constante da necessidade do homem ocultar seu pecado dos olhos de um Deus santo. Embora Deus não levasse mais em conta o pecado dos ofertantes, essa cerimônia era repetida cada ano porque o sangue de animais não podia remover a dívida do pecado. O sangue era apenas uma cobertura temporária.

O Tabernáculo, os objetos, os sacerdotes, os sacrifícios, o Dia da Expiação — tudo fazia parte do elaborado recurso visual de Deus. Esses *visuais* ajudavam a explicar o que o Senhor pretendia fazer para a humanidade.

2 Incredulidade

Os israelitas estavam aprendendo mais e mais sobre o Senhor. Deus os supria fielmente com comida e água. A Bíblia nos diz que Deus fez até com que seus sapatos durassem muito mais — eles não se desgastaram. Os israelitas agora tinham um código moral que regia a sua vida. Ainda que observar os Dez Mandamentos não fizesse com que fossem aceitos por Deus, isso lhes deu um padrão de vida correto que uniu a nação. Eles sabiam o que era certo e o que era errado. Deus também havia mostrado Seu amor ao oferecer um meio para ser aceito — a fé — como demonstrava o sacrifício de sangue. Talvez alguém imagine que os israelitas ficaram eternamente gratos pelo que o Senhor estava fazendo por eles. Se eles estavam agradecidos, suas ações não o demonstraram. Eles começaram a reclamar de novo.

Se estivermos tentados a assumir uma atitude de menosprezo, imaginando que só os israelitas tinham corações duros, precisamos nos lembrar que somos feitos da mesma carne e sangue.

Em certo sentido, os israelitas representavam toda a raça humana. Como tal, a cada ano eles conheciam Deus melhor, mas o conhecimento adquirido trazia também mais responsabilidade. A Bíblia diz...

> *A quem muito foi dado, muito será exigido; e a quem muito foi confiado, muito mais será pedido.* Lucas 12.48

Coletivamente, os israelitas agora sabiam mais sobre Deus do que qualquer outra nação sobre a Terra.

> *Partiram eles do monte Hor pelo caminho do mar Vermelho, para contornarem a terra de Edom. Mas o povo ficou impaciente no caminho e falou contra Deus e contra Moisés, dizendo: "Por que vocês nos tiraram do Egito para morrermos no deserto? Não há pão! Não há água! E nós detestamos esta comida miserável!"* Números 21.4-5

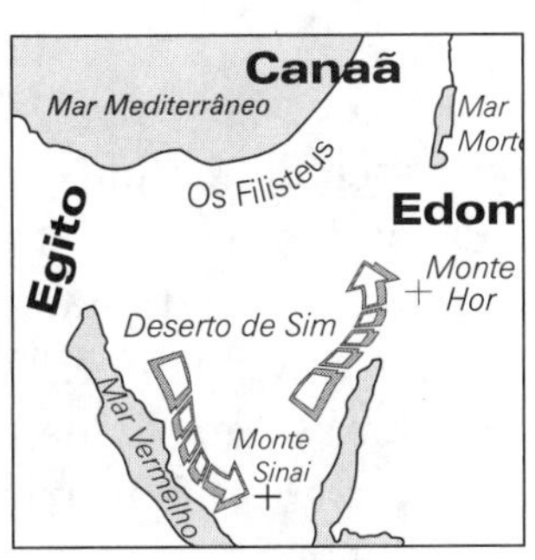

Essas acusações não eram verdadeiras — Deus, o Grande Provedor, *estava* suprindo suas necessidades. Mas ao invés de agradecerem ao Senhor por seu cuidado diário, eles o acusavam de negligência. Ignoraram a Lei de Deus ao dizerem mentiras e desonrarem seu nome.

Como vimos anteriormente, infringir uma lei tem consequências. Assim como desafiar a lei de Deus para a gravidade acaba em ossos quebrados, violar a Lei Moral de Deus tem consequências.

No passado, muitas vezes Deus *ignorou o pecado do povo — Ele foi misericordioso. Mas os israelitas já não eram mais principiantes em seu relacionamento com o Criador-Proprietário. Eles aprenderam muitas coisas sobre Deus. Agora conheciam os Dez Mandamentos e esse conhecimento os tornava responsáveis. Deus não podia tolerar o pecado do povo e

*Deus só ignora o pecado por um certo período de tempo. Ele julga todo pecado. Compare Atos 17.30.

dizer: *"Ora, esqueça isso. Vamos fingir que isso nunca aconteceu"*. Não, o pecado tem suas consequências. Sempre tem.

> *... o SENHOR enviou serpentes venenosas que morderam o povo, e muitos morreram.* Números 21.6

Desde o princípio, Deus disse que o pecado levaria à morte — à morte física, à morte do relacionamento e à morte eterna. Agora esta verdade foi ilustrada concretamente, pois muitos morreram.

Os israelitas ficaram desesperados e reconheceram que só Deus podia salvá-los de sua punição. Eles estavam sem saída.

> *O povo foi a Moisés e disse: "Pecamos quando falamos contra o SENHOR e contra você. Ore pedindo ao SENHOR que tire as serpentes do meio de nós". E Moisés orou pelo povo.* Números 21.7

O propósito de Deus no julgamento é provocar uma mudança de atitude — uma mudança de mente. Na Bíblia, essa mudança é descrita pela palavra *arrependimento.* Somente durante esta vida na Terra nós podemos nos arrepender e sermos ouvidos por Deus. Após a morte física, quando o pecador estiver diante do juízo no Lago de Fogo, será tarde demais para ter *uma mudança de mente.*

Os israelitas reconheceram que pecaram, e assim se arrependeram e pediram a Deus que os livrasse. Eles confiaram em Deus novamente.

> *... E Moisés orou pelo povo.*

O SENHOR disse a Moisés: "Faça uma serpente e coloque-a no alto de um poste, quem for mordido e olhar para ela viverá".

Moisés fez então uma serpente de bronze e a colocou num poste. Quando alguém era mordido por uma serpente e olhava para a serpente de bronze, permanecia vivo. Números 21.7-9

A serpente no poste não era algum truque do tipo *o-poder-da-mente-sobre-a-matéria*. Deus estava simplesmente dando aos israelitas uma oportunidade para provar que confiavam nele. Quando um israelita era picado, tudo o que tinha a fazer era olhar para a serpente de bronze e seria curado. Com aquele olhar, o indivíduo expressava sua fé no Senhor, confiando que Ele seria fiel à Sua palavra.

Suponhamos que alguém fosse picado e não olhasse para a serpente de bronze e em vez disso dissesse aos companheiros: "O velho Moisés está realmente louco. Se ele pensa que olhar para aquela cobra ridícula curará uma picada venenosa, está maluco. Eu não acredito nisso". Tal pessoa morreria, não apenas por causa da picada da serpente, mas também porque não creu em Deus. Deus honra a fé, mas condena a incredulidade.

É importante entender que Deus nos considera responsáveis por tudo o que compreendemos a seu respeito. Somos responsáveis pelo que sabemos.

Anos mais tarde, a serpente original feita por Moisés foi destruída pelo rei Ezequias porque o povo a adorava, violando um dos Dez Mandamentos. Ver 2 Reis 18.4

Revisão: Morte

A Bíblia fala sobre a morte em três diferentes maneiras:

1. **Morte do corpo:** Separação entre o espírito do homem e seu corpo
2. **Morte do relacionamento:** Separação entre o espírito do homem e Deus
3. **Morte para alegria futura:** Separação eterna entre o espírito do homem e Deus

...o salário do pecado é a morte... Romanos 6.23

3 Juízes, Reis e Profetas

Chegamos agora a uma lição que resume séculos de eventos em algumas poucas páginas. Se você tem alergia a História, pode ter certeza de que é um estudo indolor e, mesmo que você não entenda tudo, terá algumas informações necessárias como pano de fundo. Isso o ajudará a comparar os títulos de cada seção com a linha do tempo nas páginas 174-175.

Passaram-se quarenta anos entre o momento em que os israelitas deixaram o Egito até o momento em que entraram em Canaã. Moisés morreu antes de entrar na terra prometida e foi substituído por um general competente, chamado Josué.

Depois de entrarem na terra, foram necessários anos até que os israelitas fossem capazes de habitá-la totalmente. A terra foi dividida de acordo com as *tribos*. Cada tribo correspondia aproximadamente a um dos doze filhos de Jacó (ou Israel).

A Época dos Juízes

Durante algum tempo os israelitas confiaram em Deus, mas então começaram a se desviar da verdade e acabaram adorando ídolos. O Senhor punia Israel por adorar falsos deuses, permitindo que fossem devastados por nações estrangeiras, as quais obrigavam Israel a servi-las e lhes pagar tributos. Depois de algum tempo os israelitas se arrependiam e clamavam a Deus para que os livrasse de seus opressores. Deus levantava um líder, chamado *Juiz*, e os israelitas expulsavam os conquistadores estrangeiros. Assim começou um ciclo que durou aproximadamente 300 anos. Esse ciclo se repetiu várias vezes. Durante esse tempo, houve quinze juízes.

Algumas pessoas acreditam que se você confiar em Deus está tudo bem. Mas no fundo, elas creem que todos os caminhos — todas as crenças — no final das contas levam ao mesmo Deus. Não é isso o que a Bíblia ensina. As Escrituras nos dizem que há muitos falsos deuses, mas só um Deus verdadeiro. Os israelitas eram julgados quando confiavam em um falso deus.

A Época dos Reis

De todas as nações do mundo, Israel era a mais afortunada, pois o próprio Deus era o seu Líder e Rei. Mas, com o passar do tempo, observando outras nações, os israelitas rejeitaram a Deus e exigiram um rei humano. Deus atendeu seu pedido, mas sua tendência para desviar-se e confiar em deuses falsos permaneceu.

Israel teve muitos reis, e apenas alguns creram e obedeceram ao Senhor. Por causa disso, o ciclo dos anos anteriores continuou, só que, ao invés de um *juiz*, agora tinham um *rei*.

Vários reis foram dignos de nota. Provavelmente, o maior e mais conhecido dos monarcas de Israel foi Davi. Diferente de muitos outros reis que governaram Israel, o rei Davi realmente confiou em Deus. Ele cria que só Deus podia salvá-lo das consequências do pecado. Davi chamou o Senhor de *"meu Salvador"*.

O rei Davi também foi um grande profeta, inspirado por Deus para escrever parte das Escrituras. Ele é conhecido pelos cânticos que escreveu, louvando a Deus por seu amor e misericórdia. Davi escreveu especialmente sobre O Libertador Prometido, e Deus lhe prometeu que O Ungido seria um de seus descendentes.[4] O rei Davi tinha um grande desejo de substituir o tabernáculo móvel por uma estrutura permanente com um desenho similar. Seria chamada *Templo*. Ele queria construí-lo em Jerusalém, que se tornou a capital do país durante o seu reinado. Embora Davi reunisse os materiais de construção, foi seu filho, Salomão, quem efetivamente viu a tarefa concluída.

O rei Salomão é conhecido por duas coisas: por sua grande sabedoria e pela construção do Templo. Essa magnífica estrutura foi construída em Jerusalém, no Monte Moriá, possivelmente no mesmo lugar onde Abraão se preparou para oferecer Isaque.

Após a morte de Salomão, a nação dividiu-se em duas: as dez tribos do norte conservaram o nome *Israel*, enquanto as duas tribos do sul tornaram-se a nação de *Judá*. Essa divisão pareceu ser o primeiro passo dos israelitas para um distanciamento quase permanente de Deus. As tribos do norte deram início a esse afastamento. O povo aparentemente fazia o que o Senhor dizia, mas seu coração estava longe de Deus.

PROFETAS

Deus enviou profetas, homens que não só pregaram contra a moral vacilante do povo, mas também o advertiram do julgamento vindouro.

Muitos desses profetas também foram inspirados por Deus para escrever as Escrituras. Alguns deles deram informações específicas sobre a vinda do LIBERTADOR PROMETIDO.

De modo geral, os profetas não eram bem recebidos pelos israelitas ou por seus reis, e havia uma razão para isso. Os profetas anunciavam uma mensagem que eles não queriam ouvir. Por exemplo, o profeta Isaías disse ao povo...

> *O Senhor diz: "Esse povo se aproxima de mim com a boca e me honra com os lábios, mas o seu coração está longe de mim. A adoração que me prestam é feita só de regras ensinadas por homens".* Isaías 29.13

A maioria desprezava a mensagem dos profetas e se recusava a confiar em Deus. Muitos perseguiram e mataram alguns profetas. Para complicar ainda mais, falsos profetas inspirados por Satanás agitavam o cenário espiritual. Embora Deus tivesse dado instruções claras para que o povo pudesse discernir a diferença entre a verdade e o erro, os falsos profetas eram muito mais populares, pois diziam exatamente o que o povo queria ouvir.

DISPERSÃO DE ISRAEL

Finalmente, o Senhor enviou um julgamento. Os assírios invadiram as dez tribos do norte em 722 a.C. e as levaram para o cativeiro. A Bíblia não registra um retorno organizado desses povos para a terra de Israel.

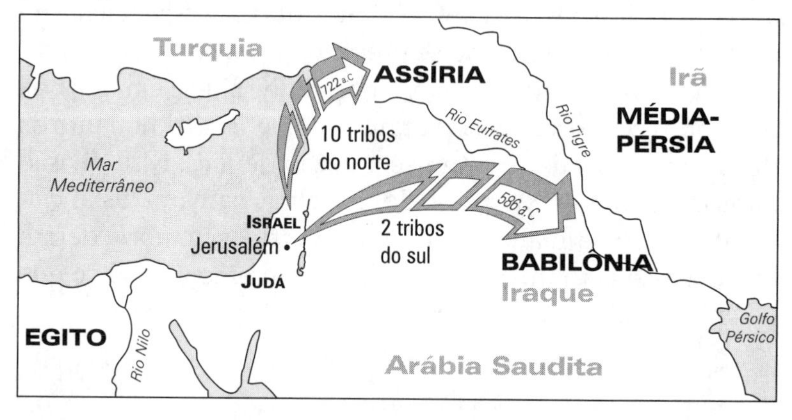

Judá Levada em Cativeiro

As duas tribos do sul continuaram como entidade política distinta até 586 a.C., quando os *babilônios saquearam a cidade de Jerusalém, demoliram o grande templo de Salomão e as levaram ao exílio.

No exílio, as pessoas começaram a ser chamadas de *judeus*, uma referência ao fato de muitas serem da tribo de Judá. Sem acesso ao templo como o centro de adoração, os judeus introduziram a **sinagoga como um lugar para interação social, ensino e estudo das Escrituras.

*Povo da área onde a torre de Babel havia sido construída.

**Termo grego para a palavra assembleias.

O exílio se estendeu por 70 anos, mas em 536 a.C. as duas tribos do sul começaram aos poucos a voltar para sua terra natal e se estabeleceram dentro e ao redor de Jerusalém, na área antigamente ocupada pela tribo de Judá. O templo foi reconstruído, embora não com a grandeza dos dias de Salomão, e o sistema de sacrifícios foi reinstituído.

A Influência dos Gregos

Por volta de 400 a.C., o relato bíblico se interrompe e o silêncio domina por um período de quatro séculos. A história, contudo, não parou. Alexandre, o Grande, um brilhante general grego, varreu o Oriente Médio subjugando também os judeus. Seus emissários introduziram o **grego** como a língua comercial e a cultura helenista passou a ser um símbolo de status nos séculos seguintes.

Alguns judeus abraçaram voluntariamente a cultura grega, agregando-a a suas crenças sobre Deus. Essas pessoas eram chamadas *saduceus*. Embora em pequeno número, eram pessoas de riqueza e influência. Costumavam controlar o sumo sacerdote, cargo que chegou a ser comprado e vendido. Infelizmente, também negavam a veracidade de certas porções da Bíblia. **Os saduceus se afastaram da Palavra de Deus.**

Por quase duzentos anos, os judeus se submeteram a uma sucessão de forças de ocupação gregas e então, em 166 a.C., revoltaram-se. Judas Macabeu liderou o povo para um período de autonomia.

Nesse período, um partido religioso judeu, chamado *Os Fariseus*, ganhou destaque. Os fariseus combatiam a influência da cultura grega e se apegavam à *lei* dada a Moisés. Em seu zelo, criaram uma lista de leis ao redor da lei de Moisés, como uma proteção, a fim de que nenhuma das *leis originais* fosse quebrada. Essas leis adicionais tornaram-se uma autoridade em si mesmas, assumindo um peso equivalente à *lei de Moisés*. **Os fariseus fizeram acréscimos à Palavra de Deus**.

Outra força social significativa na vida dos judeus foram os *Escribas*, o equivalente humano a fotocopiadoras. Muito tempo antes do advento da imprensa, esses homens copiavam com extremo cuidado a Palavra de Deus, uma vez após outra. O termo *escriba* implicava educação e fervor religioso. Era mais uma descrição de profissão do que um partido religioso ou político.

Os Romanos

A liberdade dos judeus sob a liderança dos Macabeus estendeu-se por 100 anos. O tacão de ferro de Roma esmagou a liberdade dos judeus em 67 a.C., quando o General Pompeu invadiu Jerusalém.

Roma era condescendente com a religião dos judeus, contanto que eles pagassem seus impostos e não fomentassem rebeliões. O mundo civilizado daqueles dias vivia uma paz instável.

O império romano era grande demais para ser administrado por Roma de modo eficaz. Assim, selecionaram-se líderes locais para governar as diferentes regiões. Na Judeia, agora uma província de Roma, um homem chamado Herodes foi instituído como um rei "fantoche". Ele viria a ser conhecido como *Herodes, o Grande*. Imensamente cruel, Herodes era um seguidor nominal da religião judaica. Sob a autoridade de Roma, ele e seus descendentes governariam o ressentido mundo judeu pelos próximos cem anos. O povo ansiava por um livramento — por alguém que lhe desse alívio.

Mais de dois mil anos haviam se passado desde que Deus prometera pela primeira vez a Abraão que um dos seus descendentes seria O Libertador Prometido. Ao longo dos séculos, Deus sempre teve aquelas pessoas, às vezes apenas algumas, que criam em Sua Palavra e eram *justas* diante dele. Elas esperavam ansiosamente pela vinda do Ungido. Naqueles anos do antigo império romano, aqueles que se apegavam tenazmente às promessas de Deus continuavam aguardando que elas se cumprissem. O tempo chegara, mas eles não estavam conscientes disso. O palco agora estava montado. Os anjos do céu devem ter ficado em silêncio. Satanás deve ter estremecido. Quem seria esse Libertador Prometido?

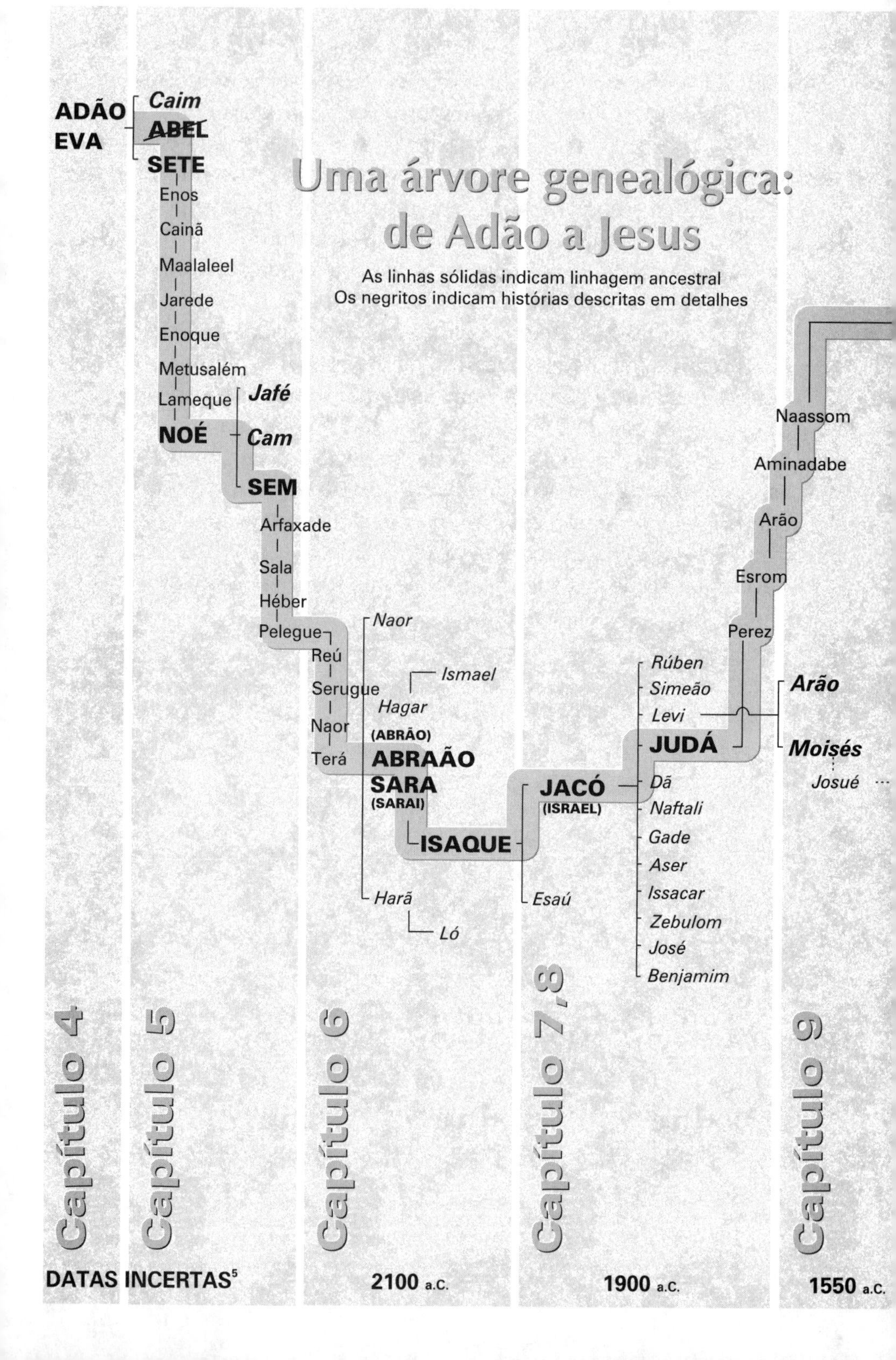

Uma árvore genealógica: de Adão a Jesus
As linhas sólidas indicam linhagem ancestral
Os negritos indicam histórias descritas em detalhes
ADÃO
EVA
Caim
ABEL
SETE
Enos
Cainã
Maalaleel
Jarede
Enoque
Metusalém
Lameque
NOÉ
Jafé
Cam
SEM
Arfaxade
Sala
Héber
Pelegue
Reú
Serugue
Naor
Terá
Naor
Ismael
Hagar
(ABRÃO)
ABRAÃO
SARA
(SARAI)
Harã
Ló
ISAQUE
JACÓ
(ISRAEL)
Esaú
Rúben
Simeão
Levi
JUDÁ
Dã
Naftali
Gade
Aser
Issacar
Zebulom
José
Benjamim
Perez
Esrom
Arão
Aminadabe
Naassom
Arão
Moisés
Josué
Capítulo 4
Capítulo 5
Capítulo 6
Capítulo 7,8
Capítulo 9
DATAS INCERTAS[5]
2100 a.C.
1900 a.C.
1550 a.C.

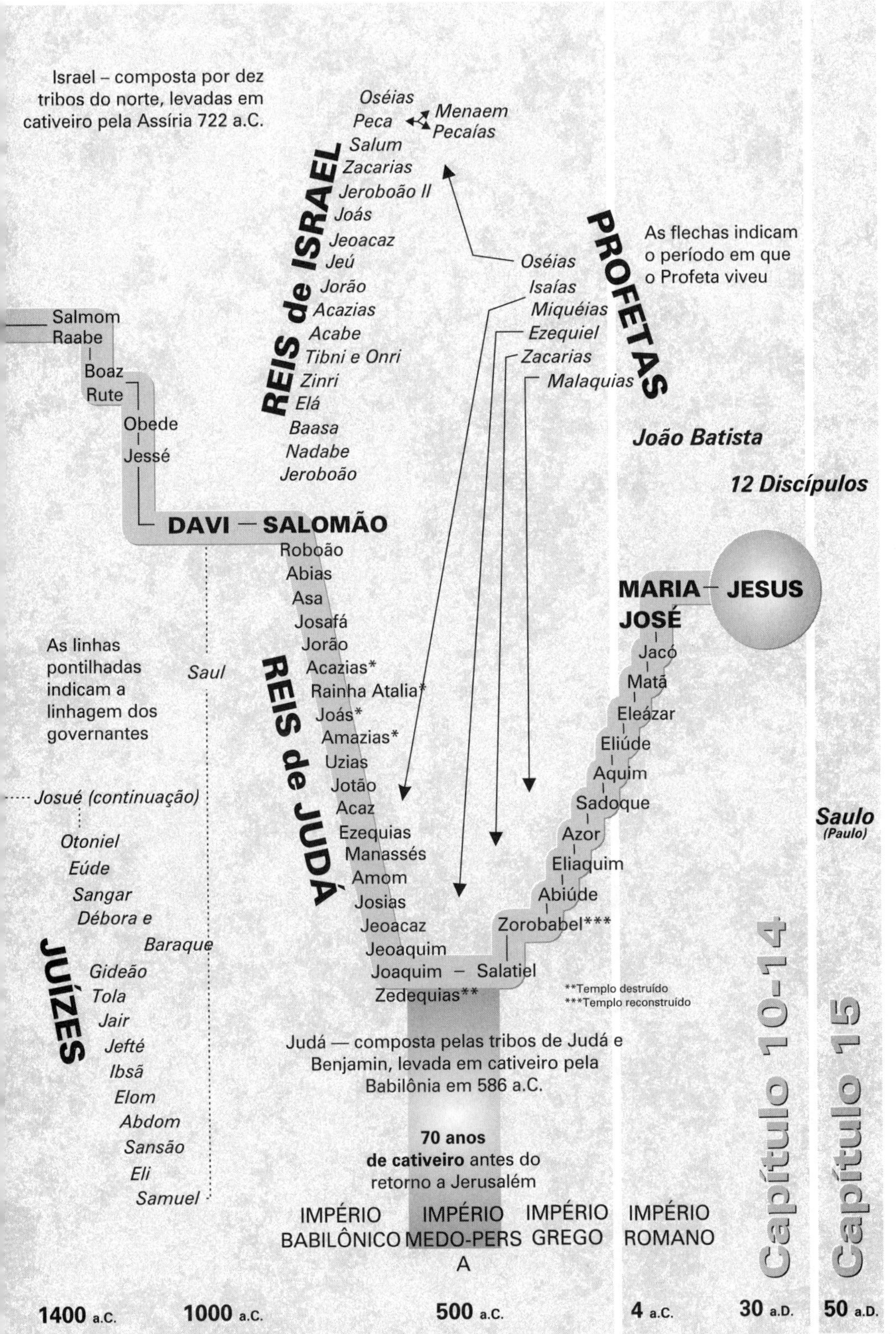

*Governantes que não aparecem no relato da genealogia de Jesus em Mateus, Capítulo 1.

Capítulo Dez

1 Isabel, Maria e João

2 Jesus

3 Entre os Sábios

4 Batismo

1 ISABEL, MARIA E JOÃO

Antes de O LIBERTADOR PROMETIDO entrar em cena, Deus preparou o povo judeu enviando um mensageiro especial para anunciar o evento iminente. Não seria de admirar se os anjos estivessem em profunda discussão sobre quem poderia ser esse portador de boas novas. *Seria um deles?* Foi quando vazaram informações diferentes — notícias a respeito da identidade do LIBERTADOR. Isto deve ter deixado todo o céu "de boca aberta".

No tempo de Herodes, rei da Judeia, havia um sacerdote chamado Zacarias, que pertencia ao grupo sacerdotal de Abias; Isabel, sua mulher, também era descendente de Arão. Ambos eram justos aos olhos de Deus, obedecendo de modo irrepreensível a todos os mandamentos e preceitos do Senhor. Mas eles não tinham filhos, porque Isabel era estéril; e ambos eram de idade avançada.

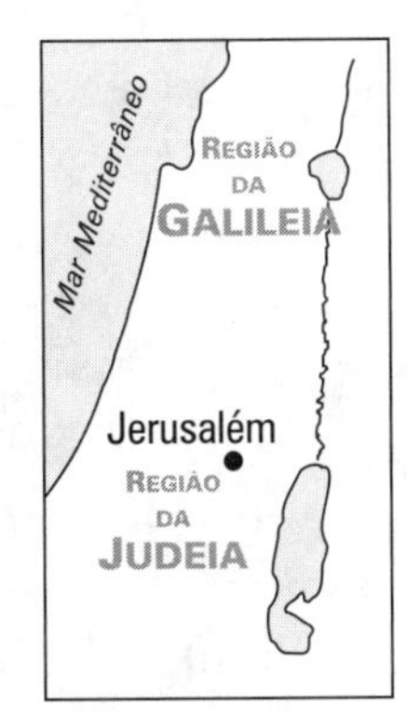

Certa vez, estando de serviço o seu grupo, Zacarias estava servindo como sacerdote diante de Deus. Ele foi escolhido por sorteio, de acordo com o costume do sacerdócio, para entrar no santuário do Senhor e oferecer incenso. Chegando a hora de oferecer, o povo todo estava orando do lado de fora.

Então um anjo do Senhor apareceu a Zacarias, à direita do altar do incenso. Quando Zacarias o viu, perturbou-se e foi dominado pelo medo. Mas o anjo lhe disse: "Não tenha medo, Zacarias; sua oração foi ouvida. Isabel, sua mulher, lhe dará um filho, e você lhe dará o nome de João. Ele será motivo de prazer e de alegria para você, e muitos se alegrarão por causa do nascimento dele, pois será grande aos olhos do Senhor. ... Fará retornar muitos dentre o povo de Israel ao Senhor, o seu Deus. E irá adiante do Senhor, no espírito e no poder de Elias, para fazer voltar o coração dos pais a seus filhos e os desobedientes à sabedoria dos justos, para deixar um povo preparado para o Senhor".

Lucas 1.5-17

O anjo disse a Zacarias que seu filho, João, seria o mensageiro que prepararia o caminho para a vinda do Senhor. Essa era a notícia, mas esta última parte deixou todo o céu agitado. *Deus mesmo — o SENHOR — estava vindo à Terra.* ELE seria O LIBERTADOR PROMETIDO. A notícia deve ter pasmado Satanás.

Sem dúvida, Zacarias teve dificuldades para absorver tudo isso. Ver um anjo era algo incomum em seus dias. E a notícia de que Isabel teria um filho na idade deles era suficiente para fazer um velho hesitar. Mas além disso ouvir que o Deus Criador viria como O LIBERTADOR PROMETIDO, isso era simplesmente inacreditável! Entretanto Zacarias estava familiarizado com os escritos dos profetas.

Quatrocentos anos antes desse tempo, o profeta Malaquias havia escrito sobre esse acontecimento.

> *"Vejam, eu enviarei o meu mensageiro, que preparará o caminho diante de mim. E então, de repente, o Senhor que vocês buscam virá para o seu templo; o mensageiro da aliança, aquele que vocês desejam, virá", diz o SENHOR dos Exércitos.* Malaquias 3.1

Ali estava, com todas as letras. Zacarias deve ter-se perguntado por que não tinha percebido isso antes. Era óbvio! O SENHOR Todo-poderoso havia dito: *"**Eu** enviarei um mensageiro para preparar o caminho diante de **mim**!"* Deus mesmo viria como O UNGIDO. Além disso, o anjo dissera que o mensageiro que prepararia o seu caminho seria o próprio filho do sacerdote — João.

ISABEL

Zacarias voltou para casa abismado. E Deus manteve sua palavra; tudo aconteceu exatamente como o anjo havia dito.

> *Depois disso, Isabel, sua mulher, engravidou e durante cinco meses não saiu de casa. E ela dizia: "Isto é obra do Senhor! Agora ele olhou para mim favoravelmente, para desfazer a minha humilhação perante o povo".* Lucas 1.24-25

Mas uma pergunta deve ter ocupado a mente de Zacarias. Como o Criador viria à Terra? Viria em uma carruagem de ouro, conduzida por sete corceis, rodeado por legiões de anjos, todos vestidos de branco resplandecente? Ele destronaria os governadores romanos, lançando por terra o trono de Herodes? Isso o anjo não disse.

Maria

A cena agora muda. O anjo fez outra visita, desta vez para uma jovem chamada Maria.

> *No sexto mês Deus enviou o anjo Gabriel a Nazaré, cidade da Galileia, a uma virgem prometida em casamento a certo homem chamado José, descendente de Davi. O nome da virgem era Maria.* Lucas 1.26-27

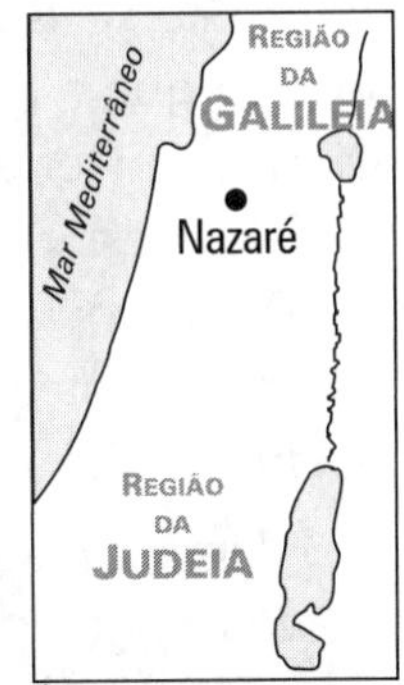

José e Maria estavam comprometidos, conforme o costume judaico. A Bíblia diz que tanto José como Maria eram descendentes diretos do rei Davi, que vivera 1000 anos antes.

> *O anjo, aproximando-se dela, disse: "Alegre-se, agraciada! O Senhor está com você!"*
>
> *Maria ficou perturbada com essas palavras, pensando no que poderia significar esta saudação. Mas o anjo lhe disse: "Não tenha medo, Maria; você foi agraciada por Deus! Você ficará grávida e dará à luz um filho, e lhe porá o nome de Jesus".* Lucas 1.28-31

O quê?! Agora era a vez de Maria ficar sem palavras. Quando ela finalmente conseguiu falar, fez uma pergunta muito lógica.

> *Perguntou Maria ao anjo: "Como acontecerá isso, se sou virgem?"*
>
> *O anjo respondeu: "O Espírito Santo virá sobre você, e o poder do Altíssimo a cobrirá com a sua sombra. Assim, aquele que há de nascer será chamado Santo, Filho de Deus".* Lucas 1.34-35

Maria seria a mãe do Libertador Prometido!

Tudo fazia sentido agora. Maria conhecia bem as histórias. Desde o Jardim do Éden, Deus prometera a Eva que O Libertador Prometido seria *descendente dela*. Não disse *descendente deles*, referindo-se tanto ao homem como à mulher. Agora a promessa estava prestes a se cumprir e a criança nasceria de uma virgem — seria descendência dela somente. *O bebê não teria um pai humano.* O que parecia ser uma insignificante escolha de palavras agora possuía um peso tremendo.

Mas essa pequena nota de rodapé da história tinha maiores implicações. Já que o bebê não seria concebido pela semente do homem, não pertenceria à linhagem de sangue de Adão. Todos os descendentes de Adão herdaram sua natureza — a natureza pecadora.[1] Mas Jesus não seria um *filho de Adão*, e sim o *Filho de Deus*. Ele teria a natureza do Deus Altíssimo. Não admira que o anjo tenha se referido ao bebê como *o Santo*. A criança não teria pecado, assim como Deus não tem. Jesus seria perfeito desde a concepção.

Portanto, Deus *não* viria com toda a pompa e grandeza do céu, mas viria ao planeta como todo ser humano sempre veio e sempre virá — como um bebê! O anjo disse...

> *"Também Isabel, sua parenta, terá um filho na velhice; aquela que diziam ser estéril já está em seu sexto mês de gestação. Pois nada é impossível para Deus".*
>
> *Respondeu Maria: "Sou serva do Senhor; que aconteça comigo conforme a tua palavra". Então o anjo a deixou.*
>
> Lucas 1.36-38

Maria sabia que Isabel era velha demais para ter um filho. Se era possível que Isabel concebesse, com certeza seria possível que uma virgem desse à luz. Maria decidiu confiar em Deus.

João

> *Ao se completar o tempo de Isabel dar à luz, ela teve um filho.* Lucas 1.57

João nasceu exatamente como Deus tinha prometido. A Bíblia diz que foi em ocasião oportuna, e devia ter sido mesmo, pois naquele tempo quem não podia gerar um filho era discriminado. Zacarias estava tão alegre que começou a falar, em ação de graças a Deus. O que ele tinha para dizer era realmente um resumo da história do mundo, entremeado com as repetidas promessas que Deus fez no decorrer dos séculos — a promessa de enviar um Libertador. Imagine o velho Zacarias levantando o bebê, fixando seus olhos no rosto de João, enquanto dizia:

> *E você, menino, será chamado profeta do Altíssimo, pois irá adiante do Senhor, para lhe preparar o caminho.*
>
> Lucas 1.76

João seria o mensageiro que anunciaria a chegada do Libertador Prometido ao mundo.

O Significado de um Nome

A Bíblia contém vários exemplos de profetas que viveram muito antes do nascimento de Jesus, e que escreveram com infalível precisão sobre sua vinda. Isaías registrou isto 700 anos antes do nascimento de Jesus…

Porque um menino nos nasceu, um filho nos foi dado, e o governo está sobre os seus ombros. E ele será chamado Maravilhoso Conselheiro, Deus Poderoso, Pai Eterno, Príncipe da Paz. Isaías 9.6

Note como o *menino* é chamado *de Deus Poderoso.* Há muitos outros nomes que descrevem aspectos do caráter do Senhor:

Filho de Deus: Esse nome é uma metáfora sem nenhuma implicação física. Ele simplesmente significa que Jesus possui a natureza de Deus, ao contrário de um *filho de Adão,* que possui uma natureza pecadora.

O Filho é o resplendor da glória de Deus e a expressão exata do seu [Deus] ser… Hebreus 1.3

Filho do Homem: Este nome foi usado para enfatizar a humanidade de Jesus e declarar sua identidade. Durante séculos, estudiosos reconheceram que esse termo se referia ao Ungido.[2]

A união desses dois nomes se expressa completamente no fato de que…

…Deus foi manifestado em corpo… 1 Timóteo 3.16

A Palavra: Deus não apenas nos *falou* sobre si mesmo, mas *mostrou-se* a nós. A palavra falada tornou-se *Palavra* viva.

No princípio era aquele que é a Palavra… e era Deus… a Palavra tornou-se carne e viveu entre nós… João 1.1,14

Deus veio à Terra para explicar pessoalmente como o homem pode ser salvo da morte eterna. Eis uma ilustração. Imagine uma escavadeira de terraplanagem limpando uma estrada, mas no caminho há um formigueiro. Você sabe que as formigas serão destruídas, mas o que você pode fazer quanto a isso? A única saída seria transformar-se em uma formiga e avisá-las da maneira como as formigas advertem umas às outras do perigo iminente.

... Cristo Jesus veio ao mundo para salvar os pecadores...

1 Timóteo 1.15

2 Jesus

Foi assim o nascimento de Jesus Cristo: Maria, sua mãe, estava prometida em casamento a José, mas, antes que se unissem, achou-se grávida pelo Espírito Santo. Por ser José, seu marido, um homem justo, e não querendo expô-la à desonra pública, pretendia anular o casamento secretamente.

Mateus 1.18-19

O compromisso judaico de casamento representava um laço muito mais forte que nosso conceito ocidental de noivado. Em quase todos os sentidos o casal era considerado casado. José era chamado marido de Maria, e vice-versa, exceto que eles não viviam juntos nem tinham união sexual. De acordo com os costumes daqueles dias, para romper o compromisso era necessário requerer o divórcio.

Imagine por um momento como José se sentiu. Ele deve ter ficado angustiado. Maria estava grávida e o filho não era dele. Se ele revelasse a verdade publicamente, Maria seria considerada adúltera, a menos que fosse correta a sua ilógica explicação, que dizia que um anjo lhe aparecera. Não, aquilo era absurdo. A pobre moça devia ter perdido a cabeça. José a amava, mas não podia casar-se com uma moça que o havia enganado e que obviamente estava tentando encobrir o fato com uma história insana. Não sabemos o que José pensou sobre tudo isso, mas sabemos que, com muito pesar, ele decidiu divorciar-se dela secretamente.

Mas, depois de ter pensado nisso, apareceu-lhe um anjo do Senhor em sonho e disse: "José, filho de Davi, não tema receber Maria como sua esposa, pois o que nela foi gerado procede do Espírito Santo. Ela dará à luz um filho, e você deverá dar-lhe o nome de Jesus, porque ele salvará o seu povo dos seus pecados".

Tudo isso aconteceu para que se cumprisse o que o Senhor dissera pelo profeta: "A virgem ficará grávida e dará à luz um filho, e lhe chamarão Emanuel", que significa "Deus conosco". Mateus 1.20-23

José não poderia ter ouvido isto mais claramente! Maria ainda era virgem e teria um filho! O nome do filho seria *Jesus*, que significa *Libertador* ou *Salvador*. Ele *livraria* ou *salvaria* as pessoas das consequências de seus pecados. O anjo disse que o outro nome de Jesus seria *Emanuel*, que quer dizer *Deus conosco*. Jesus seria Deus vivendo em carne humana entre os homens.

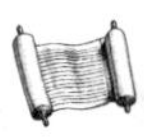

O profeta Isaías havia escrito sobre esse acontecimento 700 anos antes.

Por isso o Senhor mesmo lhes dará um sinal: a virgem ficará grávida e dará à luz um filho, e o chamará Emanuel. Isaías 7.14

José deve ter saltado da cama. Então Isaías estava certo! Estava acontecendo como Deus disse que aconteceria. Mas o que os demais pensariam? Não importava! Havia só uma coisa a fazer — ele creria em Deus e faria o que ele disse.

Ao acordar, José fez o que o anjo do Senhor lhe tinha ordenado e recebeu Maria como sua esposa. Mas não teve relações com ela enquanto ela não deu à luz um filho. E ele lhe pôs o nome de Jesus. Mateus 1.24-25

O Censo

Naqueles dias César Augusto publicou um decreto ordenando o recenseamento de todo o império romano. Lucas 2.1

César Augusto foi governador do império romano.

César precisava de dinheiro, e se os romanos conseguissem um censo exato, mais pessoas teriam que pagar impostos. Sem dúvida, José não ficou feliz. Sua esposa estava quase para dar à luz um filho. Sendo carpinteiro, provavelmente ele fez um berço e combinou com uma parteira local um lugar seguro e limpo para o nascimento do bebê. Mas agora ele precisava levar sua esposa a Belém, vilarejo que mil anos antes fora a cidade natal do seu antepassado, o rei Davi. Uma jornada de 120 km com uma esposa prestes a dar à luz não é um pensamento muito agradável quando se tem que viajar de jumento ou a pé. Por que os romanos tiveram essa ideia justamente agora? Por que não faziam o censo na cidade de José, Nazaré? Isto era muito estranho. Mas os romanos não deixavam escolha para o povo. Ele teria que levar Maria até Belém.

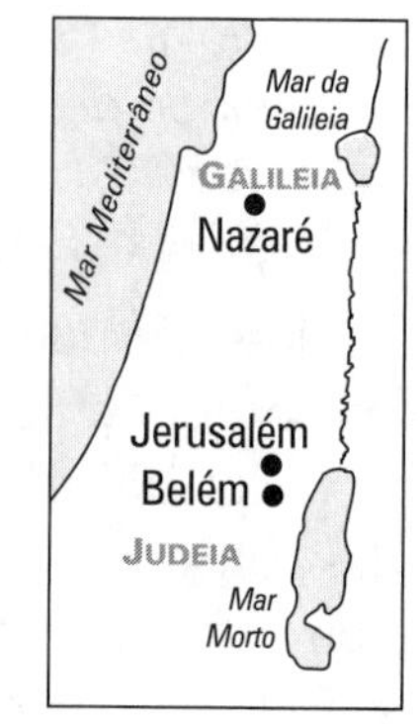

E todos iam para a sua cidade natal, a fim de alistar-se. Assim, José também foi da cidade de Nazaré da Galileia para a Judeia, para Belém, cidade de Davi, porque pertencia à casa e à linhagem de Davi. Ele foi a fim de alistar-se, com Maria, que lhe estava prometida em casamento e esperava um filho. Enquanto estavam lá, chegou o tempo de nascer o bebê, e ela deu à luz o seu primogênito. Envolveu-o em panos e o colocou numa manjedoura, porque não havia lugar para eles na hospedaria.
Lucas 2.3-7

Assim Jesus nasceu em Belém, longe da casa de José e Maria. A cidade estava tão lotada de gente que o único lugar onde encontraram hospedagem foi em uma estrebaria. O primeiro berço de Jesus foi uma manjedoura, um cocho para alimentar gado. Enquanto José olhava para sua esposa, pode ter parecido que todos os seus planos cuidadosamente elaborados haviam dado errado. *Justamente Belém!* E em uma estrebaria mofada! Mas, enquanto ele olhava para a criança, também deve ter sentido que tudo estava bem. Muito bem.

... E ele lhe pôs o nome de Jesus.
Mateus 1.25

OS PASTORES

Havia pastores que estavam nos campos próximos e durante a noite tomavam conta dos seus rebanhos. E aconteceu que um anjo do Senhor apareceu-lhes e a glória do Senhor resplandeceu ao redor deles; e ficaram aterrorizados. Mas o anjo lhes disse: "Não tenham medo. Estou lhes trazendo boas novas de grande alegria, que são para todo o povo: Hoje, na cidade de Davi, ***lhes nasceu o Salvador, que é Cristo, o *Senhor****. Isto lhes servirá de sinal: encontrarão o bebê envolto em panos e deitado numa manjedoura".*

*Os antigos profetas haviam usado o termo SENHOR, referindo-se ao LIBERTADOR.

De repente, uma grande multidão do exército celestial apareceu com o anjo, louvando a Deus e dizendo: "Glória a Deus nas alturas, e paz na terra aos homens aos quais ele concede o seu favor". Lucas 2.8-14

Os pastores estavam concentrados em seus próprios afazeres, apascentando suas ovelhas como sempre faziam. Por vezes, as ovelhas de seus rebanhos eram usadas nos sacrifícios no templo em Jerusalém, poucos quilômetros ao norte de Belém. A vida continuava como de costume. Mas agora os anjos haviam vindo e todo o seu mundo virou de pernas para o ar. Os pastores devem ter ficado alvoroçados, indagando uns aos outros: "Você ouviu o que eu ouvi? O Cristo é o SENHOR!"

CRISTO / MESSIAS

A palavra grega *Cristo* é a mesma que a palavra hebraica *Messias*. A palavra significa o *ungido*. Durante séculos, o nome *Messias* foi atribuído ao LIBERTADOR PROMETIDO.

Agora os anjos estavam dizendo que O UNGIDO — o Messias/Cristo — era o Senhor.[3] Ele era o próprio Deus.

Quando os anjos os deixaram e foram para os céus, os pastores disseram uns aos outros: "Vamos a Belém, e vejamos isso que aconteceu, e que o Senhor nos deu a conhecer".

Então correram para lá e encontraram Maria e José, e o bebê deitado na manjedoura. Depois de o verem, contaram a todos o que lhes fora dito a respeito daquele menino.

Lucas 2.15-17

Os pastores eram homens pobres, não o tipo de pessoa que alguém normalmente esperaria que fosse convidado para o nascimento de um Rei. Mas também havia outros a caminho para verem Jesus.

OS SÁBIOS

*Depois que Jesus nasceu em Belém da Judeia, nos dias do rei Herodes, *magos vindos do oriente chegaram a Jerusalém e perguntaram: "Onde está o recém-nascido rei dos judeus? Vimos a sua estrela no oriente e viemos adorá-lo".* Mateus 2.1-2

*Cenários natalinos frequentemente representam três Magos, mas a Bíblia não diz quantos eram de fato. Os magos, provavelmente não-judeus, eram peritos no estudo das estrelas, e vieram da Arábia ou do Oriente mais longínquo.

Os magos eram homens de posição e riqueza. Esperaria-se que homens assim visitassem um rei. O rei que ocupava o trono da Judeia naquele tempo era Herodes, o Grande, que sem dúvida foi informado da vinda desse prestigiado grupo. Dificilmente eles poderiam escapar da atenção das sentinelas que guardavam os limites da Judeia.

Sua visita não foi vista como uma ameaça, pois não estavam guiando exércitos. Tudo o que eles tinham era uma pergunta: "Onde está o Rei recém-nascido?"

Quando o rei Herodes ouviu isso, ficou perturbado, e com ele toda Jerusalém. Mateus 2.3

Esta simples pergunta realmente abalou Herodes. Ele mantinha sua autoridade real com pulso de ferro e esmagaria qualquer um que ousasse tentar arrancá-la dele. Com certeza a cidade toda ficou um pouco abalada também. Herodes era conhecido por ser cruel para com seus cidadãos, sobretudo quando ficava aborrecido. Ninguém sabia o que ele era capaz de fazer. Herodes chamou seus conselheiros religiosos.

Tendo reunido todos os chefes dos sacerdotes do povo e os mestres da lei, perguntou-lhes onde deveria nascer o Cristo. Mateus 2.4

A PROFECIA

Podemos até imaginar um escriba alvoroçado a assoprar o pó de um pequeno rolo. Seus companheiros inclinam-se sobre os papiros e esquadrinham o texto com olhos avermelhados.

Eles falam entre si com agitação. Querem que Herodes entenda que não foram eles que escreveram aquelas coisas. Um profeta chamado Miqueias as escrevera há mais de 700 anos. Um dedo trêmulo aponta para uma parte bem gasta do documento. Herodes olha com desdém. Um escriba limpa a garganta rouca e lê:

> *E tu, Belém Efrata*[4]*, pequena demais para figurar como grupo de milhares de Judá, de ti me sairá o que há de reinar em Israel, e cujas origens são desde os tempos antigos, desde os dias da eternidade.*
>
> Miqueias 5.2 (Ed.Rev.e Atual.)

O bebê *precisa* nascer em Belém. (Esta informação teria feito um José muito preocupado erguer as sobrancelhas). Herodes queria ver se o profeta Miqueias tinha anotado mais alguma coisa. E tinha! O texto dizia claramente que *Aquele* que nasceria já existia *desde a eternidade*. Herodes deve ter empalidecido. Não podia ser. Só Deus era eterno. Deus nunca viria ao mundo como uma criança, especialmente para nascer no interior, em Belém. Ele chegaria com trombetas e carruagens — em Jerusalém. Ah! Talvez os escribas estivessem tentando alarmá-lo para manipular o rei. Nesse caso, ele não iria desapontá-los. Mostraria a eles que tipo de adoração o novo rei poderia esperar. Ele mandou os sacerdotes embora.

> *Então Herodes chamou os magos secretamente e informou-se com eles a respeito do tempo exato em que a estrela tinha aparecido. Enviou-os a Belém e disse: "Vão informar-se com exatidão sobre o menino. Logo que o encontrarem, avisem-me, para que eu também vá adorá-lo".*
>
> *Depois de ouvirem o rei, eles seguiram o seu caminho, e a estrela que tinham visto no oriente foi adiante deles, até que finalmente parou sobre o lugar onde estava o menino. Quando tornaram a ver a estrela, encheram-se de júbilo. Ao entrarem na casa, viram o menino com Maria, sua mãe, e, prostrando-se, o adoraram. Então abriram os seus tesouros e lhe deram presentes: ouro, incenso e mirra.*[5]
>
> Mateus 2.7-11

Adoração

Esses homens de riqueza e posição adoraram a Jesus. A lei era muito específica — somente o Deus Altíssimo deveria ser adorado. José e Maria conheciam bem os Dez Mandamentos e, ainda assim, não interferiram. Bem no íntimo, eles devem ter sabido que os magos estavam adorando a Deus — Deus que veio em carne humana.

E tendo sido advertidos em sonho para não voltarem a Herodes, retornaram a sua terra por outro caminho.

Depois que partiram, um anjo do Senhor apareceu a José em sonho e lhe disse: "Levante-se, tome o menino e sua mãe, e fuja para o Egito. Fique lá até que eu lhe diga, pois Herodes vai procurar o menino para matá-lo".

Então ele se levantou, tomou o menino e sua mãe durante a noite, e partiu para o Egito, onde ficou até a morte de Herodes. Mateus 2.12-15

De acordo com o que a história secular conta a seu respeito, Herodes fez um esforço extremo para matar Jesus, mas o menino estava a salvo no Egito. Mais tarde Herodes morreu, e assim José, Maria e Jesus voltaram para Nazaré onde José trabalhou como carpinteiro.

O menino crescia e se fortalecia, enchendo-se de sabedoria; e a graça de Deus estava sobre ele. Lucas 2.40

3 Entre os Sábios

Embora Jesus fosse o próprio Deus, ele escolheu participar da raça humana como um bebê. Para José e Maria, deve ter sido uma experiência e tanto criar essa criança. Jesus não tinha pecado. Mesmo quando jovem, nunca ficou impaciente, nunca deu uma resposta rude ou teve um acesso de raiva. Existem poucos relatos sobre a mocidade de Jesus, mas uma história foi registrada sobre ele, quando tinha doze anos.

Todos os anos seus pais iam a Jerusalém para a festa da ***Páscoa****. Quando ele completou doze anos de idade, eles subiram à festa, conforme o costume.* Lucas 2.41-42

De acordo com a cultura judaica, na puberdade um rapaz passava a ser *membro da comunidade religiosa. Como tal, possuía todos os privilégios e responsabilidades conferidas a um rapaz. Quando José e Maria viajaram para Jerusalém, como de costume, com certeza devem ter pensado em Jesus, quando atingisse essa idade.[6]

*Um menino torna-se *filho da aliança*, um costume mantido na cerimônia do *bar mitzvah*.

Jerusalém e Área Circunvizinha

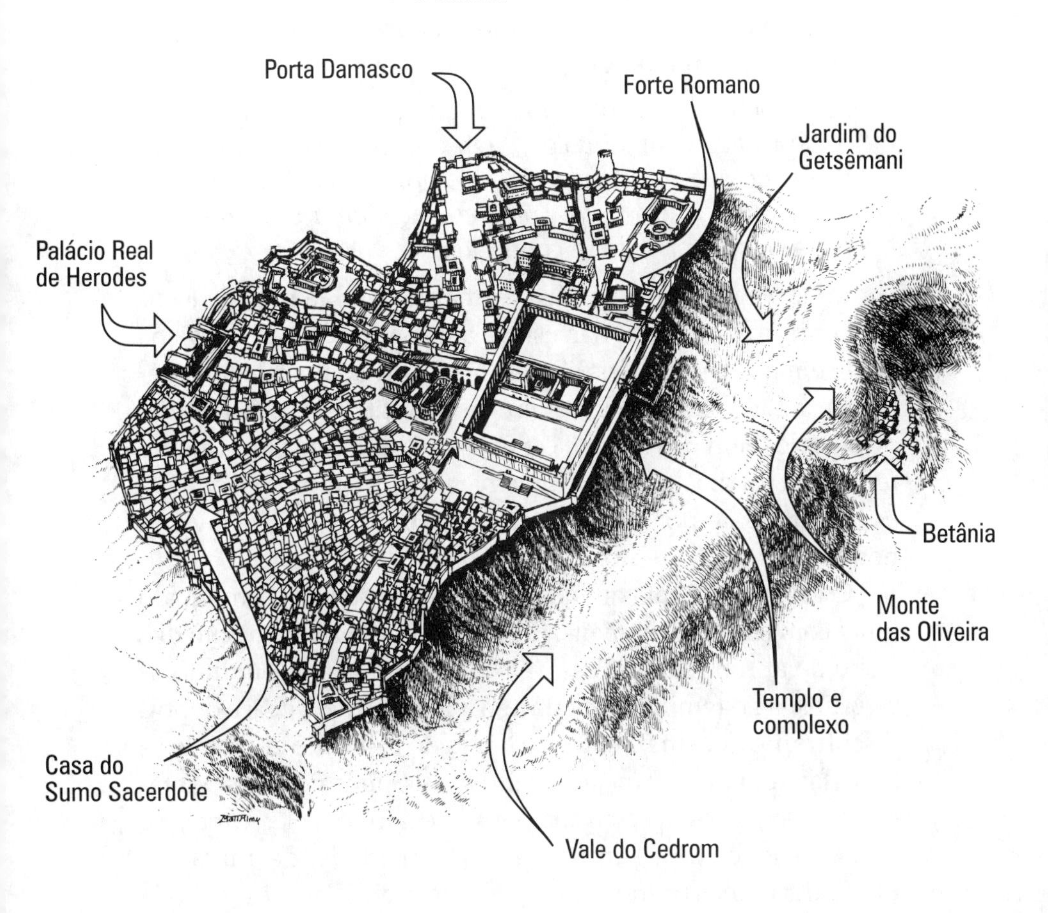

Para o
Mediterrâneo

Para o Rio Jordão
e o Mar Morto

Voltando para Casa

Com o fim da festa, todos voltaram para casa. Embora não saibamos todos os detalhes da viagem, podemos imaginar como se desenvolveram os acontecimentos. Provavelmente, as pessoas de Nazaré viajavam todas juntas por companhia e segurança mútua. Como as crianças andavam mais devagar, elas, juntamente com as mulheres e alguns dos homens, partiam mais cedo para ganhar tempo. O restante dos homens ficava para trás para visitas de última hora e então saíam para alcançar o restante do grupo ao anoitecer.

Terminada a festa, voltando seus pais para casa, o menino Jesus ficou em Jerusalém, sem que eles percebessem. Pensando que ele estava entre os companheiros de viagem, caminharam o dia todo. Então começaram a procurá-lo entre os seus parentes e conhecidos. Lucas 2.43-44

Imagine Maria, partindo ao amanhecer. Ela não via Jesus em nenhum lugar, mas não estava alarmada. Jesus já estava na idade em que se esperava que ele fosse um homem, e devia ter ficado para trás com os outros, enquanto visitavam as instalações do templo. Sem dúvida, ele estava com José. Esse pensamento fez Maria sorrir satisfeita. E que maravilhoso rapaz ele era! Ela estava contente por ele ficar ali mais um pouco para ouvir os homens sábios no templo.

O crepúsculo caía quando José chegou ao local combinado junto com os outros homens. Eles também tiveram um bom dia, cheio de aprendizado. Passaram um tempo extra ouvindo os estudiosos do templo a ensinarem a Palavra de Deus; e depois discutiram os ensinamentos ao longo do caminho enquanto se apressavam para alcançar as mulheres. Seu único desapontamento era que Jesus não tinha permanecido com ele. Afinal, ele estava na idade de assumir as responsabilidades de um rapaz. Ele poderia ter aprendido muito. Mas pelo visto Jesus havia ido adiante com Maria e o restante das crianças. Ele teria que lembrar Jesus de que ele estava crescendo. Ele não precisava fazer isso muitas vezes. Pensando bem, ele não se lembrava nem mesmo uma vez de ter advertido Jesus sobre qualquer coisa. Então José avistou Maria. Ambos sorriram:

"Você teve um bom dia?"

"Sim, excelente!"

"Jesus se divertiu?"

"Jesus?"

Os sorrisos desapareceram. "Eu pensei...!"

"Sim, mas eu pensei..."

...Então começaram a procurá-lo entre os seus parentes e conhecidos. Não o encontrando, voltaram a Jerusalém para procurá-lo. Lucas 2.44-45

A Busca

A busca deve ter sido frenética. "Oh, não! Nós perdemos o Filho de Deus!" Eles procuraram em todos os lugares onde pudessem encontrar um menino normal. Examinaram cuidadosamente a seção de doces do mercado, viraram do avesso os terrenos de construção para ver se ele havia parado ali para ver algo. Desesperado, José refez os seus passos. O último lugar onde tinha visto Jesus foi no templo.

Depois de três dias o encontraram no templo, sentado entre os mestres, ouvindo-os e fazendo-lhes perguntas. Todos os que o ouviam ficavam maravilhados com o seu entendimento e com as suas respostas. Lucas 2.46-47

Jesus estava exatamente onde deveria estar, fazendo o que José e Maria queriam que ele fizesse. Havia apenas uma diferença. Ao invés de estar sendo instruído pelos homens sábios do templo, Jesus os ensinava. Não, ele não estava proferindo uma palestra, mas as perguntas perspicazes, a profundidade de seu próprio entendimento e a profundidade de suas perguntas não passaram despercebidas. Na verdade, os sábios do templo estavam atentos a cada palavra. A Bíblia diz que os homens versados estavam *maravilhados*! Não é de surpreender. Eles estavam ouvindo o próprio Deus. Quem não ficaria sem palavras numa discussão com o Criador do Universo?!

Os homens doutos não eram os únicos que estavam sem palavras. José e Maria estavam perplexos e, sem dúvida, muito aliviados. Eles recuperaram a fala rapidamente.

Quando seus pais o viram, ficaram perplexos. Sua mãe lhe disse: "Filho, por que você nos fez isto? Seu pai e eu estávamos aflitos, à sua procura". Lucas 2.48

Jesus fez-lhes uma pergunta. (É o que se espera de Deus.)

> *Ele perguntou: "Por que vocês estavam me procurando? Não sabiam que eu devia estar na casa de meu Pai?"* Lucas 2.49

UM LEMBRETE GENTIL

Não era uma resposta desrespeitosa. Jesus estava apenas dizendo que ele estava exatamente onde um filho deveria estar — na casa de seu Pai. *Mas o que ele quis dizer com "Pai"? Quem era esse "Pai" a quem ele se referia?* Estudaremos mais sobre isso na próxima seção. Por enquanto, tudo o que você precisa saber é que Jesus usou essa frase como um lembrete gentil para que seus pais terrenos se lembrassem quem ele era realmente.

> *Mas eles não compreenderam o que lhes dizia. Então foi com eles para Nazaré, e era-lhes obediente. Sua mãe, porém, guardava todas essas coisas em seu coração. Jesus ia crescendo em sabedoria, estatura e graça diante de Deus e dos homens.* Lucas 2.50-52

4 BATISMO

Jesus não começou oficialmente a obra da sua vida até atingir mais ou menos os trinta anos de idade. João, o filho de Zacarias, já havia começado a preparar o caminho para ele, falando a todos que O UNGIDO chegara. Isso criou uma agitação total.

> *Naqueles dias surgiu João Batista, pregando no deserto da Judeia. Ele dizia: "Arrependam-se, pois o Reino dos céus está próximo".* Mateus 3.1-2

João era conhecido como *o Batista* porque *batizava* o povo. O ritual do batismo não era incomum para as pessoas do Oriente Médio daqueles dias; era cheio de significado. Hoje, entretanto, muita confusão envolve essa palavra.

O motivo é que na língua portuguesa não existe uma palavra que traduza com exatidão a palavra grega *baptizo.* Os tradutores resolveram o problema criando a palavra *batismo.* Ela está correta, mas não ajuda a pessoa leiga a entender seu significado original.

Identificação

Batismo significa *identificação.* Um sentido comum da palavra *baptizo* provém da indústria têxtil na Grécia antiga. No processo de tingimento do tecido, mergulhava-se uma peça de roupa num barril de tinta, e ela adquiria a cor do pigmento. A roupa ficava totalmente identificada com a tinta.

João ensinava que os judeus haviam se desviado das Escrituras, abraçando ideias humanas. Disse-lhes que eles precisavam *mudar suas mentes* a respeito de seus caminhos errados e retornar para Deus; em resumo, arrepender-se. Os judeus que eram batizados mostravam que tinham se identificado (ou concordado pessoalmente) com sua mensagem de arrependimento.

> *A ele vinha gente de Jerusalém, de toda a Judeia e de toda a região ao redor do Jordão. Confessando os seus pecados, eram batizados por ele no rio Jordão.*
>
> *Quando viu que muitos fariseus e saduceus vinham para onde ele estava batizando, disse-lhes: "Raça de víboras! Quem lhes deu a ideia de fugir da ira que se aproxima? Deem fruto que mostre o arrependimento!"* Mateus 3.5-8

Arrepender-se

João, o Batista, viu que alguns de seus ouvintes eram fariseus e saduceus. Lembre-se de que eles eram os que *acrescentavam* ou *tiravam* algo da Bíblia. Essas duas facções não tinham muita afinidade entre si, mas havia uma coisa em comum — pensavam estar *acima* dos outros. Eles eram orgulhosos. João os chamou de *raça de víboras* porque impunham regras severas e insuportáveis aos outros mas não praticavam o que pregavam. Ele disse que se arrependessem; para terem uma mudança de mente.

O Batismo de Jesus

> *Então Jesus veio da Galileia ao Jordão para ser batizado por João. João, porém, tentou impedi-lo, dizendo: "Eu preciso ser batizado por ti, e tu vens a mim?"* Mateus 3.13-14

João reconheceu quem era Jesus — ele era Deus. Jesus não precisava arrepender-se de nada, porque era perfeito. João sabia que ele precisava ser batizado, e não Jesus.

Respondeu Jesus: "Deixe assim por enquanto; convém que assim façamos, para cumprir toda a justiça". E João concordou. Mateus 3.15

Jesus insistiu em ser batizado porque ele queria ser identificado com a mensagem de João sobre uma vida justa. Ele queria afirmar que a mensagem de João era verdadeira.

Assim que Jesus foi batizado, saiu da água. Naquele momento o céu se abriu, e ele viu o Espírito de Deus descendo como pomba e pousando sobre ele. Então uma voz dos céus disse: "Este é o meu Filho amado, em quem me agrado". Mateus 3.16-17

Logo analisaremos este versículo com mais profundidade, mas primeiro vamos terminar a história.

O CORDEIRO DE DEUS

No dia seguinte João viu Jesus aproximando-se e disse: "Vejam! É o Cordeiro de Deus, que tira o pecado do mundo! Este é aquele a quem eu me referi, quando disse: Vem depois de mim um homem que é superior a mim, porque já existia antes de mim". João 1.29-30

João identificou Jesus como O SALVADOR PROMETIDO, aquele que tiraria o pecado do mundo. Ele disse que Jesus já vivia antes dele — eternamente. João disse...

"Eu vi e testifico que este é o Filho de Deus". João 1.34

Em certa ocasião, eu estava ensinando a Bíblia, passo a passo, a um jovem casal. Ao ler este versículo, "*É o Cordeiro de Deus, que tira o pecado do mundo!*", a esposa ficou radiante! Emocionada, e com uma voz entusiasmada, disse: "*O cordeiro, o cordeiro! Ele tem alguma coisa a ver com todos os cordeiros sobre os quais lemos na parte antiga da Bíblia?!*"

Eu disse a ela: "Sim, tem a ver... e quando chegar o tempo, tudo se encaixará de maneira que fará um sentido maravilhoso".

Eu tive a oportunidade de visitar uma tribo em Papua Nova Guiné, que havia recebido fragmentos dos conceitos bíblicos. Eles tinham adotado o batismo, crendo que seus pecados eram lavados. Estavam tão convencidos de que o pecado era algo material, que não entravam no rio após o batismo, com medo de serem contaminados novamente com o pecado.

A Bíblia diz claramente que o batismo não nos torna aceitáveis a Deus. É apenas uma imagem externa daquilo que aconteceu no interior. Nesse caso, demonstrava que esses judeus criam na mensagem de João e se identificavam com ela.

Hoje, muitos "teólogos" atribuem ao batismo um significado muito além do que a Bíblia lhe atribui.

Deus Fala com Ele Mesmo?

Desde as primeiras páginas da Bíblia, notamos uma maneira singular de Deus falar, como se estivesse falando consigo mesmo. Por exemplo, quando criou o homem…

*Então disse Deus: "**Façamos** o homem à **nossa** imagem, conforme a **nossa** semelhança…".* Gênesis 1.26

Quando Adão pecou, observamos Deus numa conversa:

*Então disse o SENHOR Deus: "Agora o homem se tornou como um de **nós**, conhecendo o bem e o mal…".* Gênesis 3.22

Quando Deus dispersou o povo de Babel, disse…

*"**Venham, desçamos** e **confundamos** a língua que falam, para que não entendam mais uns aos outros". Assim o SENHOR os dispersou dali por toda a terra, e pararam de construir a cidade.* Gênesis 11.7-8

Com quem Deus está falando? Quem são os Nós e Nossa? Quando o anjo falou com Maria, ele disse…

> *"**O Espírito Santo** virá sobre você, e o poder **do Altíssimo** a cobrirá com a sua sombra. Assim, aquele que há de nascer será chamado Santo, **Filho de Deus**".* Lucas 1.35

Aqui nós vemos *o Espírito Santo, o Altíssimo,* e *o Filho de Deus,* todos mencionados em um único versículo. Nós sabemos que o *Altíssimo* é Deus. Acabamos de ler uma série de versículos que dizem que *Jesus* é Deus vindo em carne. Será que Deus e Jesus são a mesma pessoa? E quanto ao *Espírito Santo*? O que a Bíblia diz? Voltemos ao versículo que lemos anteriormente:

> *Assim que Jesus foi batizado, saiu da água. Naquele momento o céu se abriu, e ele viu **o Espírito de Deus** descendo como pomba e pousando sobre ele. Então **uma voz dos céus** disse: "Este é o meu Filho amado, em quem me agrado".* Mateus 3.16-17

Temos aqui três indivíduos: *Jesus, o Espírito de Deus e uma voz do céu.* Confuso? Pode ser que você não compreenda alguns conceitos bíblicos básicos. Aqui estão mais algumas peças do quebra-cabeça.

Primeiro, sabemos que só há um Deus. A Bíblia enfatiza isso várias vezes.

> *Respondeu Jesus... 'Ouve, ó Israel, o Senhor, o nosso Deus, o Senhor é o único Senhor'.* Marcos 12.29

Essa resposta é objetiva. Entretanto, há coisas sobre Deus que estão além da nossa razão; incrivelmente complexas e difíceis de entender. Por exemplo, todo o conceito de um Deus *eterno* não é fácil de assimilar. Do mesmo modo, tentar compreender um Deus que *está em todo o lugar ao mesmo tempo* é completamente desconcertante. Entender realmente essas duas verdades é impossível para nossas mentes finitas. Agora somos confrontados com uma revelação sobre Deus igualmente difícil de compreender, embora a Bíblia a ensine com clareza. As Escrituras nos revelam um Deus que é *ao mesmo tempo* Pai, Filho e Espírito Santo — três pessoas eternas e co-iguais que constituem a essência de Deus. Essas três pessoas formam uma *triunidade* ou *trindade,* mas constituem um e único Deus.

Ao longo do tempo, fizeram-se várias tentativas para explicar a Trindade:

1) O ovo: cada ovo possui uma casca, uma clara e uma gema; três partes distintas, mas apenas um ovo.
2) Dimensões: uma caixa possui altura, largura e comprimento; embora não seja a mesma coisa, elas não podem se separar.
3) Multiplicação: 1 x 1 x 1 = 1

Embora algumas dessas ilustrações sejam úteis, elas ainda estão longe de nos dar um entendimento completo. Precisamos ser cuidadosos para não tentar reduzir Deus ao nosso nível e vê-lo como um de nós. Deus diz que uma das razões pelas quais não O entendemos é porque...

"Você pensa que eu sou como você?" Salmo 50.21

Como crianças, há muitas coisas que não entendemos e ainda assim aceitamos como verdadeiras. *"O que é a eletricidade? Por que ela não derrama no chão quando eu puxo o plugue da tomada? Eu não posso ver a eletricidade. Por que você diz que eu me machucaria se enfiasse uma pinça na tomada?"* Só porque não conseguimos entender a eletricidade, isso não significa que ela seja menos real.

Como adultos, somos um tanto presunçosos quanto à nossa capacidade de compreender o mundo ao nosso redor. Através dos séculos, coisas que intrigavam os antigos passaram a ser um lugar-comum para nossa compreensão. Ainda assim, precisamos ser humildes. Muito do Universo conhecido ainda contém grandes mistérios. Talvez as pessoas que viverem 100 anos depois de nós nos vejam como cegos para o que eles considerarão óbvio. Pode ser que haja um tempo no qual o conceito de *trindade* fará sentido perfeito.

Mesmo que chegue esse dia, precisamos reconhecer que nossa limitada capacidade de raciocínio não é capaz de adequar um Deus infinito às nossas mentes finitas. Se entendermos direito, Deus, como a Bíblia o revela, é um Deus que nos deixa atônitos.

Imagine por um momento: um Deus eterno, onisciente, presente em todo o lugar ao mesmo tempo, Criador de todo o Universo, *uma Trindade, único, ainda que constituído por três pessoas — Pai, Filho e Espírito Santo — que se equivalem em caráter e capacidade.* Insondável! Embora esses conceitos possam ser difíceis de entender, a Bíblia diz que todos são verdadeiros.

"As coisas encobertas pertencem ao SENHOR, o nosso Deus, mas as reveladas pertencem a nós..."

Deuteronômio 29.29

A própria palavra *Deus* é uma declaração sobre a Trindade. A língua hebraica tem formas de substantivo *singular* (um), *dual* (dois somente) e *plural* (três ou mais). A palavra *Deus*, em hebraico *Elohim*, gramaticalmente está no plural, sugerindo três, mas com significado de singular.

Apesar de ser correto referir-se a qualquer membro da Trindade como Deus, é possível fazer uma distinção, como segue:

O Altíssimo = *O Pai*
Jesus Cristo = *O Filho*
O Espírito = *O Espírito Santo*

O diagrama ao lado tem sido usado durante séculos para explicar a Trindade.

Capítulo Onze

1 Tentado

2 Poder e Fama

3 Nicodemos

4 Rejeição

5 O Pão da Vida

1 Tentado

No início da criação, Lúcifer desafiou Deus e se rebelou contra Ele, almejando Sua posição. Agora, Deus o Filho, embora ainda continuasse sendo completamente Deus, renunciou toda a sua glória e majestade visiveis, deixou o céu e veio à Terra como um ser humano. Satanás deve ter tido a impressão de que Jesus era muito vulnerável. Se ele pudesse apenas seduzir Jesus para fazer sua vontade, seria uma grande vitória. Da perspectiva de Deus, agora era o momento de revelar algo mais sobre si mesmo.

Então Jesus foi levado pelo Espírito ao deserto, para ser tentado pelo Diabo. Depois de jejuar quarenta dias e quarenta noites, teve fome.
Mateus 4.1-2

Diabo significa falso acusador, caluniador.

Jesus havia estado por longo tempo sem alimento. Embora seja Deus, era também um homem real, com necessidades físicas.

O tentador aproximou-se dele e disse: "Se és o Filho de Deus, manda que estas pedras se transformem em pães".
Mateus 4.3

Uma Sugestão

Satanás estava sugerindo que Jesus fizesse algo que todos compreenderiam, isto é, cuidar de seu bem-estar físico. Essa também parecia ser a primeira oportunidade para Jesus provar quem Ele realmente era. Se era Deus, então ele criara o mundo simplesmente chamando-o à existência. Transformar pedras em pães seria algo simples. Mas havia um porém. Se fizesse isso, Jesus estaria seguindo as ordens de Satanás.

Jesus respondeu: "Está escrito: 'Nem só de pão viverá o homem, mas de toda palavra que procede da boca de Deus'".
Mateus 4.4

Jesus Cita a Bíblia

Cristo respondeu a Satanás citando a Bíblia, a Palavra escrita de Deus. Ele disse que era mais importante seguir a Deus do que cuidar das necessidades físicas. Essa é uma declaração significativa, pois muitas pessoas estão tão interessadas no bem-estar físico que ignoram seu bem-estar espiritual.

Pois, que adianta ao homem ganhar o mundo inteiro e perder a sua alma? Marcos 8.36

Satanás "Cita"

Então o Diabo o levou à cidade santa, colocou-o na parte mais alta do templo e lhe disse: "Se és o Filho de Deus, joga-te daqui para baixo. Pois está escrito: 'Ele dará ordens a seus anjos a seu respeito, e com as mãos eles o segurarão, para que você não tropece em alguma pedra'". Mateus 4.5-6

Agora, o desafio era aberto. "Prove! Prove que você é o Filho de Deus! Se Deus é verdadeiramente o seu Pai, então ele o salvará!"

Satanás citou uma passagem encontrada no livro de Salmos. Satanás ama a religião e citar a Bíblia é um dos seus truques favoritos. O problema é que Satanás não citou as Escrituras de modo correto. Ele selecionou somente a porção que se adaptava aos seus propósitos. Ele havia feito isso com Adão e Eva no jardim do Éden e agora estava tentando fazer com Jesus.

Jesus Cita a Bíblia

Mais uma vez, Jesus respondeu à tentação de Satanás citando a Bíblia, só que a citou corretamente. Ele não precisava provar quem Ele era.

Jesus lhe respondeu: "Também está escrito: 'Não ponha à prova o Senhor, o seu Deus'". Mateus 4.7

Uma Oferta Recusada

Depois, o Diabo o levou a um monte muito alto e mostrou-lhe todos os reinos do mundo e o seu esplendor. E lhe disse: "Tudo isto te darei, se te prostrares e me adorares". Mateus 4.8-9

Satanás significa adversário ou inimigo.

Satanás estava oferecendo a Jesus as nações do mundo, *se* Jesus apenas o adorasse. Afinal, não era o que Jesus queria, que as pessoas o seguissem? O que Satanás não mencionou é que se Jesus o adorasse, também o serviria. Adorar e servir sempre andam juntos. Você não pode separar os dois. Mas a manobra de Satanás não funcionou. Novamente Jesus citou as Escrituras:

> *Jesus lhe disse: "Retire-se, Satanás! Pois está escrito: 'Adore o Senhor, o seu Deus, e só a ele preste culto'".*
>
> *Então o Diabo o deixou, e anjos vieram e o serviram.*
>
> Mateus 4.10-11

Satanás não conseguiu enredar Jesus em sua traiçoeira teia de engano. Jesus era irrepreensível e não faria acordos em sua resistência à tentação. O Diabo se afastou temporariamente, ainda determinado a destruir Jesus.

Da perspectiva de Satanás, este teve um sucesso parcial. João Batista tinha sido lançado na prisão.[1]

> *Quando Jesus ouviu que João tinha sido preso, voltou para a Galileia. Saindo de Nazaré, foi viver em Cafarnaum, que ficava junto ao mar…* Mateus 4.12-13

SEM PECADO

A luta entre o bem e o mal não é equilibrada. Jesus, o Deus-Criador, é muito mais poderoso que Satanás, um ser criado. Embora Jesus fosse tentado, não cedeu à tentação. Ele era perfeito.

Profetas verdadeiros e falsos têm surgido e desaparecido, mas nenhum alegou não ter pecado. A Bíblia registra a vida de muitas pessoas que se revelaram pecadoras ou que confessaram sua pecaminosidade. Mas isso nunca aconteceu com Jesus. Você procurará em vão nas Escrituras uma referência de que Jesus tenha pecado ou pedido perdão. Mesmo aqueles que estavam mais próximos a Ele, e que tinham as maiores chances de conhecer qualquer falha de caráter, escreveram que Jesus…

> *"…não cometeu pecado algum, e nenhum engano foi encontrado em sua boca".* 1 Pedro 2.22

A tentação de Jesus foi somente mais uma forma pela qual ele se identificou com a humanidade. Quando Deus finalmente julgar toda a humanidade, ninguém será capaz de colocar-se diante dele e dizer: "*Deus, o Senhor não entende! O Senhor nasceu em um palácio; eu, na lama. O Senhor nunca foi tentado; eu fui. Como o Senhor pode julgar-me se nunca enfrentou o que eu enfrentei?*" Não, a Bíblia diz que nós não temos um Deus…

…que não possa compadecer-se das nossas fraquezas, mas sim alguém que, como nós, passou por todo tipo de tentação, porém, sem pecado. Hebreus 4.15

A justiça de Jesus foi revelada para que todos a vejam.

2 Poder e Fama

Depois que João foi preso, Jesus foi para a Galileia, proclamando as boas novas de Deus. "O tempo é chegado", dizia ele. "O Reino de Deus está próximo. Arrependam-se e creiam nas boas novas!" Marcos 1.14-15

Jesus veio oferecer ao povo judeu uma nova identidade; um reino dirigido por Deus. A princípio, o povo deve ter ficado um tanto confuso com essa oferta. Aqui estava Jesus, vestido em roupas simples. "*Seus parentes não são de Nazaré? Seu pai era um carpinteiro, eu creio.*" E ele estava a pé. Reis não andam a pé! Um verdadeiro rei viria em um cavalo — um corcel, com carros e exército — e iria direto para o palácio de Herodes. Um rei lançaria um desafio, uma proclamação real de independência. Mas Jesus nunca sequer fez menção a isso, mesmo no auge do seu ministério. Ele disse: *Arrependam-se*. Que tipo de rei diria isso? Os fofoqueiros locais estavam tendo um dia e tanto. Mesmo as pessoas mais sérias se seguravam para não rir.

Mas nem todos zombavam. O arrependimento é algo que acontece no interior, e o coração era o lugar onde Cristo pretendia começar seu governo. Para aqueles que verdadeiramente encontraram Jesus… bem, ele era diferente. Suas palavras faziam as pessoas pararem e pensarem.

Andando à beira do mar da Galileia, Jesus viu Simão e seu irmão André lançando redes ao mar, pois eram pescadores. E disse Jesus: "Sigam-me, e eu os farei pes-

cadores de homens". No mesmo instante eles deixaram as suas redes e o seguiram.

Indo um pouco mais adiante, viu num barco Tiago, filho de Zebedeu, e João, seu irmão, preparando as suas redes. Logo os chamou, e eles o seguiram, deixando seu pai, Zebedeu, com os empregados no barco. Marcos 1.16-20

Autoridade

Eles foram para Cafarnaum e, logo que chegou o sábado, Jesus entrou na sinagoga e começou a ensinar. Todos ficavam maravilhados com o seu ensino, porque lhes ensinava como alguém que tem autoridade e não como os mestres da lei. Marcos 1.21-22

Aqueles que ouviam Jesus sabiam que Ele tinha alguma coisa diferente. Seus ensinamentos exigiam atenção, e não era de admirar, pois eles estavam ouvindo o próprio Deus. Mas Jesus não somente falava com autoridade, ele a demonstrava também.

Justo naquele momento, na sinagoga, um homem possesso de um espírito imundo gritou: "O que queres conosco, Jesus de Nazaré? Vieste para nos destruir? Sei quem tu és: o Santo de Deus!" Marcos 1.23-24

Este era um caso de possessão demoníaca. Um dos anjos de Satanás vivia dentro desse homem, com o consentimento deste. O demônio sabia quem era Jesus, chamando-o *o Santo de Deus*!

"Cale-se e saia dele!", repreendeu-o Jesus. Marcos 1.25

Como os demônios sempre torcem a verdade para os seus próprios propósitos, Jesus não queria que eles dissessem aos outros quem ele era. O próprio Cristo confirmou que era Deus ao ordenar que o demônio saísse.

O espírito imundo sacudiu o homem violentamente e saiu dele gritando.

Todos ficaram tão admirados que perguntavam uns aos outros: "O que é isto? Um novo ensino — e com autoridade! Até aos espíritos imundos ele dá ordens, e eles lhe obedecem!" As notícias a seu respeito se espalharam rapidamente por toda a região da Galileia. Marcos 1.26-28

Agora os falatórios assumiram um tom diferente. O incrível poder de Jesus deve ter sido a manchete nos comentários locais e isto era apenas o começo!

Um leproso aproximou-se dele e suplicou-lhe de joelhos: "Se quiseres, podes purificar-me!"

Cheio de compaixão, Jesus estendeu a mão, tocou nele e disse: "Quero. Seja purificado!" Imediatamente a lepra o deixou, e ele foi purificado. Marcos 1.40-42

Nos tempos antigos, a lepra era uma doença temível; uma mutilação horrível, que matava aos poucos. A Bíblia diz que Jesus curava todos os tipos de doenças horríveis, mesmo quando a pessoa estava muito mal ou apresentava deformações graves. Ninguém jamais foi mandado embora porque sua doença era incurável. Ele até ressuscitou mortos!

É importante compreender que Jesus não estava fazendo um show para o entretenimento da população local. Jesus não apenas sentia compaixão genuína pelas pessoas que ajudava, mas também demonstrava que tanto ele quanto sua mensagem vinham do céu. Ele não precisava de um cavalo, uma carruagem ou um exército. Tudo o que ele precisava fazer era falar. Ele era Deus.

3 Nicodemos

Havia um fariseu chamado Nicodemos, uma autoridade entre os judeus. Ele veio a Jesus, à noite, e disse: "Mestre, sabemos que ensinas da parte de Deus, pois ninguém pode realizar os sinais miraculosos que estás fazendo, se Deus não estiver com ele".

Em resposta, Jesus declarou: "Digo-lhe a verdade: Ninguém pode ver o Reino de Deus, se não nascer de novo".

João 3.1-3

Nascer de Novo?

Nicodemos era um homem de posição e membro do Sinédrio, o conselho jurídico judaico que assessorava os romanos. Como fariseu, ele guardava a lei de Moisés meticulosamente. Como judeu, descendente de Abraão, Nicodemos fazia parte do povo escolhido. Fazia parte de uma linhagem privilegiada; tudo estava *correto* quanto ao seu nascimento. Mas Jesus encontrou uma falha no nascimento dele e disse: "*Você precisa nascer de novo*". Esperava-se que Jesus desse boas novas, mas estas eram más notícias. Além disso, como era possível nascer de novo?

> *Perguntou Nicodemos: "Como alguém pode nascer, sendo velho? É claro que não pode entrar pela segunda vez no ventre de sua mãe e renascer!"*
>
> *Respondeu Jesus: "Digo-lhe a verdade: Ninguém pode entrar no Reino de Deus, se não nascer da água e do Espírito. O que nasce da carne é carne, mas o que nasce do Espírito é espírito. Não se surpreenda pelo fato de eu ter dito: É necessário que vocês nasçam de novo".* João 3.4-7

Então era isso. Jesus não estava falando sobre o nascimento de Nicodemos como uma criança — quando foi *nascido da água* ou *nascido da carne*. O segundo nascimento era espiritual, um começo espiritual. Bem, essa era uma resposta objetiva. Para poder ir ao céu, você não apenas precisa de um nascimento físico, mas também precisa nascer pela segunda vez através de um nascimento espiritual. Mas como alguém poderia nascer espiritualmente? Jesus continuou:

> *Da mesma forma como Moisés levantou a serpente no deserto, assim também é necessário que o Filho do homem seja levantado, para que todo o que nele crer não pereça, mas tenha a vida eterna.* João 3.14-15

Jesus estava dizendo que, para nascer de novo, Nicodemos deveria ser como o povo dos dias de Moisés. Primeiro, reconhecer que era pecador. Então ele precisaria ter *uma mudança de mente* em relação à ideia de que seu nascimento e posição o fariam aceitável a Deus, e em vez disso deveria confiar que Jesus lhe daria um modo de ser aceito. Jesus disse que se Nicodemos colocasse sua fé nele, iria oferecer-lhe a vida eterna.

Fé e Confiança

Nesse contexto, a palavra *crer* significa mais do que consentimento intelectual. Um israelita podia reconhecer que olhar para a serpente de bronze de Moisés o curaria, mas se ele não demonstrasse fé em Deus, *olhando* para o poste, então morreria.

O significado bíblico da palavra inclui um ato de vontade e é sinônimo de fé e confiança.

O *objeto* da fé também é importantíssimo! Alguns anos atrás, alguém com uma mente pervertida colocou um veneno mortífero nas cápsulas de um remédio para dor. Em seguida, várias pessoas, crendo sinceramente que o remédio era o que dizia ser, tomaram as cápsulas e morreram. Elas estavam confiando com sinceridade, mas, enganosa e inadvertidamente, confiaram na coisa errada.

Pode ser que alguém creia de todo coração que um OVNI (objeto voador não-identificado) o salvará de seu pecado, mas sinceridade baseada em uma crença errônea é inútil. Entretanto, se o objeto de sua fé for Deus, essa confiança terá um efeito muito diferente. Nós vimos que Deus mantém a Sua Palavra.

> *Porque Deus tanto amou o mundo que deu o seu Filho Unigênito, para que todo o que nele crer não pereça, mas tenha a vida eterna.* João 3.16

Vida Eterna

Jesus estava prometendo vida eterna, não somente a Nicodemos, mas a *todo aquele que crê* nele! O anjo dissera a Maria e José que nome deveriam dar ao seu filho, Jesus, porque o nome significa Libertador ou Salvador. E agora Jesus estava dizendo que ele livraria o homem da consequência do pecado — o castigo eterno no Lago de Fogo.

> *Pois Deus enviou o seu Filho ao mundo, não para condenar o mundo, mas para que este fosse salvo por meio dele.* João 3.17

Jesus não veio à Terra para julgá-la. Antes, veio para salvar o mundo de toda a tragédia que o pecado, Satanás e a morte trouxeram.

> *Quem nele crê não é condenado, mas quem não crê já está condenado, por não crer no nome do Filho Unigênito de Deus.* João 3.18

Sem Meio Termo

Jesus disse que aqueles que colocarem sua fé nele não serão julgados como pecadores. Mas os que *não* confiarem nele já estão sob julgamento. Não há meio-termo; não há como escapar. Ninguém pode dizer "*Vou pensar no assunto*" e permanecer em campo neutro. Você precisa optar por crer ou permanecer descrente. Não fazer nenhuma escolha, na verdade, é fazer uma escolha.

Além disso, você não precisa esperar até a morte para descobrir o seu destino eterno. Jesus não deixou dúvidas a respeito. Um homem está sob julgamento, condenado ao Lago de Fogo, até colocar sua confiança em Jesus para livrá-lo. Então ele terá vida eterna. Esta era a promessa que Jesus estava fazendo.

Eu lhes asseguro: Quem ouve a minha palavra e crê naquele que me enviou, tem a vida eterna e não será condenado, mas já passou da morte para a vida. João 5.24

Jesus não estava ignorando o julgamento do pecado. Ele sabia que nem todos confiariam nele. Muitos escolheriam não fazer isto, por seus próprios motivos.

Este é o julgamento: a luz veio ao mundo, mas os homens amaram as trevas, e não a luz, porque as suas obras eram más. Quem pratica o mal odeia a luz e não se aproxima da luz, temendo que as suas obras sejam manifestas.
João 3.19-20

Jesus falava sobre luz espiritual versus trevas espirituais. Ele disse que muitos odeiam a luz porque esta expõe o pecado. As pessoas não gostam de ser reveladas como pecadoras. Elas preferem esconder seu pecado ou responsabilizar outros, como Adão e Eva fizeram. A Bíblia diz que tais pessoas preferem as trevas. Mas o que é essa *luz*?

*Falando novamente ao povo, Jesus disse: "**Eu sou a luz do mundo** ...".* João 8.12

Na criação, Deus fez a luz para que pudéssemos enxergar nosso caminho terreno. Agora ele veio ao mundo para ser a luz para o nosso caminho espiritual.

"... Quem me segue, nunca andará em trevas, mas terá a luz da vida." João 8.12

4 Rejeição

Poucos dias depois, tendo Jesus entrado novamente em Cafarnaum, o povo ouviu falar que ele estava em casa. Então muita gente se reuniu ali, de forma que não havia lugar nem junto à porta; e ele lhes pregava a palavra. Vieram alguns homens, trazendo-lhe um paralítico, carregado por quatro deles. Marcos 2.1-3

O Paralítico

Este era um cenário familiar onde quer que Jesus fosse. Assim que ele aparecia, os doentes e aleijados começavam a chegar. Nesse caso, quatro homens trouxeram um amigo paralítico.

Não podendo levá-lo até Jesus, por causa da multidão, removeram parte da cobertura do lugar onde Jesus estava e, pela abertura no teto, baixaram a maca em que estava deitado o paralítico. Marcos 2.4

Quase todas as casas daquele tempo tinham telhados planos. As escadas conduziam até o topo, onde havia um lugar fresco para relaxar à tarde. Quando os quatro homens não puderam se aproximar de Jesus, eles simplesmente subiram ao telhado, abriram um buraco nele e baixaram o homem paralítico na frente de Jesus. Eu digo "simplesmente", mas isto só se aplica a subir ao telhado. Remover o telhado deve ter sido difícil. Você pode imaginar a terra e a poeira que caíam em cima daqueles que estavam do lado de dentro? É claro, a lição de Jesus foi interrompida. Todos olharam para o forro querendo saber o que estava acontecendo. À medida que surgiam os rostos desses homens determinados, provavelmente os ouvintes de Jesus se alvoroçaram: "*Que absurdo! Onde está o respeito?! Nós estamos cobertos de pó! Vocês estão destruindo a casa!*" Mas Jesus viu alguma coisa diferente.

Vendo a fé que eles tinham, Jesus disse ao paralítico: "Filho, os seus pecados estão perdoados". Marcos 2.5

O Coração

O principal interesse de Jesus era o interior do homem, o coração. Não era problema para ele perdoar pecados. Ele é Deus. Mas alguns dos Seus ouvintes tinham problema para aceitar aquilo. Embora eles não dissessem nada em voz alta, seus pensamentos eram hostis.

> *Estavam sentados ali alguns mestres da lei [escribas], raciocinando em seu íntimo: "Por que esse homem fala assim? Está blasfemando! Quem pode perdoar pecados, a não ser somente Deus?"* Marcos 2.6-7

Eles estavam certos — só Deus *pode* perdoar pecados!

> *Jesus percebeu logo em seu espírito que era isso que eles estavam pensando e lhes disse: "Por que vocês estão remoendo essas coisas em seu coração?"* Marcos 2.8

Jesus sabia o que eles estavam pensando, e por isso falou assim. Você pode imaginar a humilhação dos escribas. Eles provavelmente "voltaram a fita" em suas mentes, tentando relembrar o que haviam pensado nos últimos dez minutos. Uma coisa era certa: Jesus podia ler seus pensamentos! Mas Jesus não estava tentando impressioná-los. Ele tinha uma pergunta.

> *Que é mais fácil dizer ao paralítico: Os seus pecados estão perdoados, ou: Levante-se, pegue a sua maca e ande?* Marcos 2.9

PERGUNTAS, PERGUNTAS

Um advogado não poderia ter elaborado uma pergunta mais difícil. Quase podemos ver os escribas matutando. "O homem obviamente era paralítico. Restaurar os membros atrofiados é impossível. Só Deus poderia curar tal enfermidade. Mas se Jesus pode dar vida aos membros atrofiados, então significa que ele é ... não, isso é impensável! Deus nunca viria à Terra e viveria uma vida como a de Jesus. Ele é um ninguém, que vive nos empoeirados subúrbios do império. Que audácia fazer uma pergunta comprometedora como essa! Quem ele pensa que é? Deus?!" Jesus esclareceu a dúvida deles sem que perguntassem.

> *"... Mas, para que vocês saibam que o Filho do homem tem na terra autoridade para perdoar pecados"— disse ao paralítico —"eu lhe digo: Levante-se, pegue a sua maca e vá para casa". Ele se levantou, pegou a maca e saiu à vista de todos, que, atônitos, glorificaram a Deus, dizendo: "Nunca vimos nada igual!"* Marcos 2.10-12

O propósito dos milagres não era criar algo parecido com uma peça de teatro ou uma apresentação circense. Os milagres autenticavam quem Jesus dizia ser — que Ele era Deus.

PECADORES INCAPAZES

Jesus saiu outra vez para beira-mar. ... Passando por ali, viu Levi, filho de Alfeu, sentado na coletoria, e disse-lhe: "Siga-me". Levi levantou-se e o seguiu. Marcos 2.13-14

Embora Levi fosse judeu, trabalhava como coletor de impostos para os romanos. Esses avarentos ganhavam seu dinheiro graças a uma sobretaxa secreta do imposto, e muitas vezes cobravam muito mais das pessoas, a fim de encher seus próprios bolsos. Eles eram odiados por causa de sua corrupção e disposição de trabalhar como sanguessugas para os romanos. Apesar disso, enquanto Jesus passava pela coletoria, convidou Levi para segui-lo.

Durante uma refeição na casa de Levi, muitos publicanos e "pecadores" estavam comendo com Jesus e seus discípulos, pois havia muitos que o seguiam.

Quando os mestres da lei que eram fariseus o viram comendo com "pecadores" e publicanos, perguntaram aos discípulos de Jesus: "Por que ele come com publicanos e 'pecadores'?"

Ouvindo isso, Jesus lhes disse: "Não são os que têm saúde que precisam de médico, mas sim os doentes. Eu não vim para chamar justos, mas pecadores". Marcos 2.15-17

Jesus só poderia ajudar aqueles que reconhecessem o próprio pecado. Esse sempre foi o primeiro passo para ser aceito por Deus.

TRABALHANDO NO SÁBADO

As constantes repreensões de Jesus devem ter irritado os fariseus. Eles estavam perdendo a autoridade. Esperando pegar Jesus em algum ato flagrante de pecado, começaram a observá-lo mais de perto.

Noutra ocasião ele entrou na sinagoga, e estava ali um homem com uma das mãos atrofiada. Alguns deles estavam procurando um motivo para acusar Jesus; por isso o observavam atentamente, para ver se ele iria curá-lo no sábado. Marcos 3.1-2

De acordo com a Lei, ninguém podia trabalhar no sábado. Fazer qualquer serviço significava violar a Lei de Deus e isto seria pecado. Nas mentes dos fariseus, trabalho incluía coisas como exercer o serviço médico. A Lei não disse que era errado curar nesse dia, mas os fariseus adicionaram aos Dez Mandamentos sua própria lista de regras, e aqueles preceitos haviam adquirido a autoridade das Escrituras. Assim, eles observavam se Jesus curaria o homem; se ele trabalharia no sábado. Mas Jesus estava totalmente ciente do propósito pelo qual Deus deu a Lei. Conhecendo o plano dos fariseus de enredá-lo, Cristo podia ter evitado um confronto, mas não o fez.

Jesus disse ao homem da mão atrofiada: "Levante-se e venha para o meio". Marcos 3.3

Podemos até ver Jesus voltando lentamente o seu olhar para aqueles que planejavam acusá-lo. O momento é de suspense.

Depois Jesus lhes perguntou: "O que é permitido fazer no sábado: o bem ou o mal, salvar a vida ou matar?" Marcos 3.4

Lá estava ele novamente, fazendo perguntas comprometedoras! Os fariseus estavam irados e ressentidos. Como homens das respostas religiosas, a credibilidade deles estava sendo manchada.

...Mas eles permaneceram em silêncio.

Irado, olhou para os que estavam à sua volta e, profundamente entristecido por causa do coração endurecido deles, disse ao homem: "Estenda a mão". Ele a estendeu, e ela foi restaurada. Marcos 3.4-5

Armadilhas

Jesus fez exatamente isto — trabalhou no sábado! Os fariseus o pegaram em flagrante.

Então os fariseus saíram e começaram a conspirar com os herodianos contra Jesus, sobre como poderiam matá-lo. Marcos 3.6

Normalmente essa aliança seria impossível. Os herodianos eram um partido político que apoiava o governo de Herodes e os romanos. Por outro lado, os fariseus desprezavam os romanos — mas eles odiavam ainda mais a Jesus. Se fossem matá-lo, precisariam da ajuda de Roma.

Os líderes religiosos rejeitaram Jesus. Para eles, Jesus não podia ser O Libertador Prometido.

Os Doze Discípulos

Jesus retirou-se com os seus discípulos para o mar, e uma grande multidão vinda da Galileia o seguia. Quando ouviram a respeito de tudo o que ele estava fazendo, muitas pessoas... foram atrás dele.

Jesus subiu a um monte e chamou a si aqueles que ele quis, os quais vieram para junto dele. Escolheu doze, designando-os apóstolos...

...Simão, a quem deu o nome de Pedro; Tiago, filho de Zebedeu, e João, seu irmão, aos quais deu o nome de Boanerges, que significa "filhos do trovão"; André, Filipe; Bartolomeu; Mateus; Tomé; Tiago, filho de Alfeu; Tadeu; Simão, o zelote; e Judas Iscariotes, que o traiu.

Marcos 3.7-8,13-19

Entre os que o seguiam, Jesus selecionou doze discípulos com os quais ele gastaria um tempo extra. Eles eram uma mistura que ia desde um coletor de impostos empregado por Roma, numa das extremidades da escala social, e na outra extremidade, um zelote (revolucionário) empenhado em derrubar o governo romano. Entre os restantes, havia um grupo de pescadores. Só Deus seria capaz de manter a paz entre esses homens rudes! A despeito de sua formação, todos esses doze se comprometeram a seguir Jesus até as últimas consequências. Isto é, todos menos um.

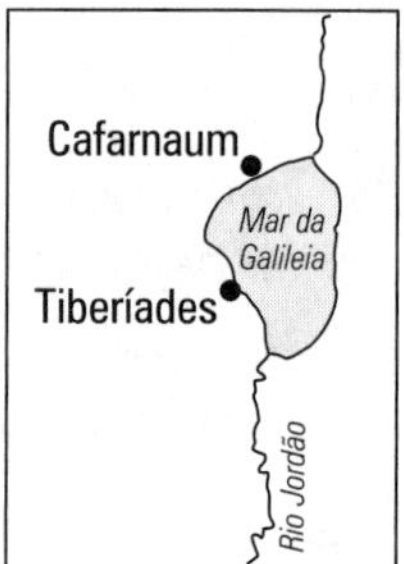

5 O Pão da Vida

Algum tempo depois, Jesus partiu para a outra margem do mar da Galileia (ou seja, do mar de Tiberíades), e grande multidão continuava a segui-lo, porque vira os sinais miraculosos que ele tinha realizado nos doentes. Então Jesus subiu ao monte e sentou-se com os seus discípulos. Estava próxima a festa judaica da Páscoa.

Levantando os olhos e vendo uma grande multidão que se aproximava, Jesus disse a Filipe: "Onde compraremos pão para esse povo comer?" João 6.1-5

Jesus estava fazendo perguntas de novo.

Fez essa pergunta apenas para pô-lo à prova, pois já tinha em mente o que ia fazer. Filipe lhe respondeu: "Duzentos denários não comprariam pão suficiente para que cada um recebesse um pedaço!"

Outro discípulo, André, irmão de Simão Pedro, tomou a palavra: "Aqui está um rapaz com cinco pães de cevada e dois peixinhos, mas o que é isto para tanta gente?" João 6.6-9

É impossível ler isso sem imaginar André como um menininho que sugere algo a seu pai, esperando que ele faça alguma coisa.

Disse Jesus: "Mandem o povo assentar-se". Havia muita grama naquele lugar, e todos se assentaram. Eram cerca de cinco mil homens. Então Jesus tomou os pães, deu graças e os repartiu entre os que estavam assentados, tanto quanto queriam; e fez o mesmo com os peixes. João 6.10-11

A narrativa bíblica é tão objetiva que nós quase não percebemos o que aconteceu. Jesus tinha acabado de alimentar uma enorme multidão com o lanche de um garoto. Essa não é uma lição teórica de multiplicação. Jesus dividiu o pão e o peixe entre seus doze discípulos, e eles os distribuíram para cinco mil homens, além das mulheres e crianças adicionadas a esse número. A magnitude dessa multiplicação não tinha precedentes; e Jesus não foi mesquinho. Havia sobrado o suficiente para que cada discípulo levasse um cesto cheio para casa.

Depois de ver o sinal miraculoso que Jesus tinha realizado, o povo começou a dizer: "Sem dúvida este é o Profeta que devia vir ao mundo". João 6.14

Fazer de Jesus um Rei

Os homens que foram beneficiados por esse milagre ficaram tão impressionados que decidiram instituir Jesus como rei pela força. Mas Jesus não estava interessado em começar um reino terreno, embora haja um tempo para isso no futuro. Por enquanto, ele estava procurando governar os corações das pessoas.

> *Sabendo Jesus que pretendiam proclamá-lo rei à força, retirou-se novamente sozinho para o monte.*
>
> *Quando o encontraram do outro lado do mar, perguntaram-lhe: "Mestre, quando chegaste aqui?"*
>
> *Jesus respondeu: "A verdade é que vocês estão me procurando, não porque viram os sinais miraculosos, mas porque comeram os pães e ficaram satisfeitos".* João 6.15,25-26

Motivos Errados

Bem, aí está. Jesus podia ver que o povo só queria que ele fosse rei para terem comida grátis. Eles não estavam interessados no fato de que esses milagres revelavam que ele era O Salvador Prometido. Jesus disse...

> *"Não trabalhem pela comida que se estraga, mas pela comida que permanece para a vida eterna, a qual o Filho do homem lhes dará. Deus, o Pai, nele colocou o seu selo de aprovação".* João 6.27

A comida que eles comeram podia sustentá-los apenas por um curto período. Mais cedo ou mais tarde, todos morreriam. Portanto, Jesus lhes disse que seu objetivo de vida deveria ser procurar aquilo que lhes desse a vida eterna.

> *Então lhe perguntaram: "O que precisamos fazer para realizar as obras que Deus requer?"*
>
> *Jesus respondeu: "A obra de Deus é esta: crer naquele que ele enviou".* João 6.28-29

O povo queria saber que tipo de *obras* teria que realizar para merecer a vida eterna. Jesus disse que precisavam apenas crer. Eles só precisavam confiar nele como o seu Salvador. Isso era tudo. Parecia tão simples.

> *Então lhe perguntaram: "Que sinal miraculoso mostrarás para que o vejamos e creiamos em ti? Que farás?"* João 6.30

O quê?! Eles pediam a Jesus um sinal para provar que ele era Deus, como se alimentar os cinco mil com o lanche de um garoto não fosse o bastante?! O que eles realmente estavam pedindo era outra refeição de graça.

O Pão da Vida

Declarou-lhes Jesus: "Digo-lhes a verdade: Não foi Moisés quem lhes deu pão do céu, mas é meu Pai quem lhes dá o verdadeiro pão do céu. Pois o pão de Deus é aquele que desceu do céu e dá vida ao mundo".

Disseram eles: "Senhor, dá-nos sempre desse pão!"

*Então Jesus declarou: "**Eu sou o pão da vida**. Aquele que vem a mim nunca terá fome; aquele que crê em mim nunca terá sede".*

João 6.32-35

Capítulo Doze

1 Trapos Imundos

2 O Caminho

3 Lázaro

4 Inferno

5 Aceitação e Traição

1 Trapos Imundos

Jesus era mestre em contar histórias. Frequentemente, usava parábolas para explicar uma questão. Parábola é uma história que contém uma mensagem simples. Nesta ocasião, ele dirigiu a história àqueles que pensavam que estavam certos diante de Deus porque confiavam em si mesmos.

A alguns que confiavam em sua própria justiça e desprezavam os outros, Jesus contou esta parábola: "Dois homens subiram ao templo para orar; um era fariseu e o outro, publicano".
Lucas 18.9-10

Na cultura judaica daquela época, os fariseus eram vistos como observadores meticulosos da lei de Moisés. Por outro lado, os coletores de impostos eram considerados desonestos. Aqui havia duas pessoas dos dois extremos quanto à moral, orando no mesmo lugar.

O Fariseu

*"O fariseu, em pé, orava no íntimo: 'Deus, eu te agradeço porque não sou como os outros homens: ladrões, corruptos, adúlteros; nem mesmo como este publicano. *Jejuo duas vezes por semana e dou o dízimo de tudo quanto ganho.'"* *Lucas 18.11-12*

*Supostamente, seu jejum, ou ficar sem comer, destinava-se a reservar tempo para orar. Ele também dava um décimo de seu salário para caridade.

Congratulando-se intimamente, o fariseu mencionou apenas algumas coisas que fazia ou deixava de fazer. Sua lista poderia ter sido extensa, mas essa não era a questão. A *maneira* como ele orou mostrava a atitude de seu coração. Ele estava confiando em seu próprio viver correto (ou boas obras) para se justificar diante de Deus.

O Coletor de Impostos

"Mas o publicano ficou à distância. Ele nem ousava olhar para o céu, mas batendo no peito, dizia: 'Deus, tem misericórdia de mim, que sou pecador.'" *Lucas 18.13*

O coletor de impostos, oprimido pela consciência de que era pecador e desesperadamente necessitado do socorro de

Deus, implorou misericórdia a Deus, pedindo-lhe que providenciasse uma maneira de escapar da justa punição pelo seu pecado. Jesus continuou:

> *"Eu lhes digo que este homem, e não o outro, foi para casa justificado diante de Deus. Pois quem se exalta será humilhado, e quem se humilha será exaltado".* Lucas 18.14

Justificado significa ser declarado justo.

Arrependimento

É interessante que Jesus associou o arrependimento à humildade. A Bíblia deixa muito claro que foi o orgulho que causou a queda de Satanás. É o orgulho também que impede o homem de admitir que é pecador e que precisa confiar em Deus. O fariseu estava convicto de que, se ele fosse diligente ao observar toda a Lei e praticar boas obras, Deus ficaria satisfeito. Ele era orgulhoso a ponto de estar cego à sua própria necessidade. Jesus disse:

> *"Bem profetizou Isaías acerca de vocês, hipócritas; como está escrito: 'Este povo me honra com os lábios, mas o seu coração está longe de mim. Em vão me adoram; seus ensinamentos não passam de regras ensinadas por homens'. Vocês negligenciam os mandamentos de Deus e se apegam às tradições dos homens".* Marcos 7.6-8

Cego

Por fora, os fariseus mantinham a aparência de justos, mas por dentro eram pecadores. Eles também minavam o significado dos dez mandamentos, acrescentando regras feitas por homens. Jesus disse:

> *Assim vocês anulam a palavra de Deus, por meio da tradição que vocês mesmos transmitiram. E fazem muitas coisas como essa.* Marcos 7.13

Os fariseus criam que suas observâncias *religiosas*, suas *boas obras* e sua *origem* judaica os tornariam aceitáveis diante de Deus.

Jesus disse que essas coisas nada fazem para tornar uma pessoa aceitável, porque os males...

> *"... vêm de dentro e tornam o homem 'impuro'".* Marcos 7.23

A Bíblia é clara sobre esta questão: boas obras não nos qualificam como justos diante de Deus. Ao contrário, a Bíblia diz:

... Todos os nossos atos de justiça são como trapo imundo ... Isaías 64.6

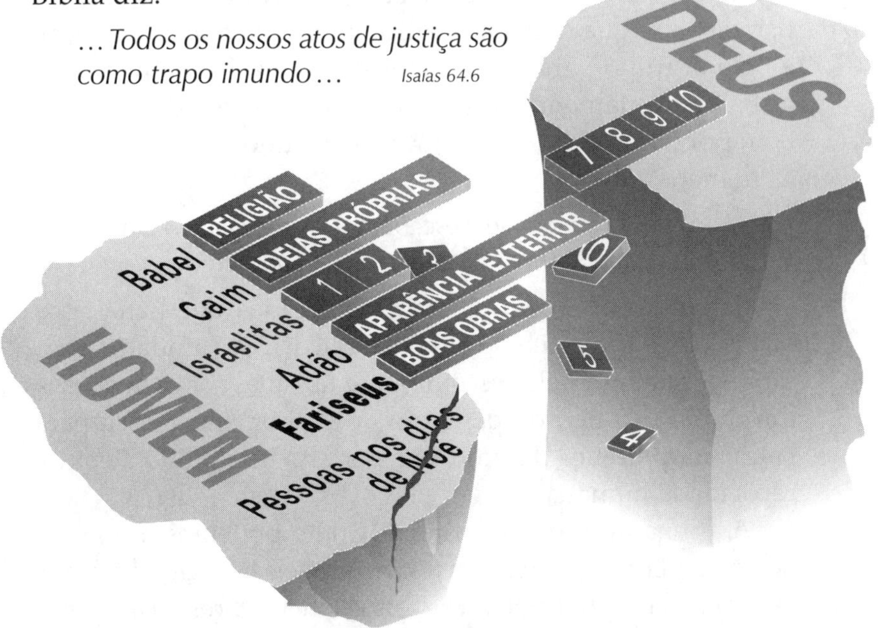

Escravos

Às vezes, as pessoas veem a si mesmas como modelos de perfeição, mas a Bíblia declara exatamente o oposto. Ela diz que todos são ...

... escravos do pecado que leva à morte ... Romanos 6.16

O pecado envolveu suas cadeias ao redor da vida de cada ser humano.

"Digo-lhes a verdade: Todo aquele que vive pecando é escravo do pecado." João 8.34

Muitas vezes ficamos frustrados porque quanto mais tentamos fazer o que é certo, mais falhamos. Quando conseguimos manter uma área da vida sob controle, descobrimos falhas em outra. De todos os modos, a natureza pecaminosa trabalha contra os nossos esforços para vivermos corretamente. Não admira que as resoluções do Ano Novo raramente sejam bem-sucedidas.

Além disso, a Bíblia diz que Satanás faz do homem seu ESCRAVO quando este resiste a Deus. Isso não significa necessariamente que a pessoa tenha se envolvido com o ocultismo; e sim que o Diabo manipula o homem pela tentação e pelo orgulho para atingir seus objetivos. De fato, Satanás trabalha arduamente para convencer o homem de que ele é bom por natureza. As Escrituras dizem que é necessário que os homens...

> *... voltem à sobriedade e escapem da armadilha do Diabo, que os aprisionou para fazerem a sua vontade.* 2 Timóteo 2.26

Só porque o homem é escravo do pecado e de Satanás, isso não justifica um estilo de vida diabólico. Deus ainda responsabiliza cada um pelas escolhas que faz, mas ser escravo cria um dilema. O tipo de perfeição que o homem precisa para entrar na presença de um Deus perfeito está muito além da capacidade humana.

A antiga pergunta continua. "Como podemos nos livrar de nosso pecado e obter *uma justiça* que seja *equivalente à justiça* de Deus, para podermos ser aceitos em sua presença?"

Eu Nasci um Cristão...

A palavra *cristão* subentende *pertencer à família de Cristo*. O significado bíblico foi distorcido e confundido, mais do que se possa imaginar. Mas, mesmo no sentido original da palavra, dizer que alguém *nasceu cristão* não é verdade. Nascer em um *lar cristão* não faz de você um cristão, assim como nascer em um hospital não faz de você um médico. O nascimento físico nada tem a ver com nosso relacionamento com Deus ou com nosso destino.

Embora o termo seja usado para nações inteiras, em seu sentido correto ele só pode ser usado para indivíduos. Algumas nações supostamente *cristãs* têm cometido terríveis crimes em nome de Cristo. Outras são moralmente corruptas.

2 O Caminho

Era comum Jesus usar experiências do dia-a-dia para ilustrar verdades espirituais. Jesus começou essa história lembrando seus ouvintes do tipo de aprisco usado para guardar ovelhas. O muro era construído de pedras, sobre o qual cresciam trepadeiras com espinhos. O propósito desses arbustos era impedir os animais selvagens ou ladrões de pularem o muro. O aprisco possuía apenas uma entrada.

Durante o dia, o pastor conduzia o seu rebanho às pastagens. À noite, o rebanho retornava ao aprisco e o pastor dormia na entrada. Ninguém podia entrar e as ovelhas não podiam sair sem perturbar o guardião. O corpo do pastor, literalmente, tornava-se a porta do aprisco.

Então Jesus afirmou de novo: "Digo-lhes a verdade: Eu sou a porta das ovelhas". João 10.7

Jesus comparou aqueles que confiam nele a ovelhas, guardadas com segurança no aprisco.

"Eu sou a porta; quem entra por mim será salvo." João 10.9

Jesus disse que somente *ele* é a porta — não há nenhuma outra. É somente através *dele* que alguém pode ser *salvo* das terríveis consequências do pecado. Só através dele alguém pode ter vida eterna.

O ladrão vem apenas para roubar, matar e destruir; eu vim para que tenham vida, e a tenham plenamente. João 10.10

Os ladrões não se importam com o bem-estar das ovelhas. A Bíblia os chama de falsos mestres. Frequentemente eles usam a Bíblia para manipular as pessoas ou engordar as próprias

carteiras. Esses *ladrões* inventam uma maneira de merecer a vida eterna — uma maneira que parece boa, mas termina em morte espiritual.

Há caminho que parece certo ao homem, mas no final conduz à morte. Provérbios 14.12

Por outro lado, Jesus veio dar uma vida plena àqueles que confiam nele; uma vida abundante de alegria. Jesus disse:

"Eu sou o caminho, a verdade e a vida. Ninguém vem ao Pai, a não ser por mim". João 14.6

Jesus disse que Ele é o *único* **caminho** para Deus.
A sua Palavra é a *única* **verdade**.
A **vida** eterna *só* pode ser encontrada nele.

Jesus enfatizou que ninguém pode ir a Deus por qualquer outro caminho. Assim como o pastor era a única porta para o aprisco, Jesus é o único caminho a Deus.

3 Lázaro

Havia um homem chamado Lázaro. Ele era de Betânia, do povoado de Maria e de sua irmã Marta. E aconteceu que Lázaro ficou doente. Então as irmãs de Lázaro mandaram dizer a Jesus: "Senhor, aquele a quem amas está doente". João 11.1,3

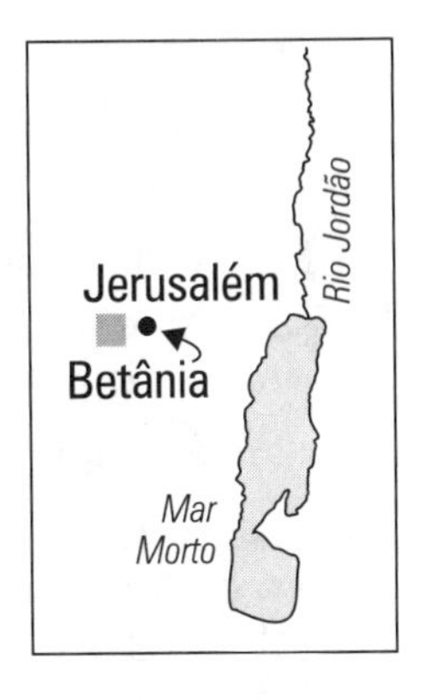

Lázaro, Maria e Marta eram amigos íntimos de Jesus e viviam a alguns quilômetros de Jerusalém. Na época desse acontecimento, Jesus estava do outro lado do Rio Jordão, a um dia de viagem de Betânia.

Jesus amava Marta, a irmã dela e Lázaro. No entanto, quando ouviu falar que Lázaro estava doente, ficou mais dois dias onde estava. João 11.5-6

Agora isso não faz sentido. Em nossos dias de atendimento rápido por equipes de resgate, todo mundo sabe que quando alguém está seriamente doente, não se pode perder tempo. Mas Jesus ficou onde estava por mais dois dias! O que se passava em sua mente?

Depois disse aos seus discípulos: "Vamos voltar para a Judeia".

Estes disseram: "Mestre, há pouco os judeus tentaram apedrejar-te, e assim mesmo vais voltar para lá?"

Então lhes disse claramente: "Lázaro morreu e para o bem de vocês estou contente por não ter estado lá, para que vocês creiam. Mas vamos até ele". João 11.7-8,14-15

Sepultado há Quatro Dias

Ao chegar, Jesus verificou que Lázaro já estava no sepulcro havia quatro dias. Betânia distava cerca de três quilômetros de Jerusalém, e muitos judeus tinham ido visitar Marta e Maria para confortá-las pela perda do irmão. Quando Marta ouviu que Jesus estava chegando, foi encontrá-lo, mas Maria ficou em casa.

Disse Marta a Jesus: "Senhor, se estivesses aqui meu irmão não teria morrido. Mas sei que, mesmo agora, Deus te dará tudo o que pedires". João 11.17-22

Não sabemos o que Marta pensou que Jesus poderia pedir a Deus, mas uma coisa muito evidente é que ela tinha fé nele.

> *Disse-lhe Jesus: "O seu irmão vai ressuscitar". Marta respondeu: "Eu sei que ele vai ressuscitar na ressurreição, no último dia".* João 11.23-24

Marta não estava surpresa com a declaração de Jesus. Ela sabia que a Bíblia diz que todos voltarão à vida, mas isso ocorrerá no fim do mundo, quando cada um será julgado por Deus. Até então, uma pessoa morre somente uma vez.

> *Disse-lhe Jesus: "Eu sou a ressurreição e a vida. Aquele que crê em mim, ainda que morra, viverá eternamente. Você crê nisso?"* João 11.25-26

Essas foram palavras poderosas. Jesus disse a Marta que Lázaro não precisaria esperar até o dia do julgamento para ser trazido de volta à vida. Jesus é aquele que dá vida e, portanto, tinha o poder para restaurar a vida de Lázaro naquele momento. Será que ela creu nele?

> *Ela lhe respondeu: "Sim, Senhor, eu tenho crido que tu és o Cristo, o filho de Deus que devia vir ao mundo".* João 11.27

Marta não apenas creu no que ele disse; ela também afirmou que ele era o Cristo, o Messias, e o próprio Deus.

> *"Onde o colocaram?", perguntou ele.*
> *"Vem e vê, Senhor", responderam eles.*
> *Jesus chorou.* João 11.34-35

Tem havido muita especulação por que Jesus chorou. Alguns sugeriram que Jesus se angustiou com a ideia de trazer Lázaro de volta à vida — de volta de toda a alegria e perfeição do céu — de volta à Terra com todo seu pecado e sofrimento. A Bíblia não nos diz porquê, mas o fato de chorar mostra-nos que Jesus experimentou sentimentos humanos, embora não tivesse pecado.

> *Então os judeus disseram: "Vejam como ele o amava!"*
>
> *Mas alguns deles disseram: "Ele que abriu os olhos do cego, não poderia ter impedido que este homem morresse?"*
>
> *Jesus, outra vez profundamente comovido, foi até o sepulcro. Era uma gruta com uma pedra colocada à entrada.*
> João 11.36-38

Nos sepultamentos judaicos tradicionais daquele tempo, normalmente colocava-se o corpo em um túmulo, que mais tarde passava a ser o último lugar de descanso de gerações consecutivas. Era comum usar uma caverna natural ou um sepulcro lavrado na rocha sólida. Esses túmulos eram amplos; era possível ficar em pé na ❶ câmara da lamentação. No interior ❷, cavavam-se prateleiras para colocar os corpos ❸. Uma pedra lavrada em formato de roda ❹, pesando várias toneladas, vedava a entrada. Apoiada em uma vala ❺, essa porta podia ser rolada de um lado para o outro. Quando fechada, apoiava-se numa pequena cavidade em frente à entrada, impedindo que a pedra rolasse de volta.

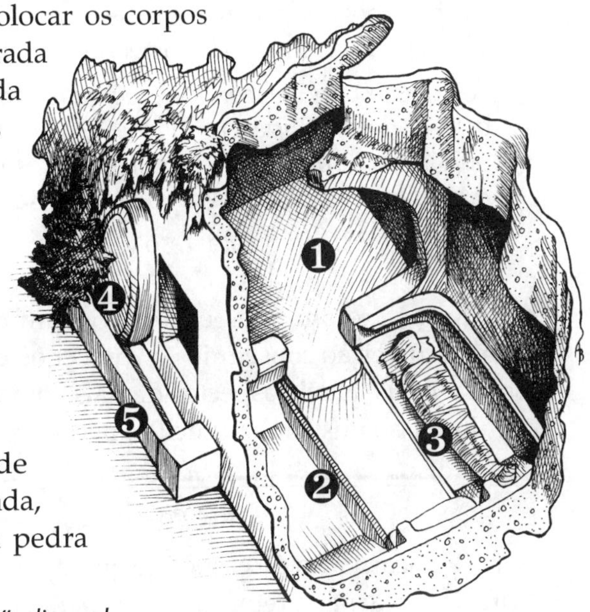

"Tirem a pedra", disse ele.

Disse Marta, irmã do morto: "Senhor, ele já cheira mal, pois já faz quatro dias".

Disse-lhe Jesus: "Não lhe falei que, se você cresse, veria a glória de Deus?"

Então tiraram a pedra. Jesus olhou para cima e disse: "Pai, eu te agradeço porque me ouviste. Eu sei que sempre me ouves, mas disse isso por causa do povo que está aqui, para que creia que tu me enviaste".

Depois de dizer isso, Jesus bradou em alta voz: "Lázaro, venha para fora!" O morto saiu, com as mãos e os pés envolvidos em faixas de linho e o rosto envolto num pano.

Disse-lhes Jesus: "Tirem as faixas dele e deixem-no ir".

João 11.39-44

Foi bom Jesus dizer: "Lázaro ...". Se ele tivesse simplesmente dito "Venha para fora!" todos os mortos do cemitério teriam se levantado! Lázaro estava vivo! Seus amigos desenrolaram as longas faixas usadas no sepultamento para que Lázaro pudesse andar. Não havia dúvida de que Jesus executara um tremendo milagre.

*Muitos dos judeus que tinham vindo visitar Maria, vendo o que Jesus fizera, creram nele. Mas alguns deles foram contar aos fariseus o que Jesus tinha feito. Então os chefes dos sacerdotes e os fariseus convocaram uma reunião do *Sinédrio.*

*O Sinédrio era o conselho judicial dos judeus.

"O que estamos fazendo?", perguntaram eles. "Aí está esse homem realizando muitos sinais miraculosos. Se o deixarmos, todos crerão nele, e então os romanos virão e tirarão tanto o nosso lugar como a nossa nação."

E daquele dia em diante, resolveram tirar-lhe a vida.

João 11.45-48,53

Alguns creram, mas outros conspiraram. Nem mesmo uma ressurreição conseguiu convencer os principais sacerdotes e fariseus. Havia aspectos demais em jogo — seu poder e orgulho. Isso nos lembra Lúcifer, não é?

Reencarnação

Reencarnação é a crença de que, após a morte, um espírito desencarnado retorna à Terra para viver novamente na forma de outro ser humano ou animal.

A Bíblia não só *não* ensina esse conceito, como ensina claramente o contrário. Cada pessoa possui apenas uma vida.

... o homem está destinado a morrer uma só vez e depois disso enfrentar o juízo. *Hebreus 9.27*

Assim como a nuvem se esvai e desaparece, assim quem desce à sepultura não volta. Nunca mais voltará ao seu lar; a sua habitação não mais o conhecerá. *Jó 7.9-10*

4 Inferno

Durante três anos, Jesus ensinou todos os que queriam ouvir. Parecia um brevíssimo período de tempo, considerando tudo o que aconteceu. Seu ensino variou de consolador a provocante, de parábolas a descrições de pessoas reais, sempre de acordo com a necessidade do ouvinte. Nessa ocasião, Jesus relatou a seguinte história verídica:

> *"Havia um homem rico que se vestia de púrpura e de linho fino e vivia no luxo todos os dias. Diante do seu portão fora deixado um mendigo chamado Lázaro, coberto de chagas; este ansiava comer o que caía da mesa do rico. Até os cães vinham lamber suas feridas".* Lucas 16.19-21

O Mendigo Morre

> *"Chegou o dia em que o mendigo morreu, e os anjos o levaram para junto de Abraão."* Lucas 16.22

A título de esclarecimento, *junto de Abraão* é equivalente ao céu e às vezes refere-se ao *paraíso*. O homem em questão era uma pessoa diferente do Lázaro da última história. Este Lázaro foi ao *paraíso*, não porque era pobre, mas porque confiou no Senhor.

O Homem Rico Morre

> *"...O rico também morreu e foi sepultado. No Hades, onde estava sendo atormentado, ele olhou para cima e viu Abraão de longe, com Lázaro ao seu lado. Então, chamou-o: 'Pai Abraão, tem misericórdia de mim e manda que Lázaro molhe a ponta do dedo na água e refresque a minha língua, porque estou sofrendo muito neste fogo.'"* Lucas 16.22-24

O homem rico foi para o Hades, ou inferno, não porque era abastado, mas porque ignorou Deus e viveu apenas para si mesmo enquanto estava na Terra. Ele rogou a Abraão por socorro.

> *"Mas Abraão respondeu: 'Filho, lembre-se de que durante a sua vida você recebeu coisas boas, enquanto que Lázaro recebeu coisas más. Agora, porém, ele está sendo consolado aqui e você está em sofrimento. E além disso, entre vocês e nós há um grande abismo, de forma que os que desejam passar do nosso lado para o seu, ou do seu lado para o nosso, não conseguem.'"* Lucas 16.25-26

É Definitivo

A Bíblia é clara ao dizer que uma pessoa só pode se arrepender — ter uma mudança de mente — enquanto estiver aqui na Terra. Após a morte, não há uma segunda chance nem maneira de escapar do inferno para o céu. Aqueles que morrem e não têm um relacionamento correto com Deus permanecem separados dele para sempre. Nenhum trecho das Escrituras sugere que alguém pode escapar desse lugar de sofrimento. Embora o homem rico clamasse por um pouco de alívio de seu tormento e miséria, não obteve nenhum.

Só podemos receber misericórdia nesta vida. O rico continuou:

> *"Ele respondeu: 'Então eu te suplico, pai: manda Lázaro ir à casa de meu pai, pois tenho cinco irmãos. Deixa que ele os avise, a fim de que eles não venham também para este lugar de tormento"'.* Lucas 16.27-28

Mesmo estando em terrível agonia, esse homem conseguiu se lembrar de sua vida na Terra. Ele sabia que seus cinco irmãos não eram justos diante de Deus e queria que fossem advertidos.

A ideia de se divertir com os amigos no Inferno não encontra respaldo na Bíblia. Aqueles que estão lá não desejariam isto para seus piores inimigos.

> *"Abraão respondeu: 'Eles têm Moisés e os Profetas; que os ouçam'.*
>
> *'Não, pai Abraão', disse ele, 'mas se alguém dentre os mortos fosse até eles, eles se arrependeriam.'*
>
> *"Abraão respondeu: 'Se não ouvem a Moisés e aos Profetas, tampouco se deixarão convencer, ainda que ressuscite alguém dentre os mortos.'"* Lucas 16.29-31

Antes lemos sobre alguém que Jesus ressuscitou dos mortos. Apesar dessa grande demonstração de poder, muitos ainda não aceitaram a Jesus. Ao invés disso, planejaram matá-lo. A Bíblia diz que se as pessoas se recusam a crer na Palavra escrita de Deus, elas…

> *"… tampouco se deixarão convencer, ainda que ressuscite alguém dentre os mortos".* Lucas 16.31

A descrição do Hades, ou inferno, é quase igual à do Lago de Fogo.[1] A Bíblia diz que aqueles que entram no inferno já entraram na punição eterna.

5 Aceitação e Traição

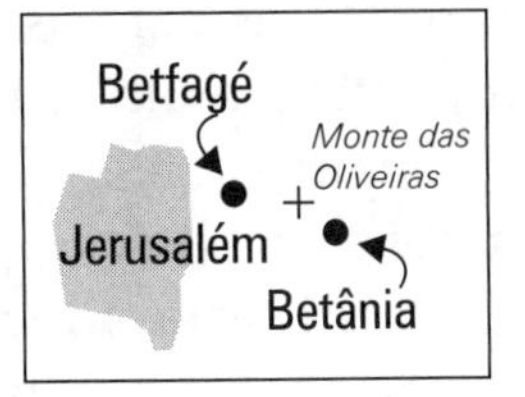

Quando se aproximaram de Jerusalém e chegaram a Betfagé e Betânia, perto do monte das Oliveiras, Jesus enviou dois de seus discípulos, dizendo-lhes: "Vão ao povoado que está adiante de vocês; logo que entrarem, encontrarão um jumentinho amarrado, no qual ninguém jamais montou. Desamarrem-no e tragam-no aqui". Marcos 11.1-2

Trouxeram o jumentinho a Jesus, puseram sobre ele os seus mantos; e Jesus montou. Muitos estenderam seus mantos pelo caminho, outros espalharam ramos que haviam cortado nos campos. Os que iam adiante dele e os que o seguiam gritavam: "Hosana! Bendito é o que vem em nome do Senhor! Bendito é o Reino vindouro de nosso pai Davi! Hosana nas alturas!" Marcos 11.7-10

A palavra *hosana* significa *salve agora*. A multidão dava a Jesus uma improvisada versão de um cortejo romano, normalmente usado para dar as boas-vindas a um conquistador triunfante. Aplaudiam e louvavam Jesus, na esperança de que Ele expulsasse seus opressores romanos.

Sem que soubessem, estavam cumprindo uma antiga profecia de 500 anos. O profeta Zacarias tinha escrito que Jesus receberia exatamente essa saudação.

Alegre-se muito, cidade de Sião! Exulte, Jerusalém! Eis que o seu rei vem a você, justo e vitorioso, humilde e montado num jumento, um jumentinho, cria de jumento. Zacarias 9.9

Esta foi a única vez que Jesus permitiu esse tipo de recepção. Ele tinha uma razão. Jesus estava pressionando aqueles que queriam matá-lo. Queria que eles agissem logo, sem demora.

Faltavam apenas dois dias para a Páscoa e para a festa dos pães sem fermento. Os chefes dos sacerdotes e os mestres da lei estavam procurando um meio de flagrar Jesus em algum erro e matá-lo. Mas diziam: "Não durante a festa, para que não haja tumulto entre o povo". Marcos 14.1-2

Do ponto de vista da multidão que gritava, esse era o momento para Jesus anunciar que ele era o verdadeiro Rei de Israel. Mas para os líderes religiosos que planejavam sua morte, esta era uma situação inadequada. Se quisessem tirar Jesus de cena o momento era agora, mas eles temiam a reação do público. É óbvio que Jesus era muito popular.

A cidade estava repleta de pessoas para a Páscoa, muitas das quais observavam Jesus cheias de expectativa, na esperança de que Ele expulsaria os romanos. Mas, à medida que as horas passavam, sem nenhuma proclamação oficial de seu reinado, sua fama de heroi começava a desaparecer rapidamente.

A CEIA PASCAL

Jesus instruiu dois discípulos para arranjarem um lugar para a Páscoa.

> *Ao anoitecer, Jesus chegou com os Doze. Quando estavam comendo, reclinados à mesa, Jesus disse: "Digo-lhes que certamente um de vocês me trairá, alguém que está comendo comigo".*
>
> *Eles ficaram tristes e, um por um, lhe disseram: "Com certeza não sou eu!"*
>
> *Afirmou Jesus: "É um dos Doze, alguém que come comigo do mesmo prato".* Marcos 14.17-20

Quando Jesus escolheu seus doze discípulos três anos antes, sabia que um era traidor.

Mil anos antes disso, ao falar sobre essa traição, o rei Davi escreveu da perspectiva do SALVADOR ...

> *Até o meu melhor amigo, em quem eu confiava e que partilhava do meu pão, voltou-se contra mim.* Salmo 41.9

TRAIÇÃO

O traidor era Judas Iscariotes. Embora ele fosse o tesoureiro dos discípulos, era também um ladrão. Aparentemente, ele havia alimentado suas ambições e enchido seus bolsos, sem que os discípulos tomassem conhecimento. Mas Jesus sabia e, pelo visto, Satanás sabia também, pois aguardava um ponto fraco na armadura de Jesus, um tempo e lugar para esmagar

O Salvador Prometido para sempre. Agora Satanás viu sua oportunidade. Judas estava disposto. Enquanto o pão da Páscoa estava sendo servido, o Diabo agiu.

Tão logo Judas comeu o pão, Satanás entrou nele.

"O que você está para fazer, faça depressa", disse-lhe Jesus. Mas ninguém à mesa entendeu por que Jesus lhe disse isso.

João 13.27-28

Judas dirigiu-se aos chefes dos sacerdotes e aos oficiais da guarda do templo e tratou com eles como lhes poderia entregar Jesus. A proposta muito os alegrou, e lhe prometeram dinheiro. Lucas 22.4-5

O Pão Partido e o Cálice

Essa cena com Judas aconteceu durante a refeição. Enquanto o traidor saía para a sua missão diabólica, Jesus continuava com a ceia. E isso tem um grande significado.

Enquanto comiam, Jesus tomou o pão, deu graças, partiu-o, e o deu aos discípulos, dizendo: "Tomem; isto é o meu corpo". Marcos 14.22

É claro que eles não estavam comendo a carne de Jesus, contudo Jesus disse que o pão partido da Páscoa representava seu corpo. Os discípulos devem ter ficado perplexos. Será que isso se relacionava com o que Ele havia dito antes sobre si como o Pão da Vida?

Em seguida tomou o cálice, deu graças, ofereceu-o aos discípulos, e todos beberam.

E lhes disse: "Isto é o meu sangue da aliança, que é derramado em favor de muitos". Marcos 14.23-24

Novamente, o simbolismo era semelhante — em breve o sangue de Jesus seria derramado em benefício *de muitas* pessoas. Nós veremos o significado disso mais tarde.

*Depois de terem cantado um *hino, saíram para o monte das Oliveiras.* Marcos 14.26

*um canto em louvor a Deus.

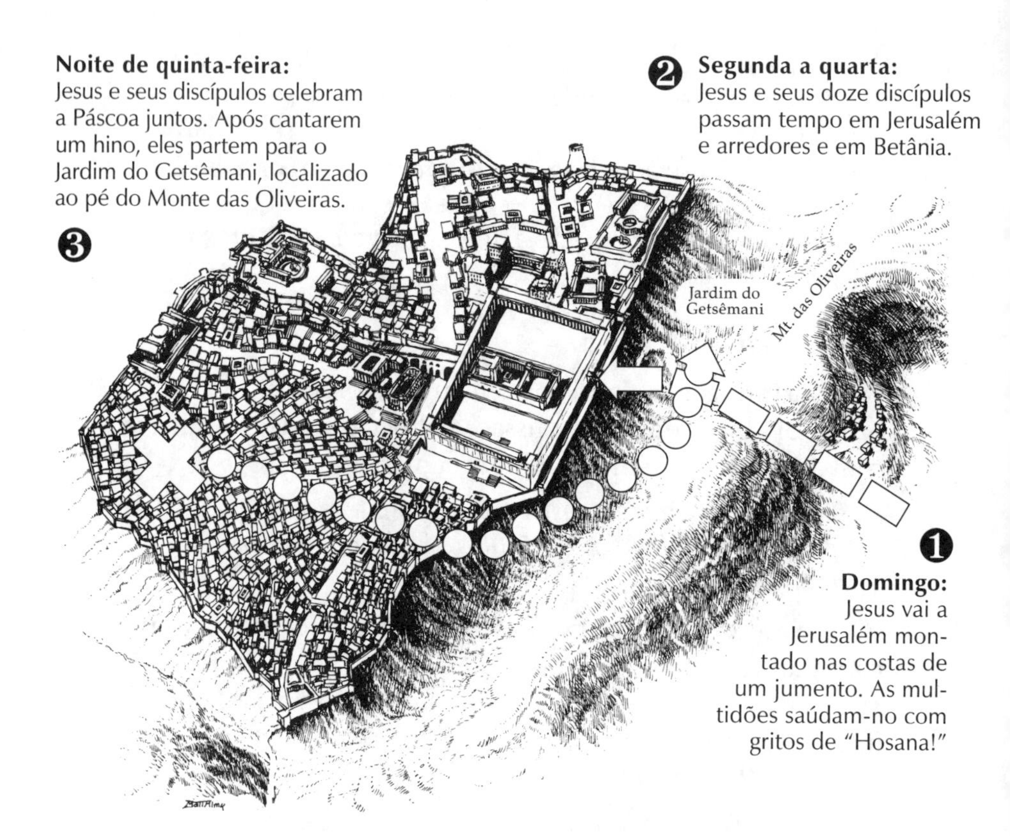
Noite de quinta-feira:
Jesus e seus discípulos celebram a Páscoa juntos. Após cantarem um hino, eles partem para o Jardim do Getsêmani, localizado ao pé do Monte das Oliveiras.
3
2
Segunda a quarta:
Jesus e seus doze discípulos passam tempo em Jerusalém e arredores e em Betânia.
Jardim do Getsêmani
Mt. das Oliveiras
1
Domingo:
Jesus vai a Jerusalém montado nas costas de um jumento. As multidões saúdam-no com gritos de "Hosana!"

Capítulo Treze

1 A Prisão

2 A Crucificação

3 O Sepultamento e a Ressurreição

1 A PRISÃO

Então foram para um lugar chamado Getsêmani, e Jesus disse aos seus discípulos: "Sentem-se aqui enquanto vou orar". Levou consigo Pedro, Tiago e João, e começou a ficar aflito e angustiado. E lhes disse: "A minha alma está profundamente triste, numa tristeza mortal. Fiquem aqui e vigiem".

*Indo um pouco mais adiante, prostrou-se e orava para que, se possível, fosse afastada dele aquela hora. E dizia: *"Aba, Pai, tudo te é possível. Afasta de mim este cálice; contudo, não seja o que eu quero, mas sim o que tu queres".* Marcos 14.32-36

*Uma expressão carinhosa parecida com *papai* ou *paizinho*.

SUA HUMANIDADE

Às vezes, quando enfatizamos que Jesus era verdadeiramente Deus, é fácil esquecer que ele também era humano. O sofrimento não lhe era desconhecido — ele conhecia e sentia dor. Sendo Deus, sabia qual agonia teria de enfrentar. Ele sentiu o peso esmagador daquilo que o aguardava. Na linguagem íntima que somente um filho pode ter com seu pai querido, Jesus clamou, *Aba — papai — por favor, encontra outro meio.* Mas então ele submeteu sua vontade humana a seu Pai celeste e orou: *Seja feita a tua vontade.*

Enquanto ele ainda falava, apareceu Judas, um dos Doze. Com ele estava uma multidão armada de espadas e varas, enviada pelos chefes dos sacerdotes, mestres da lei e líderes religiosos.

O traidor havia combinado um sinal com eles: "Aquele a quem eu saudar com um beijo, é ele: prendam-no e levem-no em segurança". Marcos 14.43-44

Jesus, sabendo tudo o que lhe ia acontecer, saiu e lhes perguntou: "A quem vocês estão procurando?"

"A Jesus de Nazaré", responderam eles.

*"**Sou eu**", disse Jesus. (E Judas, o traidor, estava com eles.)* João 18.4-5

Jesus respondeu à pergunta com um enfático "*SOU EU!*" Essa expressão poderia ser traduzida[1] literalmente como "*Exatamente agora, eu sou DEUS!*"* Como vimos, EU SOU é o nome de Deus e significa *Aquele que existe por seu próprio poder.* E quem dizia isso não era qualquer um; era o próprio Deus. O efeito dessas palavras é extraordinário.

* Veja também João 8.24,28,58 e João 13.19, onde Jesus diz ser o "Eu Sou".

*Quando Jesus disse: "**Sou eu**", eles recuaram e caíram por terra.* João 18.6

Eles não caíram ao chão simplesmente; recuaram e caíram. Jesus *os derrubou* com uma pequena demonstração de sua majestade. Depois que o grupo atordoado se levantou e sacudiu o pó de si mesmo...

Novamente lhes perguntou: "A quem procuram?" Eles disseram: "A Jesus de Nazaré". João 18.7

Quase podemos sentir o respeito e o temor do grupo. Jesus havia desconcertado a turba. Isso não parecia ser uma ordem de prisão normal. A confiança inicial deles ficou ainda mais abalada quando Jesus revelou que sabia do sinal combinado da traição.

...Jesus lhe perguntou: "Judas, com um beijo você está traindo o Filho do homem?" Lucas 22.48

Dirigindo-se imediatamente a Jesus, Judas disse: "Mestre!", e o beijou. Marcos 14.45

Isso desencadeou a ação dos outros onze discípulos. Simão Pedro tinha uma arma...

Um dos que estavam com Jesus, estendendo a mão, puxou a espada e feriu o servo do sumo sacerdote, decepando-lhe a orelha. Mateus 26.51

Uma Cura

Jesus, porém, respondeu: "Basta!" E tocando na orelha do homem, ele o curou. Lucas 22.51

O que você acha disso? Mesmo no meio de toda a tensão, Jesus pensou nos outros; e curou o servo do Sumo Sacerdote. De qualquer modo, aquilo fora um esforço irrefletido da parte de Pedro — zelo sem conhecimento. Do ponto de vista humano, os discípulos estavam em número incomparavelmente menor.

Não podemos deixar de admirar os esforços de Pedro. Pelo menos ele tentou! Mas pelo visto Pedro era melhor com redes do que com espadas. Quando alguém mira a cabeça e acerta apenas uma orelha, isso já diz tudo.

Perguntas, Perguntas

Então Jesus fez uma pergunta incômoda.

"Estou eu chefiando alguma rebelião, para que vocês venham me prender com espadas e varas? Todos os dias eu estive com vocês, ensinando no templo e vocês não me prenderam. Mas as Escrituras precisam ser cumpridas".
Marcos 14.48-49

As perguntas de Deus sempre expõem os pensamentos verdadeiros de uma pessoa, e se eles tivessem parado um pouco para pensar, teriam reconhecido a incoerência de suas ações. Mas eles estavam tão obcecados em levar Cristo que nem mesmo um outro encontro com o poder miraculoso deste homem os demoveu de seu intento.

Temendo por suas vidas, os discípulos fugiram noite adentro.

Então todos o abandonaram e fugiram. Marcos 14.50

Assim, o destacamento de soldados com o seu comandante e os guardas dos judeus prenderam Jesus. Amarraram-no.
João 18.12

Dificilmente alguém poderá ler isso sem notar a incoerência. Jesus era apenas um. O destacamento enviado para prendê-lo devia contar entre 300 e 600 soldados. Além disso, havia oficiais judeus, sacerdotes e servos. Com certeza era uma força desproporcional, mas não admira se bem no fundo eles sentissem sua falta de poder. Eles investiram sobre Jesus e o amarraram. Satanás deve ter rido com satisfação.

No Tribunal

Levaram Jesus ao sumo sacerdote; e então se reuniram todos os chefes dos sacerdotes, os líderes religiosos e os mestres da lei. Marcos 14.53

Os tribunais do Templo não funcionavam à noite. O fato de o Sinédrio, constituído de setenta e um homens, conseguir se reunir tão depressa revela algo mais sobre o plano. Sua disposição em reunir-se no meio da noite revela ainda mais. O que eles estavam fazendo era estritamente ilegal de acordo com a própria lei. Mesmo para aqueles que não estão familiarizados com o sistema judicial daquela época, as irregularidades do tribunal são dolorosamente evidentes. Não importa. Esqueça as regras. Eles queriam a morte de Jesus.

Os chefes dos sacerdotes e todo o Sinédrio estavam procurando depoimentos contra Jesus, para que pudessem condená-lo à morte, mas não encontravam nenhum. Muitos testemunharam falsamente contra ele, mas as declarações deles não eram coerentes. Depois o sumo sacerdote levantou-se diante deles e perguntou a Jesus: "Você não vai responder à acusação que estes lhe fazem?" Mas Jesus permaneceu em silêncio e nada respondeu. Marcos 14.55-56,60-61

VOCÊ É DEUS?

Outra vez o sumo sacerdote lhe perguntou: "Você é o Cristo, o Filho do Deus Bendito?" Marcos 14.61

A pergunta era clara: "Você é Deus ou não?"

"Sou", disse Jesus. "E vereis o Filho do homem assentado à direita do Poderoso vindo com as nuvens do céu".

O sumo sacerdote, rasgando as próprias vestes, perguntou: "Por que precisamos de mais testemunhas? Vocês ouviram a blasfêmia. Que acham?"

Todos o julgaram digno de morte. Marcos 14.62-64

O sumo sacerdote Caifás sabia exatamente o que Jesus havia dito. Jesus alegava ser Deus. Blasfêmia era tudo que fosse considerado injurioso ao caráter de Deus, e se um mero mortal dizia que era Deus, aquilo era sacrilégio. Mas Jesus não era um mero homem — ele era Deus! Entretanto, nem Caifás, nem os outros líderes judeus criam nele. Assim, eles o condenaram à morte. Mas havia um problema: o Sinédrio não tinha autoridade para decretar uma sentença de morte; somente os romanos podiam fazê-lo.

2 A CRUCIFICAÇÃO

Visto que os julgamentos à noite eram ilegais, o Sinédrio reuniu-se novamente logo após o nascer do sol, para cumprir os procedimentos legais do julgamento de Jesus. Ele devia estar exausto. Não dormiu a noite toda e foi açoitado severamente só para que ele soubesse quem estava no controle.

Então toda a assembleia levantou-se e o levou a Pilatos.
Lucas 23.1

Pôncio Pilatos

Pôncio Pilatos, governador da Judeia, tinha toda a autoridade do império romano por trás de si. Como na maioria dos casos os tribunais judaicos não podiam impor a pena de morte, os judeus precisavam da sanção romana. Pilatos tinha essa autoridade. Os líderes do templo sabiam que ele era indeciso, por isso precisava de um pouco de persuasão.

E começaram a acusá-lo, dizendo: "Encontramos este homem subvertendo a nossa nação. Ele proíbe o pagamento de imposto a César e se declara ele próprio o Cristo, um rei".
Lucas 23.2

Jesus nunca proibira seus seguidores de pagarem impostos. Na verdade, Jesus havia dito exatamente o contrário. Essa era uma mentira deliberada. Mas, depois de tantos aspectos legais terem sido ignorados, quem se importava? Por outro lado, era verdade que Jesus alegava ser o Messias!

Pilatos perguntou a Jesus: "Você é o rei dos judeus?"
Lucas 23.3

Disse Jesus: "O meu Reino não é deste mundo. Se fosse, os meus servos lutariam para impedir que os judeus me prendessem. Mas agora o meu Reino não é daqui". João 18.36

O reino de Jesus começava no coração. Ele não tinha ambições políticas.

"Então, você é rei!", disse Pilatos.

Jesus respondeu: "Tu dizes que sou rei. De fato, por esta razão nasci e para isto vim ao mundo: para testemunhar da verdade. Todos os que são da verdade me ouvem".

"Que é a verdade?", perguntou Pilatos. João 18.37-38

As pessoas ainda fazem a mesma pergunta hoje. Mas Pilatos não estava disposto a ouvir; ele nem mesmo esperou pela resposta.

Ele disse isso e saiu novamente para onde estavam os judeus, e disse: "Não acho nele motivo algum de acusação". João 18.38

Pilatos suspeitou dos sacerdotes. Por ser um governador romano, ele sabia que era odiado pelos judeus e tinha razões para crer que os sacerdotes não estavam muito interessados nas vantagens para César. O Sinédrio devia ter algum outro motivo para querer Jesus morto.

Então Pilatos disse aos chefes dos sacerdotes e à multidão: "Não encontro motivo para acusar este homem".

Mas eles insistiam: "Ele está subvertendo o povo em toda a Judeia com os seus ensinamentos. Começou na Galileia e chegou até aqui".

Ouvindo isso, Pilatos perguntou se Jesus era galileu. Quando ficou sabendo que ele era da jurisdição de Herodes, enviou-o a Herodes, que também estava em Jerusalém naqueles dias.
Lucas 23.4-7

Pilatos tinha a autoridade para ouvir o caso de Jesus, mas a situação estava ficando incômoda. Jesus era acusado de incitar o povo à insurreição. Como ele explicaria aos seus superiores em Roma se Jesus provocasse um tumulto? Seria mais fácil despejar toda essa confusão nas mãos de Herodes. Além disso, Herodes não era seu amigo, portanto, Pilatos lhe transferiu a responsabilidade.

Herodes Antipas

Herodes Antipas era filho de Herodes, o Grande. Como marionete de Roma, recebeu a jurisdição sobre a província natal de Jesus, a Galileia. Ele havia viajado a Jerusalém para as festividades anuais da Páscoa.

Quando Herodes viu Jesus, ficou muito alegre, porque havia muito tempo queria vê-lo. Pelo que ouvira falar dele, esperava vê-lo realizar algum milagre. Interrogou-o com muitas perguntas, mas Jesus não lhe deu resposta. Lucas 23.8-9

Silêncio

Jesus sabia que Herodes não tinha nenhum interesse em esclarecer a verdade. Ele apenas queria ser entretido por um milagre, mostrando seu flagrante desrespeito para com o caráter de Jesus. Jesus não fez a vontade de Herodes e sim permaneceu quieto.

Os chefes dos sacerdotes e os mestres da lei estavam ali, acusando-o com veemência. Então Herodes e os seus soldados ridicularizaram-no e zombaram dele. Vestindo-o com um manto esplêndido, mandaram-no de volta a Pilatos. Herodes e Pilatos, que até ali eram inimigos, naquele dia tornaram-se amigos. Lucas 23.10-12

CRUCIFICA-O!

Desde o instante em que foi preso, Jesus esteve em cinco sessões de tribunal: três judaicas e duas romanas. Este sexto tribunal seria o último. Por volta desse momento, a notícia se espalhara por toda a cidade. O sumo sacerdote e o Sinédrio não eram mais os únicos a acusarem Jesus. A eles juntou-se uma multidão volúvel, que poucos dias antes clamava "*Hosana*", mas que agora bradava com veemência, "*Crucifica-o!*" Pilatos estava num dilema. Quanto mais lidava com Jesus, mais se convencia de que havia alguma coisa incomum nesse homem!

Pilatos reuniu os chefes dos sacerdotes, as autoridades e o povo, dizendo-lhes: "Vocês me trouxeram este homem como alguém que estava incitando o povo à rebelião. Eu o examinei na presença de vocês e não achei nenhuma base para as acusações que fazem contra ele. Nem Herodes, pois ele o mandou de volta para nós. Como podem ver, ele nada fez que mereça a morte. Portanto, eu o ***castigarei*** *e depois o* ***soltarei****".* Lucas 23.13-16

Nem Herodes nem Pilatos podiam declarar Jesus culpado de alguma coisa que merecesse a pena de morte. Na verdade, parecia que ninguém podia acusá-lo de qualquer crime. Assim, na esperança de apaziguar a multidão, Pilatos propôs um acordo de covarde. Esse acordo tinha duas partes:

1. Ele açoitaria Jesus:

Não era um açoite comum. O chicote era formado por um cabo de madeira com tiras de couro fixadas na extremidade. Cada tira tinha pedaços de ossos ou metais em forma de borboleta presos a ela. Os braços do condenado eram amarrados e presos acima de sua cabeça a um poste, expondo totalmente suas costas ao flagelo. Ao descer o chicote, o osso ou metal penetrava na carne. Quando o carrasco erguia o chicote, praticamente arrancava a pele das costas. Esse tipo de flagelo era tão severo que, frequentemente, a vítima morria.

Pela lei, somente um prisioneiro sentenciado poderia ser açoitado. Pilatos acabara de dizer que Jesus era inocente. Como o açoite romano era uma punição tão horrível, é possível que Pilatos esperava que o açoitamento apaziguasse os acusadores de Jesus e que eles aceitassem sua próxima proposta.

2. Ele libertaria Jesus:

Na Páscoa, era costume romano local libertar um criminoso sentenciado, como um gesto de benevolência. Pilatos sugeriu que Jesus fosse solto — depois de ser açoitado. A multidão foi unânime em sua resposta:

A uma só voz eles gritaram: "Acaba com ele! Solta-nos Barrabás!" Desejando soltar a Jesus, Pilatos dirigiu-se a eles novamente. Mas eles continuaram gritando: "Crucifica-o! Crucifica-o!"

Pela terceira vez ele lhes falou: "Por quê? Que crime este homem cometeu? Não encontrei nele nada digno de morte. Vou mandar castigá-lo e depois o soltarei". Lucas 23.18,20-22

Então Pilatos mandou açoitar Jesus. João 19.1

Os soldados, não estando satisfeitos com a crueldade de um flagelo, decidiram acrescentar um pouco de zombaria.

Os soldados teceram uma coroa de espinhos e a puseram na cabeça dele. Vestiram-no com uma capa de púrpura, e, chegando-se a ele, diziam: "Salve, rei dos judeus!" E batiam-lhe no rosto. João 19.2-3

A humilhação não fazia parte da sentença de Pilatos. Um manto de cor púrpura normalmente era usado pela realeza. Os espinhos eram uma paródia cruel de uma coroa imperial. Era o pior tipo de escárnio.

Setecentos anos antes, o profeta Isaías escrevera:

Foi desprezado e rejeitado pelos homens... e nós não o tínhamos em estima. Isaías 53.3

Mais uma vez, Pilatos saiu e disse aos judeus: "Vejam, eu o estou trazendo a vocês, para que saibam que não acho nele motivo algum de acusação". Quando Jesus veio para fora, usando a coroa de espinhos e a capa de púrpura, disse-lhes Pilatos: "Eis o homem!" João 19.4-5

No fundo do coração, Pilatos deve ter sabido que ele estava colocando de lado toda a justiça. Sem dúvida, ele esperava que esse homem dilacerado, coroado de espinhos e sangrando evocasse alguma compaixão.

Ao vê-lo, os chefes dos sacerdotes e os guardas gritaram: "Crucifica-o! Crucifica-o!"

Mas Pilatos respondeu: "Levem-no vocês e crucifiquem-no. Quanto a mim, não encontro base para acusá-lo". João 19.6

Pilatos sabia muito bem que eles não podiam fazer isso. Os tribunais judaicos não podiam impor a sentença de morte.

O Filho De Deus

Os judeus insistiram: "Temos uma lei e, de acordo com essa lei, ele deve morrer, porque ***se declarou Filho de Deus****".*

Ao ouvir isso, Pilatos ficou ainda mais amedrontado e voltou para dentro do palácio. Então perguntou a Jesus: "De onde você vem?"... João 19.7-9

Pilatos já tinha ouvido que Jesus era da Galileia, daí a razão de tê-lo enviado a Herodes. Agora, mais uma vez, ele perguntou a Jesus de onde ele era. Sem dúvida, Pilatos não se sentia nada à vontade diante de alguém que se declarava Deus! Os gregos criam que deuses desciam do Monte Olimpo para confraternizar-se com o homem. Talvez Pilatos desejasse saber se Jesus fazia parte dessa categoria. Certamente, este não era um criminoso comum. Só o modo como ele agia diante do tribunal demonstrava uma paz e confiança que eram desconcertantes. *Jesus, de onde você vem?*

...Jesus não lhe deu resposta. "Você se nega a falar comigo?", disse Pilatos. "Não sabe que eu tenho autoridade para libertá-lo e para crucificá-lo?"

Jesus respondeu: "Não terias nenhuma autoridade sobre mim, se esta não te fosse dada de cima".

Daí em diante Pilatos procurou libertar Jesus, mas os judeus gritavam: "Se deixares esse homem livre, não és amigo de César. Quem se diz rei opõe-se a César".

Ao ouvir isso, Pilatos trouxe Jesus para fora e sentou-se na cadeira de juiz, num lugar conhecido como Pavimento de Pedra (que em aramaico é Gábata). Era o Dia da Preparação na semana da Páscoa... João 19.9-14

O *Dia da Preparação* era o dia em que se matava o cordeiro pascal.

"Eis o rei de vocês", disse Pilatos aos judeus.

Mas eles gritaram: "Mata! Mata! Crucifica-o!"

"Devo crucificar o rei de vocês?", perguntou Pilatos.

"Não temos rei, senão César", responderam os chefes dos sacerdotes. João 19.14-15

Esta era a rejeição final de Israel a Jesus como seu rei. Eles haviam escolhido o César romano em lugar de Deus.

Finalmente Pilatos o entregou a eles para ser crucificado.

Então os soldados encarregaram-se de Jesus. Levando a sua própria cruz, ele saiu para o lugar chamado Caveira (que em aramaico é chamado Gólgota).[2] Ali o crucificaram, e com ele dois outros, um de cada lado de Jesus. João 19.16-18

Crucificação

A crucificação era a pena máxima romana, aplicada somente a escravos e criminosos da mais baixa ordem. Era um método de execução comum e a história secular registra centenas de pessoas crucificadas de uma só vez. Pesquisas indicam que havia várias formas diferentes:

Árvore em pé: a vítima era simplesmente encostada a uma árvore e pregada nela, acompanhando a posição dos galhos. Josefo, o historiador judeu que viveu no primeiro século depois de Cristo, registra que os soldados romanos se divertiam crucificando os cativos em posições incomuns.[3]

Em forma de I: um simples poste no chão. As mãos eram pregadas sobre a cabeça.

Em forma de X: basicamente dois cepos dispostos em forma de X. O corpo era esticado e as mãos e pés fixos nos quatro cantos.

Em forma de T: um poste com uma trave no topo. Esta, provavelmente, era a mais comum, depois da árvore. Os braços eram esticados junto à trave.

Em forma de †: normalmente reservada para criminosos de alguma importância. No topo da cruz pregava-se uma descrição do crime. Essa foi a cruz usada para Jesus.

A vítima era normalmente esticada nua. As mãos e os pés ficavam presos por pregos cravados nos ossos dos tornozelos e pulsos.

Mil anos antes, Deus instruíra o rei Davi para escrever um salmo completo sobre como Jesus morreria. Nele Davi registra[4] as palavras do Senhor...

> *...perfuraram minhas mãos e meus pés. Posso contar todos os meus ossos, mas eles me encaram com desprezo.* Salmo 22.16-17

Isso foi escrito muito antes de os romanos chegarem ao poder, e quase 800 anos antes que eles adotassem a crucificação como uma das formas oficiais de pena capital.

Até hoje, a crucificação é considerada a forma de execução mais brutal. A morte era lenta. Às vezes, levava dias. No final, a pessoa morria de asfixia. Pendurada com os braços estendidos, a pressão no diafragma tornava impossível a respiração. Só era possível inalar erguendo o corpo, puxando os braços e empurrando com os pés para dar algum espaço para o diafragma trabalhar. E naturalmente esses movimentos ainda eram limitados pela dor torturante dos cravos. A morte vinha quando a exaustão e o choque deixavam a pessoa incapaz de levantar o seu corpo.

Os pregos e o tormento para conseguir respirar não eram os únicos sofrimentos. O condenado também sofria com a sede e a exposição ao público. As pessoas vinham olhar e, no caso de Jesus, zombar.

> *Pilatos mandou preparar uma placa e pregá-la na cruz, com a seguinte inscrição: JESUS NAZARENO, O REI DOS JUDEUS. Muitos dos judeus leram a placa, pois o lugar em que Jesus foi crucificado ficava próximo da cidade, e a placa estava escrita em aramaico, latim e grego.* João 19.19-20

> *Tendo crucificado Jesus, os soldados tomaram as roupas dele e as dividiram em quatro partes, uma para cada um deles, restando a túnica. Esta, porém, era sem costura, tecida numa única peça, de alto a baixo.*
>
> *"Não a rasguemos", disseram uns aos outros. "Vamos decidir por sorteio quem ficará com ela".* João 19.23-24

Jogar era uma distração no meio dessa tarefa sangrenta. Quando os soldados se sentaram ao pé da cruz de Jesus, talvez jogando dados em um elmo, nem imaginavam que estavam cumprindo uma antiga profecia.

Isso aconteceu para que se cumprisse a Escritura que diz: "Dividiram as minhas roupas entre si, e tiraram sortes pelas minhas vestes". Foi o que os soldados fizeram.

João 19.24 compare Salmo 22.18

O povo ficou observando, e as autoridades o ridicularizavam. "Salvou os outros", diziam, "salve-se a si mesmo, se é o Cristo de Deus, o Escolhido". Lucas 23.35

Dez séculos antes, o rei Davi escrevera profeticamente que zombariam do LIBERTADOR PROMETIDO.

Mas eu sou verme, e não homem, motivo de zombaria e objeto de desprezo do povo. Caçoam de mim todos os que me veem; balançando a cabeça, lançam insultos contra mim ... Salmo 22.6-7

Até mesmo as palavras de escárnio foram registradas por Davi.

"Recorra ao SENHOR! Que o SENHOR o liberte! Que ele o livre, já que lhe quer bem!" Salmo 22.8

Os soldados, aproximando-se, também zombavam dele. Oferecendo-lhe vinagre, diziam: "Se você é o rei dos judeus, salve-se a si mesmo".

Um dos criminosos que ali estavam dependurados lançava-lhe insultos: "Você não é o Cristo? Salve-se a si mesmo e a nós!"

Mas o outro criminoso o repreendeu, dizendo: "Você não teme a Deus, nem estando sob a mesma sentença? Nós estamos sendo punidos com justiça, porque estamos recebendo o que os nossos atos merecem. Mas este homem não cometeu nenhum mal".

Então ele disse: "Jesus, lembra-te de mim quando entrares no teu Reino".

Jesus lhe respondeu: "Eu lhe garanto: Hoje você estará comigo no paraíso". Lucas 23.36-37,39-43

Jesus assegurou ao ladrão que tão logo eles morressem, seus espíritos se encontrariam no Paraíso. Jesus podia dizer isto porque ele sabia que esse homem estava confiando nele para livrá-lo das consequências do pecado — da punição eterna.

Já era quase meio-dia, e trevas cobriram toda a terra até as três horas da tarde. Lucas 23.44

Por volta das três horas da tarde, Jesus bradou em alta voz: "Eloí, Eloí, lamá sabactâni?", que significa "Meu Deus! Meus Deus! Por que me abandonaste?" Marcos 15.34

Mil anos antes, o rei Davi havia escrito que O Messias diria exatamente essas palavras.

Meu Deus! Meus Deus! Por que me abandonaste?
Salmo 22.1

Não foi sem razão que Jesus bradou em alta voz. Nós veremos seu significado no capítulo seguinte.

Não somos capazes de enfatizar suficientemente o significado dos momentos finais de Jesus na cruz. A Bíblia diz...

Jesus bradou em alta voz... "Está consumado... Pai, nas tuas mãos entrego o meu espírito". Tendo dito isso, expirou... curvou a cabeça e entregou o espírito.
Lucas 23.46 e João 19.30

E o véu do santuário rasgou-se em duas partes, de alto a baixo.
Marcos 15.38

Jesus estava morto. Não é difícil imaginar que todo o reino do mal estava em êxtase.[5] Satanás e seus demônios tiveram sucesso, muito além de seus sonhos. Do seu ponto de vista, eles haviam matado Deus. O Libertador Prometido estava morto! Mas algumas coisas não se encaixavam muito bem para Satanás. Por que a cortina do templo se rasgara — de alto a baixo? E por que Jesus clamara "Está consumado" com tanta intensidade?

A Cortina Rasgada

Lembre-se, o Templo era uma réplica permanente do Tabernáculo original. A cortina em questão separava o Lugar Santo do sagrado Santo dos Santos. O fato desse véu ser rasgado era extremamente significativo.

Primeiramente, a Bíblia diz que a cortina protegia o Mais Santo Lugar dos olhares humanos. Espiar atrás da cortina resultava em morte. Deus dissera a Moisés séculos antes…

> *"Diga a seu irmão Arão que não entre a toda hora no Lugar Santíssimo, atrás do véu, diante da tampa da arca, para que não morra; pois aparecerei na nuvem, acima da tampa".*
>
> Levítico 16.2

Segundo, rasgar a cortina teria sido uma tarefa monumental. Sabemos que a cortina tinha 18 metros de altura e 9 metros de largura, e a espessura da mão de um homem; quase 10 cm.[6]

Terceiro, ser rasgada de alto a baixo só podia significar uma coisa: Deus rasgou a cortina, não os homens.

Pelo relógio judaico, Jesus morreu na nona hora, equivalente a mais ou menos 15:00 h. Naquela hora, o Templo provavelmente estava cheio de sacerdotes que cumpriam suas tarefas sagradas. Era a hora do sacrifício da tarde, quando se matava o cordeiro. Além disso era a Páscoa. A notícia de que a cortina se rasgara não podia ter ficado em segredo. Havia gente demais presente e esse acontecimento era muito espetacular para ser esquecido.

Explicaremos resumidamente o significado de todo esse incidente.

ESTÁ CONSUMADO!

A frase "Está consumado" é a tradução de uma só palavra grega *tetelestai*. *Tetelestai* tinha vários sentidos, mas nesse caso aplicam-se os três seguintes:[7]

1. *Tetelestai* era usado por um servo relatando a seu mestre que executara uma tarefa: "A tarefa que me deste está terminada".

2. *Tetelestai* era também um termo comum na vida comercial grega. Significava a conclusão de uma transação quando um débito era pago completamente. Quando se fazia o pagamento final dizia-se "*Tetelestai*", isto é, "O débito está terminado". Já se encontraram antigos recibos referentes a impostos com a palavra *tetelestai* — pagos na íntegra.

3. A escolha de um cordeiro para o sacrifício no templo era sempre um momento importante. Examinava-se o rebanho e quando se encontrava um cordeiro sem defeito, alguém diria *Tetelestai* — a tarefa foi concluída.

Literalmente, Jesus clamou: "A obra que tu me deste está completa, o débito está pago, o cordeiro do sacrifício foi encontrado". A Escritura diz que Jesus bradou em alta voz: *"Está consumado"*.

> *O centurião, vendo o que havia acontecido, louvou a Deus, dizendo: "Certamente este homem era justo".* Lucas 23.47

O que chama à atenção é que foi um centurião, um oficial responsável por 100 soldados, que imediatamente comentou o brado de Jesus. Com certeza ele, um militar, sabia a diferença entre suspiro de derrota e um brado de vitória.

> *Era o Dia da Preparação e o dia seguinte seria um sábado especialmente sagrado. Como não queriam que os corpos permanecessem na cruz durante o sábado, os judeus pediram a Pilatos que mandasse quebrar as pernas dos crucificados e retirar os corpos.* João 19.31

Quebre as Pernas

Era a semana da Páscoa e este dia era o clímax, quando o cordeiro seria morto. Os principais sacerdotes queriam resolver de uma vez por todas o assunto da crucificação, para não contaminar a festa. Eles pediram que as pernas de Jesus fossem quebradas. Isto significava que a pessoa crucificada não poderia mais se levantar para respirar, o que logo levaria à asfixia, a não ser que o choque de seus ossos sendo quebrados a matasse primeiro.

> *Vieram, então, os soldados e quebraram as pernas do primeiro homem que fora crucificado com Jesus e em seguida as do outro. Mas quando chegaram a Jesus, constatando que já estava morto,* ***não lhe quebraram as pernas****. Em vez disso, um dos soldados perfurou o lado de Jesus com uma lança, e logo saiu sangue e água.*
>
> *Aquele que o viu, disso deu testemunho, e o seu testemunho é verdadeiro. Ele sabe que está dizendo a verdade, e dela testemunha para que vocês também creiam. Estas coisas aconteceram para que se cumprisse a Escritura: "Nenhum dos seus ossos será quebrado", e, como diz a Escritura noutro lugar: "Olharão para aquele que transpassaram".*
>
> João 19.32-37

3 O Sepultamento e a Ressurreição

Sexta-feira: No Final da Tarde

Depois disso José de Arimateia pediu a Pilatos o corpo de Jesus. José era discípulo de Jesus, mas o era secretamente, porque tinha medo dos judeus. Com a permissão de Pilatos, veio e levou embora o corpo. Ele estava acompanhado de Nicodemos, aquele que antes tinha visitado Jesus à noite. Nicodemos levou cerca de trinta e quatro quilos de uma mistura de mirra e aloés. Tomando o corpo de Jesus, os dois o envolveram em faixas de linho, com as especiarias, de acordo com os costumes judaicos de sepultamento. No lugar onde Jesus foi crucificado havia um jardim; e no jardim, um sepulcro novo, onde ninguém jamais fora colocado. Por ser o Dia da Preparação dos judeus, e visto que o sepulcro ficava perto, colocaram Jesus ali. João 19.38-42

As mulheres que haviam acompanhado Jesus desde a Galileia, seguiram José, e viram o sepulcro, e como o corpo de Jesus fora colocado nele. Em seguida, foram para casa e prepararam perfumes e especiarias aromáticas. E descansaram no sábado, em obediência ao mandamento. Lucas 23.55-56

Embora José e Nicodemos fizessem parte do Sinédrio, parece que eles não rejeitaram a evidência de que Jesus era o verdadeiro Deus. De acordo com a tradição, envolveram Jesus com longas tiras entremeadas com 34 kg de especiarias aromáticas e colocaram-no no túmulo. Uma grande pedra em formato de roda, possivelmente pesando por volta de 1,8 tonelada, foi rolada até a entrada do sepulcro. As mulheres observaram e então foram para casa preparar mais unguentos para o sepultamento final. Isto foi na sexta-feira à noite.

Sábado

No dia seguinte, isto é, no sábado, os chefes dos sacerdotes e os fariseus dirigiram-se a Pilatos e disseram: "Senhor, lembramos que, enquanto ainda estava vivo, aquele impostor disse: 'Depois de três dias ressuscitarei'. Ordena, pois, que o sepulcro dele seja guardado até o terceiro dia, para que não venham seus discípulos e, roubando o corpo, digam ao povo que ele ressuscitou dentre os mortos. Este último engano será pior do que o primeiro".

"Levem um destacamento", respondeu Pilatos. "Podem ir, e mantenham o sepulcro em segurança como acharem melhor". Eles foram e armaram um esquema de segurança no sepulcro; e além de deixarem um destacamento montando guarda, lacraram a pedra. Mateus 27.62-66

As autoridades não enviaram um bando qualquer de soldados desorganizados para guardar o túmulo. Uma guarda romana consistia de quatro a dezesseis homens, cada um treinado para proteger quase dois metros quadrados de chão. Juntos, eram capazes de defender-se contra um batalhão.[8]

Pilatos instruiu os principais sacerdotes e fariseus para que selassem o túmulo. Eles provavelmente usaram cordas esticadas sobre a grande pedra e as fixaram no lugar com argila úmida. Depois disso, marcava-se a argila com um sinete. Qualquer movimento na rocha ficaria logo evidente.

Domingo

A guarda foi postada no sábado, sábado judaico. No domingo, enquanto ainda estava escuro...

> *E eis que sobreveio um grande terremoto, pois um anjo do Senhor desceu dos céus e, chegando ao sepulcro, rolou a pedra da entrada e assentou-se sobre ela. Sua aparência era como um relâmpago, e suas vestes eram brancas como a neve. Os guardas tremeram de medo e ficaram como mortos.* Mateus 28.2-4

Bastou um raio de luz para aqueles rudes e robustos soldados saberem que eles não podiam medir forças com esse anjo. A última frase da passagem acima era uma forma de expressão usada no primeiro século para indicar que eles desmaiaram de medo! Mas eles não foram os únicos que tremeram. Todo o reino do mal deve ter estado em caos. Não é difícil imaginar como foi isto — Satanás em confusão, gritando ordens desencontradas enquanto os demônios corriam de um lado para outro desgovernados. Que choque! Quem sonharia que o túmulo poderia estar vazio? Jesus, obviamente, voltara à vida. Impossível!

Enquanto Isso...

> *... Maria Madalena, Salomé e Maria, mãe de Tiago, compraram especiarias aromáticas para ungir o corpo de Jesus. No primeiro dia da semana, bem cedo, ao nascer do sol, elas se dirigiram ao sepulcro, perguntando umas às outras: "Quem removerá para nós a pedra da entrada do sepulcro?"*
>
> *Mas, quando foram verificar, viram que a pedra, que era muito grande, havia sido removida.* Marcos 16.1-4

Maria Madalena, aparentemente, retornou chocada e desanimada com a visão inicial do túmulo aberto. Ela deve ter imaginado o que parecia mais óbvio — o corpo de Jesus tinha sido vítima de vandalismo. Aos soluços, ela se virou e correu para contar aos discípulos. Mas Maria e Salomé seguiram adiante e entraram no túmulo.

> *Entrando no sepulcro, viram um jovem vestido de roupas brancas assentado à direita, e ficaram amedrontadas.*

"Não tenham medo", disse ele. "Vocês estão procurando Jesus, o Nazareno, que foi crucificado. Ele ressuscitou! Não está aqui. Vejam o lugar onde o haviam posto".

"Vão e digam aos discípulos dele e a Pedro: Ele está indo adiante de vocês para a Galileia. Lá vocês o verão, como ele lhes disse." Marcos 16.5-7

As mulheres saíram depressa do sepulcro, amedrontadas e cheias de alegria, e foram correndo anunciá-lo aos discípulos de Jesus.

De repente, Jesus as encontrou e disse: "Salve!" Elas se aproximaram dele, abraçaram-lhe os pés e o adoraram. Então Jesus lhes disse: "Não tenham medo. Vão dizer a meus irmãos que se dirijam para a Galileia; lá eles me verão". Mateus 28.8-10

Ele Ressuscitou

Lendo o registro[9], é possível sentir a confusão e a agitação das notícias daquela madrugada. Para aqueles que viram Jesus morrer, o relato jubiloso das mulheres foi recebido com bastante ceticismo. Inicialmente...

...eles não acreditaram nas mulheres; as palavras delas lhes pareciam loucura. Lucas 24.11

Pedro correu para examinar o túmulo. João correu também, ultrapassando Pedro no caminho, mas então esperou do lado de fora da entrada.

A seguir, Simão Pedro, que vinha atrás dele, chegou, entrou no sepulcro e viu as faixas de linho, bem como o lenço que estivera sobre a cabeça de Jesus. Ele estava dobrado à parte, separado das faixas de linho. João 20.6-7

Esta não era a cena de uma sepultura saqueada. As longas tiras de pano usadas para cobrir o corpo ainda estavam enroladas como se estivessem em volta do cadáver, mas não havia nada dentro! O corpo havia passado pelas tiras. O lenço da cabeça também estava dobrado, como se alguém o tivesse arrumado antes de partir. A Bíblia diz que Pedro viu, mas João viu e creu. Para João, não havia dúvida que Jesus estava vivo! Mas a cabeça de Pedro estava rodando. Ele precisava de tempo para pensar.

Ainda devia ser de manhã cedo quando Maria Madalena retornou e...

> *...ficou à entrada do sepulcro, chorando. Enquanto chorava, curvou-se para olhar dentro do sepulcro e viu dois anjos vestidos de branco, sentados onde estivera o corpo de Jesus, um à cabeceira e o outro aos pés.*
>
> *Eles lhe perguntaram: "Mulher, por que você está chorando?"*
>
> *"Levaram embora o meu Senhor", respondeu ela, "e não sei onde o puseram".* João 20.11-13

O túmulo ficava em um jardim, por isso talvez ela supôs que aqueles anjos fossem jardineiros. Maria estava tão angustiada que nem pensou em identificar os homens. Devemos nos lembrar de que Maria estava muito triste e que toda a conversa foi conduzida em meio aos soluços.

> *Nisso ela se voltou e viu Jesus ali, em pé, mas não o reconheceu.*
>
> *Disse ele: "Mulher, por que está chorando? Quem você está procurando?"*
>
> *Pensando que fosse o jardineiro, ela disse: "Se o senhor o levou embora, diga-me onde o colocou, e eu o levarei".*
>
> *Jesus lhe disse: "Maria!"* João 20.14-16

Se alguém é capaz de pronunciar um nome que traga de volta todas as lembranças de cada encontro precioso com a pessoa amada, então Jesus fez exatamente isto. Maria reconheceu a voz imediatamente.

Então, voltando-se para ele, Maria exclamou em aramaico: "Rabôni!" (que significa "Mestre!") João 20.16

Agora Maria tinha uma razão diferente para chorar. Ela deve ter envolvido Jesus com seus braços, talvez abraçando seus pés conforme o costume daqueles dias.

Jesus disse: "Não me segure, pois ainda não voltei para o Pai. Vá, porém, a meus irmãos e diga-lhes ...".

Maria Madalena foi e anunciou aos discípulos: "Eu vi o Senhor!" João 20.17-18

Os Guardas

Enquanto tudo isto acontecia, os guardas estavam em busca dos principais sacerdotes. De forma alguma eles voltariam para enfrentar Pilatos.

Enquanto as mulheres estavam a caminho, alguns dos guardas dirigiram-se à cidade e contaram aos chefes dos sacerdotes tudo o que havia acontecido. Quando os chefes dos sacerdotes se reuniram com os líderes religiosos, elaboraram um plano. Deram aos soldados grande soma de dinheiro, dizendo-lhes: "Vocês devem declarar o seguinte: Os discípulos dele vieram durante a noite e furtaram o corpo, enquanto estávamos dormindo. Se isso chegar aos ouvidos do governador, nós lhe daremos explicações e livraremos vocês de qualquer problema". Assim, os soldados receberam o dinheiro e fizeram como tinham sido instruídos. E esta versão se divulgou entre os judeus até o dia de hoje.

Mateus 28.11-15

Foi necessária uma enorme soma de dinheiro para persuadir esses soldados orgulhosos a dizerem que estavam dormindo. Mas não era verdade. Mais uma vez, podemos ver a mão de Satanás atrás de tudo, apressando-se para controlar o estrago. Afinal, ele é o *pai da mentira*. Era um esforço vão para escapar da humilhação. Sem dúvida, Satanás percebeu que estava derrotado. Jesus, O Ungido, tinha esmagado a cabeça de Satanás, exatamente como Deus prometera no Jardim do Éden.

VIVO

Jesus havia voltado à vida! Ele estava vivo mesmo — fisicamente! Durante três dias, seu corpo estivera deitado sem vida no túmulo, separado de seu espírito. Mas então, numa dramática demonstração de poder sobrenatural, Jesus ressuscitou com um novo corpo.

Jesus havia profetizado sua própria morte durante seu ministério.

> *"Por isso é que meu Pai me ama, porque eu dou a minha vida para retomá-la. Ninguém a tira de mim, mas eu a dou por minha espontânea vontade. Tenho autoridade para dá-la e para retomá-la..."* João 10.17-18

POR QUE JESUS TEVE QUE MORRER?

A morte de Jesus não foi uma morte normal. Para a humanidade, a morte é uma consequência do pecado — de violar a lei de Deus. Mas Jesus guardou os Dez Mandamentos perfeitamente. Ele não tinha pecado, por isso não precisava morrer. Conforme a *lei do pecado e da morte*, Jesus poderia ter vivido para sempre. Por que, então, ele morreu? Nem Satanás, nem os judeus ou os romanos mataram Jesus contra Sua vontade. Jesus havia escolhido morrer, voluntariamente. Mas por quê? Os capítulos seguintes responderão a essa pergunta.

Os eventos daquela manhã eram apenas um começo. Durante os próximos quarenta dias, Jesus apareceria para muitos daqueles que melhor o conheciam. Mas, antes de deixarmos o dia da ressurreição, há mais um relato que devemos compartilhar.

72 Horas que Mudaram a História

*Sexta-feira judaica

QUINTA

Os discípulos preparam a Páscoa.
Ceia Pascal
Caminham para o Jardim do Getsêmani
Jesus é preso no Jardim; os discípulos fogem.

SEXTA

1º Julgamento — diante do sogro do Sumo Sacerdote, Anás
2º Julgamento — diante do Sumo Sacerdote e do Sinédrio
3º Julgamento — diante do Sinédrio (para legalizar)
6:30 h 4º Julgamento — diante de Pilatos
5º Julgamento — diante de Herodes (Jesus sofre zombaria)
6º Julgamento — diante de Pilatos (Jesus açoitado)

9:00 h Crucificação

Meio-dia

15:00 h Jesus clama: "Está consumado"; a cortina do Templo é rasgada
Quebraram-se as pernas dos dois ladrões; o lado de Jesus é perfurado
José de Arimateia solicita o corpo de Jesus para o sepultamento
Jesus é sepultado na tumba

*SÁBADO

SÁBADO

Sábado judaico
Solicita-se a guarda romana, que se posta à porta do túmulo
O túmulo é selado

*DOMINGO

DOMINGO

Domingo judaico
Terremoto — os anjos afastam a pedra; os guardas fogem
Mulheres vão ao túmulo
Jesus aparece a Maria e a Salomé
Jesus aparece a Maria Madalena
Jesus aparece a Pedro

*Os dias judaicos começam ao pôr do sol, continuam por toda a noite, até o pôr do sol do dia seguinte.

Capítulo Catorze

1 O ESTRANHO

Naquele mesmo dia, dois deles estavam indo para um povoado chamado Emaús, a onze quilômetros de Jerusalém. No caminho, conversavam a respeito de tudo o que havia acontecido. Enquanto conversavam e discutiam, o próprio Jesus se aproximou e começou a caminhar com eles; mas os olhos deles foram impedidos de reconhecê-lo.

Ele lhes perguntou: "Sobre o que vocês estão discutindo enquanto caminham?"

Eles pararam, com os rostos entristecidos. Lucas 24.13-17

Aqueles homens não faziam parte do círculo íntimo de discípulos, mas eles também eram seguidores de Jesus.

Um deles, chamado Cleopas, perguntou-lhe: "Você é o único visitante em Jerusalém que não sabe das coisas que ali aconteceram nestes dias?"

"Que coisas?", perguntou ele.

"O que aconteceu com Jesus de Nazaré", responderam eles. "Ele era um profeta, poderoso em palavras e em obras diante de Deus e de todo o povo. Os chefes dos sacerdotes e as nossas autoridades o entregaram para ser condenado à morte, e o crucificaram; e nós esperávamos que era ele que ia trazer a redenção a Israel. E hoje é o terceiro dia desde que tudo isso aconteceu. Algumas das mulheres entre nós nos deram um susto hoje. Foram de manhã bem cedo ao sepulcro e não acharam o corpo dele. Voltaram e nos contaram ter tido uma visão de anjos, que disseram que ele está vivo. Alguns dos nossos companheiros foram ao sepulcro e encontraram tudo exatamente como as mulheres tinham dito, mas não o viram." Lucas 24.18-24

Os dois discípulos deram um breve resumo daquele dia. É claro que nada daquilo era novo para Jesus, mas ele calmamente aguardou que terminassem. Ele também tinha novidades para eles.

Ele lhes disse: "Como vocês custam a entender e como demoram a crer em tudo o que os profetas falaram! Não devia o Cristo sofrer estas coisas, para entrar na sua glória?"

E começando por Moisés e todos os profetas, explicou-lhes o que constava a respeito dele em todas as Escrituras.
Lucas 24.25-27

Jesus falou-lhes que O MESSIAS *tinha de* sofrer, morrer e então voltar à vida. Ele disse que isso era necessário. Pode ter certeza de que essa declaração os deixou surpresos. Mas Jesus não parou aí. Ele voltou às Escrituras judaicas e ensinou-lhes sobre si mesmo, começando bem do início, progredindo passo a passo, história por história, através de toda a Bíblia. Deve ter sido *aquela* aula!

Ao se aproximarem do povoado para o qual estavam indo, Jesus fez como quem ia mais adiante. Mas eles insistiram muito com ele: "Fique conosco, pois a noite já vem; o dia já está quase findando". Então, ele entrou para ficar com eles.

Quando estava à mesa com eles, tomou o pão, deu graças, partiu-o e o deu a eles. Então os olhos deles foram abertos e o reconheceram, e ele desapareceu da vista deles. Perguntaram-se um ao outro: "Não estava queimando o nosso coração, enquanto ele nos falava no caminho e nos expunha as Escrituras?" Lucas 24.28-32

Deus mesmo iluminou suas mentes. Eles estavam empolgados!

Levantaram-se e voltaram imediatamente para Jerusalém...
Lucas 24.33

Você pode imaginar a viagem de volta à cidade enquanto esses homens jubilosos discutiam o que diriam aos onze discípulos. A jornada toda era uma subida, e eles deram tudo de si. Eles tinham boas novas!

*...Ali encontraram os *Onze e os que estavam com eles reunidos, que diziam: "É verdade! O Senhor ressuscitou e apareceu a Simão!" Então os dois contaram o que tinha acontecido no caminho, e como Jesus fora reconhecido por eles quando partia o pão.*

*Judas Iscariotes havia se suicidado.

Enquanto falavam sobre isso, o próprio Jesus apresentou-se entre eles e lhes disse: "Paz seja com vocês!"

Eles ficaram assustados e com medo, pensando que estavam vendo um espírito. Ele lhes disse: "Por que vocês estão perturbados e por que se levantam dúvidas no coração de vocês? Vejam as minhas mãos e os meus pés. Sou eu mesmo! Toquem-me e vejam; um espírito não tem carne nem ossos, como vocês estão vendo que eu tenho".

Tendo dito isso, mostrou-lhes as mãos e os pés. E por não crerem ainda, tão cheios estavam de alegria e de espanto, ele lhes perguntou: "Vocês têm aqui algo para comer?" Deram-lhe um pedaço de peixe assado, e ele o comeu na presença deles.

E disse-lhes: "Foi isso que eu lhes falei enquanto ainda estava com vocês: Era necessário que se cumprisse tudo o que a meu respeito está escrito na Lei de Moisés, nos Profetas e nos Salmos".

Lucas 24.33-44

Assim como ele fizera anteriormente com os dois homens no caminho de Emaús, Jesus usou a Bíblia para explicar todos os acontecimentos que envolviam sua morte, sepultamento e ressurreição. Os judeus dividiam as Escrituras em três seções — a Lei, os Escritos (ou Salmos) e os Profetas. Jesus tomou cada um desses segmentos e mostrou aos discípulos como tudo isso se aplicava a ele.

Então lhes abriu o entendimento, para que pudessem compreender as Escrituras. E lhes disse: "Está escrito que o Cristo haveria de sofrer e ressuscitar dos mortos no terceiro dia, e que em seu nome seria pregado o arrependimento para perdão de pecados a todas as nações, começando por Jerusalém. Vocês são testemunhas destas coisas".

Lucas 24.45-48

Jesus disse que sua morte, sepultamento e ressurreição *precisavam acontecer* para que se cumprissem as Escrituras. Ele continuou a dizer que estas eram boas novas que seriam contadas em todo o lugar, começando em Jerusalém.

Antes de continuarmos com a história, queremos parar e voltar ao início, assim como Jesus fez com seus discípulos. Queremos ver o que Jesus disse sobre si mesmo na Lei, nos Profetas e nos Salmos.

Por que, exatamente, Jesus veio ao mundo, e por que *teve* de sofrer e morrer, enquanto o tempo todo planejava voltar a viver?

Por que ele não disse simplesmente às pessoas que cressem nele e deixou de lado toda a história da crucificação?

Qual o objetivo desses acontecimentos — sua morte, sepultamento e ressurreição?

Falta só um pouco para colocarmos a última peça do quebra-cabeça no lugar. Quando você entender isto, terá o quadro todo.

2 A Mensagem no Caminho de Emaús

— De Adão até Noé —

Para responder à pergunta "Por que Jesus teve de morrer?", voltaremos no tempo e começaremos desde o início.

Adão e Eva

Lembra-se da amizade única que existia entre Deus e o homem, na criação? O Senhor fez o homem, não como um robô, mas com vontade própria, para que, através das suas escolhas obedientes, honrasse a Deus, assim como um filho obediente honra seu pai.

Você se lembrará que, pela obediência, o homem usufruiu tremendos benefícios desse relacionamento, pois o Senhor do Universo estava empenhado no bem-estar de Adão e Eva, e andava e conversava com eles como seu amigo.

Mas então Adão e Eva ignoraram deliberadamente as ordens de Deus e experimentaram o conhecimento proibido. Como os acontecimentos que fazem parte desse incidente contêm elementos essenciais do quebra-cabeça, as Escrituras usam algumas ilustrações poderosas para ajudar-nos a compreender o que aconteceu.

PERDIDO

A Bíblia diz que o homem achou que sabia melhor que Deus o que era bom para ele. Ele escolheu seu próprio caminho, para fazer sua própria vontade, mas aquele caminho o conduziu a um deserto espiritual. O homem estava PERDIDO.

INIMIGO

Ao invés de ouvir a Deus, o homem confiou e creu em Satanás. O homem juntou-se às fileiras rebeldes de Satanás, tornando-se, assim, um INIMIGO de Deus.

Porém essa escolha teve consequências. As Escrituras nos ensinam que os efeitos do pecado tiveram um preço muito alto.

AFASTADO

Como não havia confiança, não havia relacionamento. A amizade única entre Deus e o homem acabou. Separado pelo pecado, o homem estava AFASTADO do perfeito e santo Deus. Deus não mais estava perto. Ele parecia remoto e distante.

ESCRAVO

Satanás não era o amigo benevolente que Deus tinha sido. Pelo contrário, o Diabo manipulava o homem com mentiras a fim de levá-lo a fazer sua vontade satânica. O homem tornou-se ESCRAVO de Satanás e do pecado.

Ao escolher o seu próprio caminho, o homem desobedeceu à única ordem que Deus lhe dera. Não foi sem dor e prejuízo, pois toda vez que violamos uma lei, também sofremos a consequência.

CULPADO

Deus tirou seu manto de amizade e vestiu a roupa de magistrado. Como juiz do homem, Deus julgou o homem CULPADO de um crime — de violar sua lei, de pecar contra um Deus santo.

DEVEDOR

Em essência, Deus assinou um veredicto, *um Certificado de Débito.* O homem era agora DEVEDOR de um valor que tinha que ser pago. A penalidade para o pecado era a morte.

MORTO

Cada ser humano agora MORRERIA fisicamente. O espírito seria *separado* do corpo; a vida *separada* da família e amigos.

SEPARADO

Visto que o mau cheiro do pecado corrompeu totalmente o homem, Deus *separou-se* da humanidade. O relacionamento do homem com Deus estava acabado — estava MORTO.

CONDENAÇÃO ETERNA

Após a morte física, haveria uma SEGUNDA MORTE. O homem estaria *separado* para sempre de Deus e de suas expressões de amor. Ele seria confinado no Lago de Fogo, o lugar preparado para Satanás e seus demônios.

A morte nesses três aspectos governou a vida do homem, e ele não poderia fazer nada a respeito. O homem não tinha escolha quanto a morrer ou não. Essa era uma realidade amarga e poderosa com a qual todos se deparam; que todos partilham; temida por todos que pensam sobriamente. Com toda clareza, e definitivamente, as Escrituras declaram:

> *... cada um morrerá pelo seu próprio pecado.* 2 Crônicas 25.4

Essas ilustrações nos ajudam a entender o quanto a humanidade havia se afastado de Deus como resultado do pecado de Adão e Eva. O homem se deparou com a velha questão: **Como podemos nos livrar de nosso *pecado com todas as suas consequências* e obter uma *justiça* que seja *equivalente* *à justiça de Deus*, para que possamos ser novamente aceitos em sua presença?**

Uma Tentativa Desesperada

Lembra-se de como Adão e Eva tentaram cobrir seu pecado vestindo-se com folhas de figueira? Nós vimos que, embora rejeitasse seus esforços, o Senhor não os deixou desamparados, e sim...

> *... cria meios para que o banido não permaneça afastado dele.* 2 Samuel 14.14

O Senhor usou aqueles acontecimentos para ensinar a Adão e Eva, bem como a nós, princípios universais que se aplicam a toda a humanidade.

Aceitação

Assim como Adão e Eva não podiam tornar-se aceitáveis a Deus consertando sua aparência exterior, não podemos ser aceitos com base em nossa aparência. Podemos impressionar os outros com o que somos exteriormente, mas Deus sabe como somos de fato.

Nós vimos que Deus ofereceu a Adão e Eva uma maneira de serem aceitos, mas em termos diferentes. A Bíblia diz que...

> *O SENHOR Deus fez roupas de pele e com elas vestiu Adão e sua mulher.* Gênesis 3.21

O significado deste pequeno versículo passaria despercebido se não fosse explicado em outras partes da Bíblia. Portanto, qual é o seu significado? O que será que Jesus quis dizer aos discípulos? Muito simples: assim como um animal tinha de morrer para vestir Adão e Eva com roupas aceitáveis, *Jesus tinha de morrer para tornar-nos aceitáveis na presença de Deus.* Este era e é o plano de Deus. É o caminho de Deus para sermos aceitos.

Enquanto os discípulos procuravam compreender o que Jesus estava dizendo, deve ter havido uma chuva de perguntas.

Por que Deus exigia um animal para morrer por Adão e Eva? Por que Deus simplesmente não os vestiu com folhas de sua escolha? E por que Jesus teve de morrer por nós? Não havia outra maneira?

Podemos imaginar que Jesus continuou com a história seguinte.

Caim e Abel

Lembra-se de como os filhos de Adão e Eva trouxeram sacrifícios a Deus? Por que eles fizeram isso? Vimos que a rota de escape que Deus planejou tinha duas dimensões.

Havia um aspecto *interior.* Precisava ocorrer alguma coisa em seus corações, uma escolha que Caim e Abel tinham que fazer cada um por si.

Havia também um aspecto *exterior* — uma ajuda visual para entenderem o que seria necessário para remover o pecado.

Lembra-se de que vimos que, quando Caim e Abel trouxeram seus sacrifícios a Deus, Caim trouxe vegetais de seu campo, mas Abel trouxe o primogênito de seu rebanho? Deus rejeitou o sacrifício de Caim, mas aceitou o de Abel. Por quê?

Caim

Interior: Caim não creu em Deus. Ele tinha suas próprias ideias sobre como livrar-se do pecado e apresentar-se correto diante do Senhor.

Do mesmo modo, nosso mundo está cheio de pessoas que têm sua própria noção sobre Deus e como agradá-lo. É chique ter uma teoria personalizada. Um deus feito sob medida está na moda. Nos dias de hoje, Caim iria sc sentir em casa.

Exterior: Com base nesse conceito, Caim fez sua própria vontade. Ele trouxe um sacrifício que não representava a maneira de Deus lidar com o problema do pecado. Vegetais não derramam sangue. Caim ignorou o fato de que...

> *...sem derramamento de sangue não há perdão.*
>
> Hebreus 9.22

Seu sacrifício não oferecia uma cobertura — expiação — para o pecado. A Bíblia nos diz...

> *Não sejamos como Caim, que pertencia ao Maligno...suas obras eram más e as de seu irmão eram justas.* 1 João 3.12

ABEL

Por outro lado, Deus aceitou o sacrifício de Abel.

Interior: Abel confiava que o Senhor seria seu Salvador. Era isso o que Deus queria. Deus ainda quer que as pessoas confiem nele. As páginas das Escrituras repetem várias vezes que devemos confiar no Senhor Jesus Cristo como nosso Salvador.

Exterior: Deus aceitou o sacrifício de Abel porque representava o que Jesus cumpriria na cruz.

❖ Ele representava a **substituição**: Assim como um animal inocente morreu no lugar de Abel, Jesus, inocente de todo o pecado, morreu em nosso lugar, pagando a penalidade da morte por nós.

> *Pois também Cristo sofreu pelos pecados de uma vez por todas, o justo pelos injustos, para conduzir-nos a Deus.*
>
> 1 Pedro 3.18

❖ Representava a **expiação**: Tal como um animal derramava seu sangue para que Abel tivesse uma cobertura para o pecado, Jesus se ofereceu como o sacrifício de sangue definitivo para que pudéssemos ter perdão do pecado.

A Bíblia diz que o relacionamento rompido pela desobediência agora está restaurado através da morte de Jesus na cruz.

> *Antes vocês estavam separados de Deus e, na mente de vocês, eram* ***inimigos****...*

*Mas agora ele os **reconciliou** pelo corpo físico de Cristo, mediante a morte…* Colossenses 1.21-22

INIMIGO

Sendo filhos de Adão e Eva, nascemos neste mundo como *inimigos* de Deus…

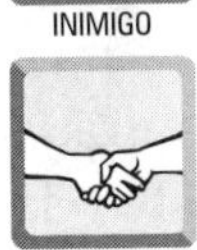
RECONCILIADO

…mas, agora, por causa da morte física de Jesus na cruz, estamos **reconciliados**. Podemos ser amigos de novo. O relacionamento rompido foi restaurado.

Alguns poderão dizer: "Tudo bem, eu entendo como a morte de Jesus cuidou do nosso problema de pecado, mas como nós podemos conseguir *uma justiça equivalente à justiça de Deus* para que Ele nos aceite novamente em Sua presença?"

Como dissemos muitos capítulos atrás, essa questão tem duas facetas, como lados opostos da mesma moeda. Estão relacionadas e não podem ser separadas. Quando Deus cuidou do nosso problema do pecado, também tratou da falta de justiça. Nós entenderemos isso melhor nas páginas seguintes.

Noé

Nos dias de Noé, o povo ignorava a Palavra de Deus. Talvez pensassem que o velho estivesse louco. Seja qual for o caso, eles se convenceram de que a vida existia somente para o aqui e agora. Deus não reteve seu julgamento só porque eles tinham uma filosofia de vida errada. Eles pereceram em sua insensatez.

O que Deus estava dizendo era o seguinte: assim como as pessoas nos dias de Noé foram julgadas pelo seu pecado, Ele também julgará todos os homens, não importa o que eles pensem.

Diz o tolo em seu coração: "Deus não existe!" Salmos 53.1; 14.1

O que confia no seu próprio coração é insensato… Provérbios 28.26 (Ed.Rev.e Atual.)

Durante um tempo, Deus permitirá que O ignoremos e até mesmo rejeitemos seu caminho de escape, mas no final teremos de encarar a conclusão inevitável: teremos que pagar nosso débito de pecado com nossa morte eterna.

Você se lembra de como Noé e seus filhos foram mantidos a salvo na arca? Havia apenas um barco e somente uma porta para entrar e refugiar-se do dilúvio. Não havia outra opção.

Da mesma maneira, Jesus Cristo é o único caminho para a vida eterna. Assim como a segurança só podia ser encontrada dentro da arca, somente em Jesus podemos estar a salvo da punição eterna.

> *Respondeu Jesus: "Eu sou o caminho, a verdade e a vida. Ninguém vem ao Pai, a não ser por mim".* *João 14.6*

Há somente um caminho para Deus. Aqueles que ignoram ou rejeitam o caminho defrontam-se com o mesmo destino daqueles que não prestaram atenção às advertências de Noé sobre o dilúvio iminente: morte eterna, com todas as suas implicações.

A Bíblia é muito explícita. Jesus é o único caminho para Deus.

Babel

Você se lembra que dissemos que Babel é o primeiro registro na Bíblia de uma religião organizada? As pessoas tentaram construir uma torre para alcançar os céus. Nós dissemos que uma das definições para a palavra *religião* é a seguinte: *os esforços do homem para alcançar a Deus.* Em Babel, o homem trabalhou feito escravo com tijolo e betume. Da mesma maneira, a religião é um capataz que exige esforço constante. Ela exige esforços cada vez maiores para agradar a Deus, deuses, espíritos ou ídolos.

Em contraste com a religião, a Bíblia diz que o único caminho verdadeiro para Deus foi oferecido pelo próprio Senhor, quando, em sua misericórdia, ele *se inclinou até o homem* na pessoa de Jesus Cristo. Todo o trabalho necessário para restaurar o relacionamento quebrado foi realizado por Jesus na cruz.

Quase podemos ver o júbilo nos olhos dos dois discípulos enquanto ouviam que o plano de Deus, ao longo de milhares de anos de história, se cumpriu em Jesus. Durante séculos, o homem ansiou pelo dia em que seria liberto do julgamento do pecado. Agora, esse tempo chegara. Mas Jesus não havia terminado sua explanação. Com certeza Ele continuou com a história de Abraão e Isaque.

3 A Mensagem no Caminho de Emaús

— De Abraão até a Lei —

Os discípulos devem ter-se inclinado para frente quando Jesus começou sua explanação da história de Abraão e Isaque. Todos eles eram descendentes diretos desses dois homens.

Lembra-se de quando Deus pediu a Abraão que sacrificasse seu filho? Isaque estava sob a ordem de Deus para morrer e, na realidade, merecia morrer porque era pecador. Isaque foi amarrado e colocado sobre o altar — incapaz de se salvar.

O que Deus estava dizendo é o seguinte: assim como Isaque estava amarrado e não podia salvar a si mesmo, também todos nós estamos presos pelo pecado e impossibilitados de salvar-nos de suas consequências.

Lembra-se de como Abraão tomou a faca e se preparou para cravá-la em Isaque? Abraão confiava na bondade de Deus para providenciar uma solução para a morte. No último momento, Deus o chamou do céu e o deteve. Por causa da confiança de Abraão, o Senhor providenciou um sacrifício *substitutivo* para Isaque.

Um Substituto

Assim como o carneiro morreu no lugar de Isaque, *Jesus morreu em nosso lugar.* Deveríamos ter sido punidos morrendo pelo nosso pecado, mas Jesus morreu e assumiu *nossa* punição na cruz. Ele é nosso substituto.

Se o carneiro não morresse, Isaque teria perecido. Se Jesus não morresse, nós teríamos que pagar nossa *própria* dívida de pecado.

A Bíblia diz que Deus honrou a fé de Abraão.

> *"Abraão creu em Deus, e isso lhe foi creditado como justiça."*
> Romanos 4.3

Lembra-se do *Certificado de Débito* que cada ser humano possui como resultado do pecado? A Bíblia diz que Deus *cre-*

ditou justiça na conta de Abraão por causa de sua fé. Deus fez isto a Abraão porque o Senhor estava vendo adiante, para o que Jesus faria na cruz. A Bíblia diz que…

> *As palavras "lhe foi creditado"* ***não foram escritas apenas para ele*** *[Abraão],* ***mas também para nós****, a quem Deus creditará justiça, a nós, que cremos naquele que ressuscitou dos mortos a Jesus, nosso Senhor.* Romanos 4.23-24

*Romanos 6.23 - parafraseado

DEVEDOR

Durante toda história da humanidade, cada pessoa carregou um *Certificado de Débito*, uma enorme dívida de pecado que cada um deveria pagar. A única maneira de pagar o débito era com a própria morte eterna.

DÉBITO CANCELADO

Mas então veio Jesus. Sua morte pagou completamente a dívida de pecado do homem — passado, presente e futuro. Foi por isso que Jesus bradou "Está consumado". *O débito está pago!*

Mas o pagamento feito por Jesus só passa a valer quando alguém crê. A Bíblia diz…

> *…Deus creditará justiça,* ***a nós, que cremos*** *naquele que ressuscitou dos mortos a Jesus, nosso Senhor.* Romanos 4.24

Lembre-se de que a palavra *crer*, no sentido bíblico, tem um significado mais amplo do que às vezes lhe atribuímos.

- Os termos *fé, crer, confiar e confiança* têm, essencialmente, o mesmo significado.
- A fé genuína se baseia em fatos (por exemplo, "Jesus morreu em nosso lugar por nosso pecado"). A fé não está baseada no *sentimento de estar perdoado.*
- A verdadeira fé bíblica não se limita a concordar racionalmente com a verdade. Ela inclui uma *confiança de coração;* uma confiança nos fatos, manifestada por um ato voluntário da vontade. Nós decidimos crer (por exemplo, "**Eu** creio que Jesus pagou a **minha** dívida de pecado").

Tudo isso foram boas notícias para os discípulos. E devem ser boas notícias para nós também. A Bíblia diz...

> *...tudo o que foi escrito no passado, foi escrito para nos ensinar, de forma que, por meio da perseverança e do bom ânimo procedentes das Escrituras, mantenhamos a nossa esperança.* Romanos 15.4

As narrativas de Abraão e Isaque eram histórias que os dois discípulos conheciam bem. Embora as tivessem ouvido desde a infância, agora estavam vendo o quadro inteiro pela primeira vez. Enquanto Jesus falava, podia-se ouvir um alfinete cair. O olhar dos discípulos estava grudado nele, O Salvador Prometido, que agora estava ali, em seu meio. Jesus continuou.

A Páscoa

Lembra-se de quando os filhos de Israel eram escravos no Egito e Deus os livrou do Faraó com grandes pragas? A última praga foi a morte do primogênito. Deus disse que, se obedecessem sua Palavra, os israelitas seriam salvos dessa tragédia.

Você se lembra de como os israelitas deveriam sacrificar o cordeiro? Bem, a Bíblia nos diz que Jesus é nosso cordeiro.

Não é coincidência que, desde que Jesus nasceu, ele tenha sido identificado com essas criaturas inofensivas. Nasceu em uma estrebaria, um lugar no qual cordeirinhos poderiam se abrigar. Seus primeiros visitantes foram pastores, homens que cuidavam de cordeiros e evitavam que lhes acontecesse qualquer mal. Sabe-se que os sumos-sacerdotes haviam incumbido

Belém, sua cidade natal, de criar cordeiros para sacrifícios no Templo. João Batista disse sobre Jesus:

> *"Vejam! É o Cordeiro de Deus, que tira o pecado do mundo!"*
>
> João 1.29

Assim, não deveríamos nos surpreender quando vemos Jesus identificado com o Cordeiro Pascal. Os paralelos são surpreendentes. Mencionarei apenas alguns.

Lembra-se de que o cordeiro pascal não podia ter *nenhum defeito*?
Jesus não tinha pecado.

O cordeiro devia ser *macho*.
Jesus era *homem*.

O cordeiro Pascal era sacrificado, morrendo *no lugar* do primogênito.
Jesus morreu *em nosso lugar*.

O sangue do cordeiro era aplicado nos batentes e nas vigas da porta da casa.
Assim como só ficaria a salvo quem permanecesse do lado de dentro, assim também só a confiança no que Jesus fez na cruz nos salva da morte eterna.

Quando veio o anjo da morte, ele *passou adiante de todas as casas* onde o sangue fora aplicado.
Da mesma forma, Deus providenciou uma maneira para que seu juízo *passasse adiante* de nós, e assim todo o julgamento que nós merecíamos caísse sobre Jesus.

Deus dissera especificamente que os israelitas não deveriam quebrar nenhum osso ao comerem o cordeiro pascal porque o cordeiro era uma *figura* ou sombra de Jesus. Nenhum dos ossos de Jesus foi quebrado. Quando os soldados romanos...

> *...chegaram a Jesus, constatando que já estava morto, não lhe quebraram as pernas.*
>
> João 19.33

Enquanto os discípulos estavam ali sentados, atentos a cada palavra, ouvindo Jesus expor o significado real da Páscoa, eles não podiam deixar de pensar na época do ano que estavam vivendo. Jesus tinha sido crucificado exatamente no mesmo dia em que o cordeiro Pascal morreu! Eles não tinham como saber que os sacerdotes pretendiam matá-lo depois do término da festa, mas sabiam que o plano de Deus tinha triunfado.

Jesus não só morreu no dia certo, como morreu na hora nona (15:00 h), à mesma hora em que o cordeiro era oferecido no templo — à hora do sacrifício da tarde. Ele morreu na hora certa, tal como a Bíblia dissera.[1] A Escritura diz...

... Cristo, nosso Cordeiro pascal, foi sacrificado. 1 Coríntios 5.7

A Lei

Lembra-se dos Dez Mandamentos? Os israelitas pensavam que seria fácil obedecer-lhes. Hoje, muitas pessoas creem que se pode agradar a Deus guardando os Dez Mandamentos, ou alguma versão modificada deles. Mas ao longo do nosso estudo vimos que Deus espera nada menos que obediência perfeita.

Pois quem obedece a toda a Lei, mas tropeça em apenas um ponto, torna-se culpado de quebrá-la inteiramente. Tiago 2.10

Tentar guardar os Dez Mandamentos não restaura o relacionamento quebrado com Deus.

Portanto, ninguém será declarado justo diante dele baseando-se na obediência à Lei, pois é mediante a Lei que nos tornamos plenamente conscientes do pecado. Romanos 3.20

A Lei nos relembra de nosso velho dilema referente aos dois lados da mesma moeda. *Temos algo que não queremos —* ***pecado****; e precisamos de algo que não temos —* ***justiça****. Os Dez Mandamentos não podem nos dar uma justiça equivalente à justiça de Deus.*

> *Mas agora se manifestou uma justiça que provém de Deus, independente da Lei, da qual testemunham a Lei e os Profetas, justiça de Deus mediante a fé em Jesus Cristo para todos os que creem...* Romanos 3.21-22

Jesus revelou à humanidade que há um tipo de justiça totalmente dissociado da Lei, um nível de bondade que vem diretamente do próprio Deus. A Bíblia diz que, para obter esse tipo de justiça, tudo o que temos a fazer é *crer*. É muito simples. Simples para nós, mas para Deus isso envolvia muito mais.

O caráter justo de Deus não podia ignorar o pecado e fingir que este nunca aconteceu. O pecado deve ser punido — era necessário que houvesse morte. Até então, o homem oferecia sacrifícios de animais como uma dívida de morte, mas eles eram apenas coberturas temporárias, porque:

> *...é impossível que o sangue de touros e bodes tire pecados.* Hebreus 10.4

Havia outra solução? Talvez um homem poderia morrer por outro, mas nesse caso ele teria que ser *sem pecado* e *estar disposto a ser punido*. Essa pessoa nunca existiu. Cada homem e cada mulher, ao longo dos tempos, havia sido confrontado com uma dívida de pecado pessoal — não havia como alguém pagar por outro. Então o próprio Deus deixou o céu e tornou-se homem — homem sem pecado. Em um ato extraordinário de amor abnegado...

> *Deus o ofereceu como sacrifício para propiciação mediante a fé, pelo sangue, demonstrando a sua justiça. Em sua tolerância, havia deixado impunes os pecados anteriormente cometidos.* Romanos 3.25

A natureza justa de Deus foi satisfeita pela morte de Jesus, um pagamento pelo pecado com sua morte. Deus deixou que os pecados cometidos anteriormente ficassem impunes porque ele sabia que um dia Jesus morreria por todo o pecado — passado, presente e futuro — pagando completamente a punição da morte. Jesus morreu para que Deus pudesse demonstrar:

> *...a sua justiça, a fim de ser justo e justificador daquele que tem fé em Jesus.* Romanos 3.26

A palavra **justificado** era um termo jurídico usado nos tribunais nos dias de Jesus. Lembra-se de quando o homem pecou no jardim? Naquele tempo, Deus tirou o manto de amizade e vestiu a roupa de magistrado. Como reto e justo juiz, Deus declarou

o homem CULPADO de um crime: violar a perfeita lei de Deus; pecar contra um Deus santo. O homem ficou diante de um Deus severo, acusado e sentenciado como um perpétuo e incurável transgressor da lei. A sentença era a morte — morte eterna.

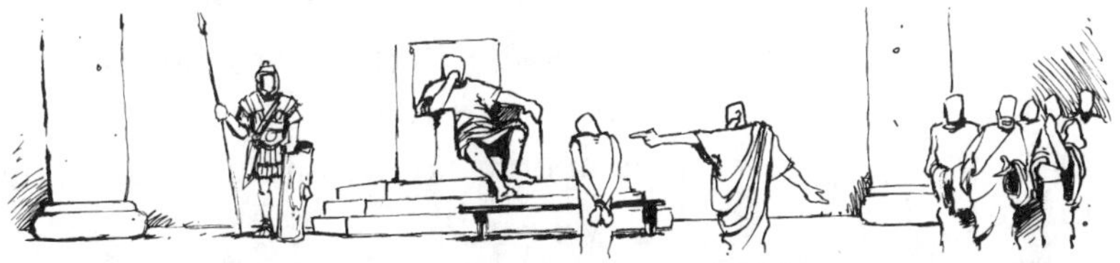

Mas então Deus se levantou do seu assento de magistrado e, despindo sua toga, vestiu novamente o manto de amigo. Deus deixou as alturas celestiais e desceu como o Deus-homem, Jesus, para colocar-se ao nosso lado diante do tribunal. Ele só tinha um propósito — levar nossa sentença de morte sobre si e pagá-la por nós. Como ele não tinha nenhum pecado próprio pelo qual devesse morrer, era capaz de morrer pelo pecado dos outros.[2] Ele morreu em nosso lugar. Ele tinha condições de pagar a punição de morte pelo pecado para todo sempre, por toda a humanidade.

O pecado se fora, mas a justiça ainda era necessária. Ah, sim, nós vimos anteriormente que, assim como ocorreu a Abraão, nós recebemos a justiça pela fé. Entretanto, para oferecer *esta* pureza, algo tinha que acontecer no tribunal de Deus. Jesus não só levou nossos trapos imundos do pecado sobre si, como — maravilha das maravilhas — também envolveu-nos completamente com a roupa limpa e pura de sua justiça, *um nível de justiça que é completamente equivalente à SUA santa perfeição.*

Agora, quando Deus se assenta como juiz e observa a humanidade, onde quer que veja alguém vestido com a justiça de Cristo,

Ele pode dizer, com toda sinceridade e justiça: "*Em meu tribunal celeste, este homem, ou esta mulher, é perfeito diante de mim.*" O Juiz Todo-poderoso do céu ergue seu martelo e, com um estrondo, nos declara "*Justos!*"

Esse é o significado da palavra JUSTIFICADO — *ser declarado justo aos olhos de Deus.* Mas lembre-se: isto só é realidade para aqueles que creem que Jesus morreu em seu lugar. A Bíblia diz...

...que o homem é justificado pela fé... Romanos 3.28

Tendo sido, pois, justificados pela fé, temos paz com Deus, por nosso Senhor Jesus Cristo. Romanos 5.1

Não, os Dez Mandamentos não podem tornar alguém justo.

É evidente que diante de Deus ninguém é justificado pela Lei... Gálatas 3.11

Pois todos pecaram e estão destituídos da glória de Deus. Romanos 3.23

Mas a Lei tinha um propósito. A Bíblia diz que os Dez Mandamentos são como um professor que nos toma pela mão, guia-nos até a cruz e aponta-nos nossa necessidade de um Salvador.

Assim, a Lei foi o nosso tutor até Cristo, para que fôssemos justificados pela fé Gálatas 3.24

Todos precisam de um Salvador. Somente quando vestidos com a justiça de Cristo, podemos experimentar o sorriso de boas-vindas de Deus.

AMOR E JUSTIÇA

No caminho de Emaús, Jesus disse aos discípulos que ele *teve que morrer.* A ideia de Jesus *ter que morrer* nos deixa incomodados; sabemos que não merecemos tamanho amor. Por que ele disse isso? Sua morte foi necessária apenas neste sentido:

Se Deus tivesse permitido que somente o lado *justo* de Sua natureza prevalecesse, nós teríamos morrido por nosso próprio pecado. Isso seria justo, mas o Seu *amor* não o permitiria.

Por outro lado, se apenas o *amor* dirigisse o Seu caráter, Ele teria ignorado o pecado por toda a eternidade. Mas essa opção não era possível por causa de sua natureza *justa.* Era necessário resolver o problema do pecado.

É na cruz que encontramos a expressão completa e perfeitamente equilibrada de ambos os atributos — o *amor* sem limites demonstrado e a *justiça* infinita satisfeita. Do ponto de vista de Deus, o *amor* e a *justiça* tornaram a cruz necessária.

Ninguém tem maior amor do que aquele que dá a sua vida pelos seus amigos. João 15.13

Mas Deus demonstra seu amor por nós: Cristo morreu em nosso favor quando ainda éramos pecadores. Romanos 5.8

4 A Mensagem no Caminho de Emaús

— Do Tabernáculo até a Serpente de Bronze —

Você deve se lembrar de como Deus instruiu Moisés para construir o Tabernáculo. Foi um elaborado recurso visual para ajudar-nos a compreender o que o Senhor estava fazendo para reparar nosso relacionamento quebrado com ele. Lembra-se de como Deus mostrou sua presença entre os israelitas com uma coluna de nuvem durante o dia, e uma coluna de fogo durante a noite? Aquela *coluna* pairava sobre a Arca da Aliança no Santo dos Santos.

Uma Entrada

Quando alguém se aproximava de Deus no Tabernáculo, a primeira coisa que via era a parede ao redor do átrio, que tinha uma única entrada, um lembrete que há um único caminho para Deus. Jesus disse...

> *"Eu sou o caminho, a verdade e a vida. Ninguém vem ao Pai, a não ser por mim".* João 14.6

O Altar de Bronze

Quando se entrava no Tabernáculo, o primeiro objeto que se via era o Altar de Bronze, lembrando que o primeiro passo para um relacionamento correto com Deus era através de sacrifício de sangue. O mesmo acontece conosco. O primeiro e único passo para um relacionamento correto com Deus é por meio de Jesus, que sacrificou sua vida em nosso lugar.

O Altar de Bronze	**A Cruz**
O animal...	Jesus...
...*fazia parte do rebanho de gado ou de ovelhas*	...é o Cordeiro de Deus
...*era um macho*	...é homem
...*não tinha defeito*	...não tem pecado
...*deveria ser aceito no lugar do ofertante*	...morreu em nosso lugar
...*era oferecido como propiciação [ou cobertura para o pecado] em seu lugar*	...é nosso caminho para termos perdão do pecado
...*era um sacrifício de sangue* Levítico 1.2-5	...foi o sacrifício de sangue feito a nosso favor.

Mesmo uma breve comparação desses dois lugares de morte — o Altar de Bronze e a Cruz — mostra como Jesus correspondeu completamente à figura ilustrada nas ofertas no Tabernáculo.

O Candelabro

Lembra-se de que Deus mandou Moisés fazer um candelabro de ouro puro que iluminaria o Santo Lugar? Essa é uma figura de Jesus que disse...

> *"Eu sou a luz do mundo. Quem me segue, nunca andará em trevas, mas terá a luz da vida".* João 8.12

Jesus quer livrar as pessoas da escuridão do pecado para a luz da vida eterna.

A Mesa dos pães da Proposição

Lembra-se de que Deus disse a Moisés que fizesse uma mesa e colocasse nela doze pães, cada um representando uma das doze tribos de Israel? Mais uma vez, essa é uma figura de Jesus, que disse...

> *Então Jesus declarou: "Eu sou o pão da vida. Aquele que vem a mim nunca terá fome; aquele que crê em mim nunca terá sede".* João 6.35

Assim como os doze pães representavam a suficiência de pão para todos em Israel, assim também a morte de Jesus se aplicou aos pecados do mundo todo. Como pão da vida, Ele nos oferece vida eterna.

> *Asseguro-lhes que aquele que crê tem a vida eterna. Eu sou o pão da vida.* João 6.47-48

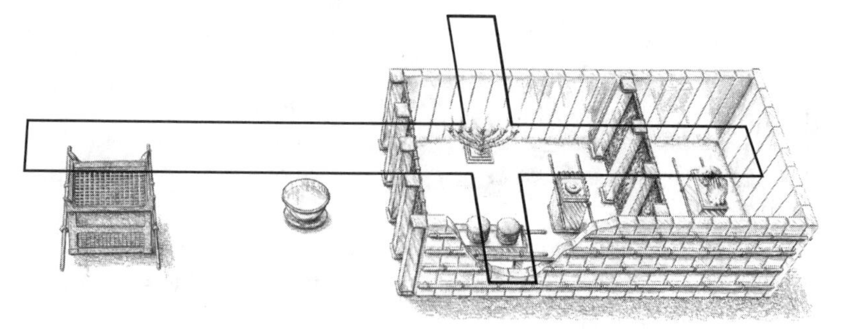

A Cortina

Pense de novo na instrução de Deus a Moisés para pendurar uma cortina espessa entre o Lugar Santo e o Santo dos Santos. O homem pecador estava impedido de entrar na santa presença de Deus.

A Bíblia diz que estamos separados de Deus e não podemos chegar à sua presença por causa de nosso pecado. Nós estamos AFASTADOS de Deus e de seu amor.

Mas então veio Jesus. As Escrituras nos dizem que a cortina do Tabernáculo era uma figura de seu corpo físico. Quando ele morreu na cruz, a cortina foi rasgada de alto a baixo. Nenhum homem podia ter rasgado o véu, mas Deus o rasgou para ilustrar o corpo de Jesus sendo sacrificado por você e por mim. Ao colocarmos nossa confiança nele, nosso pecado é perdoado e podemos entrar corajosamente na presença de Deus. O relacionamento foi restaurado.

> *Portanto, irmãos, temos plena confiança para entrar no Santo dos Santos pelo sangue de Jesus, por um novo e vivo caminho que ele nos abriu por meio do véu, isto é, do seu corpo... aproximemo-nos de Deus com um coração sincero e com plena convicção de fé...* Hebreus 10.19-22

> *Mas agora, em Cristo Jesus, vocês, que antes estavam longe, foram aproximados mediante o sangue de Cristo.* Efésios 2.13

Nós não somos aceitos de volta simplesmente como um amigo. A Bíblia nos diz que somos colocados na família de Deus como um membro pleno. Isso quer dizer que somos *adotados.*

No mundo romano dos dias de Jesus, adoção era *a cerimônia que legalizava a filiação.* Em nossa sociedade moderna, um filho nascido numa família já recebe automaticamente todos os direitos e privilégios daquela família. Mas, num mundo onde os homens tinham esposas, concubinas e amantes, além de filhos com suas escravas, um filho não era um herdeiro legal até que recebesse aquela filiação em uma ação separada. Uma vez adotado como filho, tornava-se um membro pleno da família.

O mesmo acontece conosco. Nós, que já estivemos AFASTADOS do amor de Deus, agora nos tornamos membros da família de Deus — como FILHOS.

E, porque vocês são filhos, Deus enviou o Espírito de seu Filho ao coração de vocês, e ele clama: "Aba, Pai". Assim, você já não é mais escravo [ao pecado e a Satanás], mas filho; e, por ser filho, Deus também o tornou herdeiro. Gálatas 4.6-7

O Propiciatório

O Propiciatório era aquela tampa especial da Arca da Aliança, que estava localizada no Santo dos Santos. Era ali que o sumo sacerdote trazia o sangue, uma vez por ano, no Dia da Expiação. Deus deu aos israelitas uma maneira de escapar do julgamento de seus pecados através do derramamento de sangue de um cordeiro inocente. Da mesma forma, Jesus é agora nossa Propiciação e, através de seu sangue derramado, encontramos um modo de escapar da morte eterna. O homem não precisa mais oferecer cordeiros como sacrifício. Jesus foi o sacrifício final. Deus diz...

"Dos ***seus pecados*** *e iniquidades* ***não me lembrarei mais****". Onde esses pecados foram perdoados, não há mais necessidade de sacrifício por eles.* Hebreus 10.17-18

Com a morte de Jesus na cruz, o último Cordeiro morreu. Desde o início da história, o plano de Deus era que Jesus providenciasse o caminho para a salvação do homem. Os sacrifícios tinham sido apenas uma figura do que estava por vir. Não havia nada de especial neles; não podiam remover o pecado. Mas agora não era mais necessário oferecer qualquer tipo de sacrifício, porque o sangue de Jesus pagou a dívida de pecado de uma vez por todas.

...fomos santificados, por meio do sacrifício do corpo de Jesus Cristo, oferecido ***uma vez por todas****.*

Dia após dia, todo sacerdote apresenta-se e exerce os seus deveres religiosos; repetidamente oferece os mesmos sacrifícios, que nunca podem remover os pecados. Mas quando este sacerdote acabou de oferecer, ***para sempre****, um único sacrifício pelos pecados, assentou-se à direita de Deus.*

Hebreus 10.10-12

Deus aceitava os animais porque estava olhando adiante na história, quando Jesus morreria como o sacrifício final. Quando Jesus morreu, fez mais que *cobrir* o pecado por um ano. Ele o apagou dos olhos de Deus para sempre. Na cruz, Ele bradou "Está consumado"— *o último Cordeiro foi encontrado.*

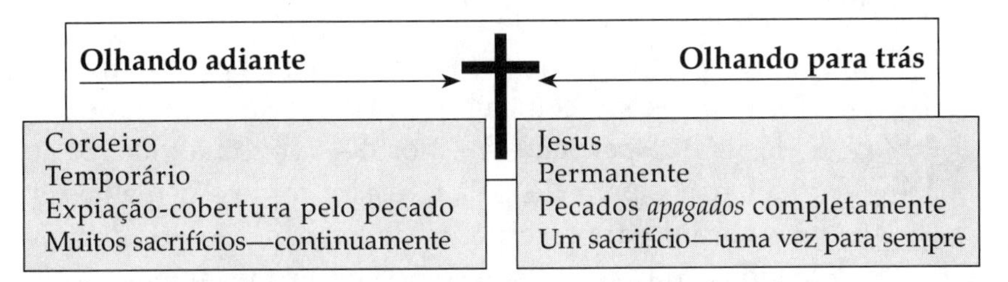

Jesus pode ter dito aos seus dois discípulos muito mais coisas sobre si mesmo que são ilustradas no Tabernáculo, pois este é um recurso visual incrivelmente detalhado, repleto de comparações. Você pode estar certo de que o que Jesus lhes falou foi inesquecível.

Moisés e a Serpente de Bronze

Lembre-se de como os israelitas pecaram e Deus enviou as serpentes. Eles clamaram por livramento, por isso, Deus instruiu Moisés a fazer uma serpente de bronze e levantá-la no meio do acampamento. Para serem curadas, tudo o que as pessoas tinham que fazer era OLHAR para a serpente. Não havia mais nada que elas pudessem fazer.

Da mesma forma como Moisés levantou a serpente no deserto, assim também é necessário que o Filho do homem seja levantado, para que todo o que nele crer tenha a vida eterna.

Porque Deus tanto amou o mundo que deu o seu Filho Unigênito, para que todo o que nele crer não pereça, mas tenha a vida eterna. Pois Deus enviou o seu Filho ao mundo, não para condenar o mundo, mas para que este fosse salvo por meio dele.

Quem nele crê não é condenado, mas quem não crê ***já está condenado****, por não crer no nome do Filho Unigênito de Deus.* *João 3.14-18*

O homem **já nasceu** ***condenado***. Nós somos como os israelitas que foram picados pelas serpentes. Somos como MORTOS. Nós não temos um relacionamento com Deus; nossos corpos finalmente morrerão e, após a morte, experimentaremos a Segunda Morte, punição no Lago de Fogo.

Mas é aí que Jesus entra em cena. Ele pagou a dívida de pecado com sua própria morte. Entretanto, Jesus não permaneceu morto — voltou à vida. Se olharmos para ele, pela fé, assim como os israelitas olharam para a serpente de bronze, Ele nos dará vida espiritual. Assim como voltou a viver, nós nos tornaremos VIVOS espiritualmente, tanto agora como por toda a eternidade. A Bíblia descreve esse processo como *nascer de novo*.

Quando vocês estavam ***mortos*** *em pecados... Deus* ***os vivificou*** *com Cristo. Ele nos perdoou todas as transgressões.* *Colossenses 2.13*

Todavia, Deus, que é rico em misericórdia, pelo grande amor com que nos amou, ***deu-nos vida*** *com Cristo, quando ainda estávamos mortos em transgressões [pecados]...* *Efésios 2.4-5*

Outrora, estávamos MORTOS espiritualmente, agora estamos VIVOS e habitaremos para sempre no céu.

5 A Mensagem no Caminho de Emaús

— De João Batista até a Ressurreição —

Enquanto Jesus expunha sistematicamente aos discípulos o significado dos acontecimentos registrados nas Escrituras, é provável que ele tenha explicado ainda outras narrativas além das que mencionamos aqui. Sem dúvida seus discípulos tinham um ardente interesse pela narrativa daquilo que eles experimentaram em primeira mão.

O Bom pastor

A Bíblia diz...

Todos nós, tal qual ovelhas, nos desviamos, cada um de nós se voltou para o seu próprio caminho...

Isaías 53.6

O homem escolheu seguir seu *próprio caminho*, tomando uma vereda que o leva a um deserto espiritual. A Bíblia diz que o homem está PERDIDO.

Mas então veio Jesus, à nossa procura. Quando esteve na Terra, ele contou uma parábola que descreve o interesse de Deus.

"Qual de vocês que, possuindo cem ovelhas, e perdendo uma, não deixa as noventa e nove no campo e vai atrás da ovelha perdida, até encontrá-la? E quando a encontra, coloca-a alegremente nos ombros e vai para casa. Ao chegar, reúne seus amigos e vizinhos e diz: 'Alegrem-se comigo, pois encontrei minha ovelha perdida'. Eu lhes digo que, da mesma forma, haverá mais alegria no céu por um pecador que se arrepende do que por noventa e nove justos que não precisam arrepender-se."

Lucas 15.4-7

Deus podia ter ficado no céu e dar as costas à humanidade para sempre, mas não foi isso que aconteceu. A Bíblia esclarece que Jesus tomou a iniciativa de buscar-nos e, então, como o bom pastor, foi muito além.

"Eu sou o bom pastor. O bom pastor dá a sua vida pelas ovelhas."

João 10.11

Foi exatamente isso que Jesus fez. *Morreu por nós, em nosso lugar, para pagar nossa dívida de pecado.* Isso é amor em toda a sua perfeição. Sim, Deus é amor, mas não sem um custo tremendo. Quando Jesus estava na cruz, ele exclamou:

"Eloí, Eloí, lamá sabactâni?", que significa "Meu Deus! Meu Deus! Por que me abandonaste?"

Marcos 15.34

Jesus não apenas morreu uma morte física, havia também uma dimensão espiritual. *O pecado exige a separação.* Naquelas desesperadas horas na cruz, Deus-Pai virou as costas para o seu Filho. Isto deve ter feito o seu coração amoroso se retorcer, mas, em conformidade com a Sua natureza santa, Deus não podia olhar para Jesus quando este tomou o nosso pecado sobre si. A Bíblia diz que o céu escureceu, embora fosse meio-dia. Parecia que o Pai não queria que o mundo visse a agonia que seu Filho estava passando, quando Jesus, voluntariamente, tomou nosso pecado sobre si, tornando-se, ao morrer, nosso Cordeiro substituto. Deus permitiu, e até mesmo planejou isso.

A Grande Troca

A Bíblia diz que...

*Deus tornou *pecado por nós aquele que não tinha pecado...*

2 Coríntios 5.21

Esse versículo não está dizendo que Jesus tornou-se um pecador. A palavra **pecado* inclui a ideia de uma oferta pelo pecado. "*Deus tornou Jesus, que não tinha pecado, uma oferta pelo pecado por nós...*" Quando Jesus tomou o nosso pecado, Deus derramou sobre ele toda a fúria da sua ira justa para com o pecado. Então Jesus foi capaz de fazer algo que nós não podíamos. Ele disse: "*Está consumado*". Se tivéssemos que pagar nossa dívida de pecado, teríamos que continuar pagando — por toda a eternidade. Nós nunca teríamos dito "Está consumado". Mas Jesus pagou a dívida toda.

No restante do versículo lemos:

...para que nele nos tornássemos justiça de Deus.

2 Coríntios 5.21

Nele é que encontramos a justiça! Não é nossa. ***Jesus levou nosso pecado e deu-nos sua justiça***. É a maior de todas as trocas. Não necessitamos mais do sangue de um cordeiro para cobrir nosso pecado; estamos vestidos de algo muito melhor: a justiça de Cristo. Quando confiamos nele, Deus nos dá a Sua justiça! Lembre-se da velha pergunta — **Como pode o homem se livrar de seu pecado e obter *uma justiça* que seja *equivalente* *à justiça de Deus*, para poder ser aceito na presença de Deus?** A resposta completa é encontrada neste versículo. Leia-o novamente.

Deus tornou pecado por nós aquele que não tinha pecado, para que nele nos tornássemos justiça de Deus.

2 Coríntios 5.21

A Ressurreição

Jesus morreu, sim, mas não ficou morto como os profetas do passado. Jesus voltou à vida para provar que a morte não tinha poder sobre ele. Ele disse...

> *"Por isso é que meu Pai me ama, porque eu dou a minha vida para retomá-la. Ninguém a tira de mim, mas eu a dou por minha espontânea vontade. Tenho autoridade para dá-la e para retomá-la. Esta ordem recebi de meu Pai".* João 10.17-18

Os romanos têm sido acusados por executar Jesus, e os líderes religiosos por pressioná-los a fazer isso. Durante muitos séculos, os judeus enfrentaram muita perseguição com base na premissa de que toda a lamentável história foi culpa *deles*. Essa conclusão é completamente falsa. A Bíblia declara que foi *Jesus* quem, voluntariamente, entregou a sua vida. Ninguém o forçou a morrer contra a sua vontade. Foi escolha dele, motivada por seu amor por nós. A verdade é que os pecados do mundo todo foram responsáveis por Jesus ter sido pregado na cruz.

A ressurreição foi uma demonstração poderosa de que a natureza *justa* de Deus foi satisfeita com a morte de Jesus em nosso favor. O pagamento foi feito e aceito como suficiente! A sepultura não pôde segurá-lo em suas garras. Ele teve vitória sobre a morte! Jesus quebrou o poder do pecado, derrotou o poder de Satanás e removeu da morte o seu terrível caráter definitivo.

> *Portanto, visto que os filhos são pessoas de carne e sangue, ele também participou dessa condição humana, para que, por sua morte, derrotasse aquele que tem o poder da morte, isto é, o Diabo, e libertasse aqueles que durante toda a vida estiveram escravizados pelo medo da morte.* Hebreus 2.14-15

Um sentimento esmagador de desespero deve ter assolado Satanás quando Jesus ressuscitou. Ele tinha pensado que, quando seduziu Judas Iscariotes para trair Jesus, *ele* fora o vencedor. Mas agora, ele fora derrotado em seu próprio jogo. Sua ferramenta mais poderosa — a morte — havia perdido seu tormento.

Redimido

Durante séculos, o homem havia sido um ESCRAVO da vontade de Satanás. Por meio de mentiras espalhafatosas, que imitavam a verdade, negando até mesmo sua própria existência, Satanás manipulou a humanidade para realizar os seus propósitos. Contudo, independentemente da influência de Satanás, o homem não poderia viver uma vida perfeita. O homem era um ESCRAVO do pecado.

Mas aí veio Jesus e nos REDIMIU. É difícil entender o rico conteúdo desta palavra se não compreendermos sua associação com a antiga escravidão.

Um homem rico ia ao mercado de escravos para comprar um escravo. Lá ele via os cativos acorrentados, humilhados e quebrantados, que eram vendidos por um determinado preço. O homem pagava o preço pedido e o escravo passava a ser seu. Até aqui não havia nada incomum, mas agora a história dá uma guinada. Em raras ocasiões, o novo proprietário levava seu novo escravo para fora do mercado, quebrava suas correntes e o libertava. Quando isso acontecia, dizia-se que o escravo tinha sido REDIMIDO.

Foi isso que Jesus fez por nós. Estávamos amarrados pelas correntes do pecado e de Satanás no mercado de escravos da vida. Éramos incapazes de nos libertar, mas Jesus veio e nos adquiriu, pagando o preço com seu próprio sangue. E então Ele nos tirou do mercado, quebrou as correntes e nos libertou.

> *Pois vocês sabem que não foi por meio de coisas perecíveis como prata ou ouro que vocês foram* ***redimidos*** *da sua maneira vazia de viver... mas pelo precioso sangue de Cristo, como de um cordeiro sem mancha e sem defeito.*
>
> *1 Pedro 1.18-19*

> *Nele temos a* ***redenção*** *por meio de seu sangue, o perdão dos pecados, de acordo com as riquezas da graça de Deus.*
>
> *Efésios 1.7*

O Aprisco de ovelhas

Agora vamos continuar com a analogia que Jesus usou ao nos comparar com ovelhas. Lembra-se de como um bom pastor dormiria na entrada do aprisco de ovelhas para proteger o rebanho? Jesus disse...

> *Eu sou a porta; quem entra por mim será salvo...*
>
> *João 10.9*

O aprisco tinha uma única porta. Da mesma maneira, Jesus é a única porta para a vida eterna. Não há nenhum outro caminho para ser salvo das consequências do pecado.

...Assim como havia um único caminho através do qual Caim e Abel podiam se aproximar de Deus;
...uma única porta para proteger Noé no barco;
...uma única porta para o Tabernáculo;
...e uma única porta para um aprisco de ovelhas, assim Jesus é o único caminho para Deus.

Algumas pessoas creem que é possível chegar a Deus por meio de outra religião, talvez por alguma combinação de muitas religiões, mas a Bíblia não oferece nenhum espaço para outros *caminhos* a Deus. Isso pode ser visto como discriminação em nossa era politicamente correta, mas a Bíblia repete sempre este tema: *Jesus é o único caminho.*

> *"Não há salvação em nenhum outro, pois debaixo do céu não há nenhum outro nome dado aos homens pelo qual devamos ser salvos".* *Atos 4.12*

Alguns podem não gostar desta estreiteza de visão bíblica, entretanto, para ser fiel ao texto, eu devo dizer que isso é o que a Bíblia claramente ensina. Ela também diz que se não aprovamos a maneira que Deus escolheu, podemos rejeitá-la. Deus nos dá essa liberdade, mas nesse caso devemos pagar nossa própria dívida com nossa morte pessoal por toda a eternidade. Naturalmente, qualquer pessoa pode negar a existência de Deus e ignorar totalmente a mensagem da Bíblia, mas, francamente, é preciso admitir que essa é uma opção arriscada.

Quando os discípulos ouviram Jesus ensinar a Lei e os Profetas, devem ter antevisto as consequências de sua mensagem. Eles viviam no Império Romano. Os romanos toleravam as outras religiões até certo ponto, mas também criam que César era um deus. Os romanos não se oporiam se Jesus fosse apresentado como *outro caminho* para Deus, mas se eles ensinassem o que Jesus ensinou — que Ele é o *único caminho* — estariam arriscando suas vidas. Conforme pesquisas extra-bíblicas, todos, exceto um dos onze discípulos originais, foram condenados à morte por causa dessa mensagem. Eles morreram por aquilo que sabiam ser verdadeiro. O décimo-primeiro foi exilado.

Intolerância

Embora Jesus tenha deixado claro que não havia nenhum outro caminho para Deus, não defendeu a repressão violenta de outros sistemas de crença. Seu método era ensinar a verdade. A verdade expõe o erro e então as pessoas estão livres para fazerem sua escolha.

Os Fariseus

De todos, os fariseus eram os mais impecavelmente religiosos. Eles tinham uma longa lista de "faça" e "não faça".

Hoje em dia, um dos mal-entendidos mais comuns sobre a vida é que as pessoas poderão merecer sua entrada no céu se fizerem o bem em medida suficiente para contrabalançar o mal. Com base *nesse* tipo de conceito, elas vão à igreja, oram, acendem velas, fazem penitência, dão esmolas, etc., esperando que Deus as aceite. Isso não é o que a Bíblia ensina — em parte alguma. Na verdade, ela declara o contrário.

Os fariseus eram muito religiosos, mas Jesus condenou tanto sua vida como

seus ensinos, afirmando que eram enganosos. Jesus disse que o único caminho verdadeiro para Deus era a fé nele.

Todos os dias nós praticamos algum tipo de fé. Provavelmente você está aplicando um princípio de fé agora mesmo. Se você está sentado em uma cadeira, você confia que a cadeira irá sustentá-lo, sem deixá-lo cair. Duvido que ao sentar você pense —"*Eu confio que esta cadeira seja forte*", entretanto, você exercitou fé na cadeira. Em certo sentido, a fé em si mesma é neutra. O que importa é o seguinte: em que ou em quem você está colocando sua fé? A cadeira pode quebrar, mas é só uma cadeira. Entretanto, se você está colocando sua fé no fato de Jesus ter pago sua dívida de pecado, você pode ter absoluta certeza de que ele fez exatamente isso. Ele prometeu:

> *Pois vocês são salvos pela graça, por meio da fé, e isto não vem de vocês, é dom de Deus; não por obras, para que ninguém se glorie.*
> Efésios 2.8-9

A Bíblia diz que nós estamos *salvos* das consequências do pecado por meio da fé em Jesus Cristo. Esta *salvação* é um *dom* de Deus. Nós não precisamos merecê-la através de nenhum ato religioso ou boa obra.

Presentes são de graça. Se você trabalha por um *presente,* ele deixa de ser um presente.

Um presente, no seu verdadeiro sentido, é imerecido.

Se nós acharmos que o merecemos, ele deixa de ser um *presente* e passa a ser um *prêmio.* A vida eterna que Deus nos dá é um presente de verdade porque de modo algum nós a merecemos.

Os fariseus estavam convencidos de que suas boas obras agradariam a Deus. Mas Deus diz que se ele aceitasse as pessoas com base naquilo que elas fizeram por si mesmas, então elas *iriam se orgulhar* de sua bondade. Ele nos salva do julgamento, independentemente de quanto somos bons, e com base em nossa *fé.*

> *Pois o salário do pecado é a morte, mas o dom gratuito de Deus é a vida eterna em Cristo Jesus, nosso Senhor.*
> Romanos 6.23

Pela fé, cremos que Jesus morreu *em nosso lugar* pelo nosso pecado.

Pela fé, cremos que Jesus pagou *nossa* dívida de pecado.

Pela fé, cremos que a justiça de Deus foi satisfeita por essa morte. Cremos que, quando Ele olha para nós, não vê mais o nosso pecado, mas nos vê vestidos com a justiça de Jesus.

Pela fé, cremos que Deus nos dá o dom da vida eterna.

Tudo isso é pela fé, mas *não* é uma fé cega.

É a *fé* que se baseia nos *fatos* que encontramos na Bíblia.

Algumas pessoas acrescentam uma aura espiritual à fé e a quantificam. Você pode ter muita ou pouca fé. Mas essa ideia confunde a questão. Colocar fé naquilo que Jesus fez na cruz por nós pode ser comparado a um homem, que ao se afogar, *concorda com a cabeça* vigorosamente quando o salva-vidas lhe pergunta: "Você vai confiar em mim para que eu possa salvá-lo?" O quanto ele inclina a cabeça para assentir não importa. A questão *não* é de forma alguma o *movimento da cabeça*. A questão é que o homem que está se afogando reconhece e confia no salva-vida para resgatá-lo. Seria cômico se mais tarde o homem que estava se afogando dissesse que foi o seu grande *aceno* que salvou sua vida. O mesmo acontece conosco. Temos que confiar em Jesus para salvar-nos de nosso pecado, mas o que nos salva não é o tamanho da nossa confiança, e sim o que Jesus fez por nós morrendo na cruz.

Porque no evangelho é revelada ***a justiça de Deus, uma justiça que do princípio ao fim é pela fé***... Romanos 1.17

Para usar ainda a analogia do homem que se afoga, deixe-me acrescentar também que é importante que ele saiba que está se afogando. Se ele achar que está boiando muito bem, rejeitará qualquer ajuda. Entretanto, mesmo que ele *saiba* que está se afogando, mas é orgulhoso demais para pedir ajuda, ele se afogará do mesmo jeito. Os outros podem ver que ele está se debatendo, mas serão incapazes de ajudá-lo até que ele permita. Espiritualmente é a mesma coisa. Você precisa ver a si mesmo como um pecador incapaz, antes que possa ser salvo de sua dívida de pecado. Esse é o ponto de partida.

A Bíblia está repleta de ilustrações do que Jesus é e o que fez. Nós só podemos imaginar quais dessas ilustrações Ele usou quando explicava tudo aos discípulos. Sem dúvida, ele usou a maioria ou todas aquelas que nós mencionamos. Provavelmente usou ainda mais. Quando terminou de ensinar, o lugar deve ter ficado em silêncio. A pergunta que ficou para os dois discípulos de Jesus é a mesma que fica para nós. Em quem você colocará sua fé? Em você mesmo, em sua religião, em suas ideias, em suas boas obras, ou no fato de que Jesus morreu em seu lugar para pagar a sua dívida de pecado?

Tudo isto deve fazer sentido agora. Se alguém perguntasse a você, "Por que Jesus morreu?" você deveria ser capaz de responder:

> *O pecado exige a morte. Ao invés de cada um de nós morrer pelo seu pecado e pagar as consequências eternas, Jesus morreu em nosso lugar, tomando aquelas consequências sobre Si. Ele é o nosso substituto.*

Se alguém lhe perguntasse: "Como eu posso chegar ao céu?", você deveria ser capaz de responder:

> *Para viver no céu precisamos ser puros e perfeitos, assim como Deus é puro e perfeito. Se colocarmos nossa fé em Deus, crendo que, quando Jesus morreu na cruz, estava morrendo em nosso lugar, por nosso pecado, então Deus nos vestirá com a sua justiça e seremos completamente aceitos.*

Jesus levou nosso pecado e deu-nos sua justiça.

Capítulo Quinze

1 O Que Tu Queres Que Eu Faça?

Nos dias que se seguiram à ressurreição de Jesus, ele passou tempo com seus discípulos e...

> *...apresentou-se a eles e deu-lhes muitas provas indiscutíveis de que estava vivo. Apareceu-lhes por um período de quarenta dias falando-lhes acerca do Reino de Deus.* Atos 1.3

No fim, Jesus os levou de volta a uma região familiar, a alguns quilômetros de Jerusalém.

> *Tendo-os levado até as proximidades de Betânia, Jesus ergueu as mãos e os abençoou. Estando ainda a abençoá-los, ele os deixou e foi elevado ao céu.* Lucas 24.50-51

> *E eles ficaram com os olhos fixos no céu enquanto ele subia. De repente surgiram diante deles dois homens vestidos de branco, que lhes disseram: "Galileus, por que vocês estão olhando para o céu? Este mesmo Jesus, que dentre vocês foi elevado ao céu, voltará da mesma forma como o viram subir".* Atos 1.10-11

Os anjos disseram que Jesus voltaria. Se fôssemos estudar a Bíblia além desta parte, veríamos que ela tem muita coisa a dizer sobre esse acontecimento futuro.[1] Assim como Deus cumpriu sua promessa referente às profecias sobre sua primeira vinda, podemos estar certos de que cumprirá sua palavra sobre sua segunda vinda.

O restante da Bíblia relata acontecimentos da vida dos discípulos, que se tornaram conhecidos como apóstolos. Esses seguidores de Jesus falaram sobre ele a multidões de pessoas.

> *Assim, a palavra de Deus se espalhava. Crescia rapidamente o número de discípulos em Jerusalém; também um grande número de sacerdotes obedecia à fé.* Atos 6.7

Até sacerdotes, que tinham sido instrumentos da morte de Jesus, passaram a crer. Mas nem todos estavam convencidos e, assim como os discípulos devem ter previsto, houve resistência. Um dos que odiavam a Jesus ardorosamente era um jovem fariseu chamado Saulo, que matou e aprisionou seus seguidores.

> *Enquanto isso, Saulo ainda respirava ameaças de morte contra os discípulos do Senhor. Dirigindo-se ao sumo sacerdote, pediu-lhe cartas para as sinagogas de Damasco,*

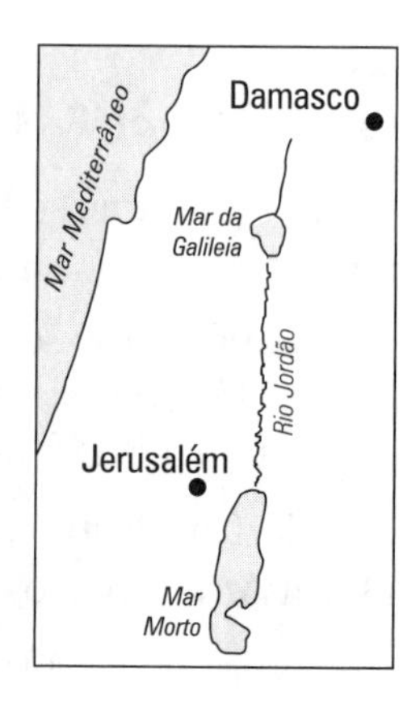

de maneira que, caso encontrasse ali homens ou mulheres que pertencessem ao Caminho, pudesse levá-los presos para Jerusalém. Em sua viagem, quando se aproximava de Damasco, de repente brilhou ao seu redor uma luz vinda do céu. Ele caiu por terra e ouviu uma voz que lhe dizia: "Saulo, Saulo, por que você me persegue?"

Saulo perguntou: "Quem és tu, Senhor?"

Ele respondeu: "Eu sou Jesus, a quem você persegue... ". *Atos 9.1-5*

Este era o início de uma vida notável. Saulo mudou radicalmente. Ele parou de matar cristãos e tornou-se um deles. O jogo virou e o perseguidor tornou-se o perseguido. Numa ocasião, ele foi apedrejado e deixado como morto. Três vezes foi açoitado com vara; cinco vezes chicoteado; três vezes sofreu naufrágios (durante um deles, esteve no mar por vinte e quatro horas). Tudo isso ocorreu quando Saulo tentava falar aos outros sobre sua fé em Jesus como O SALVADOR PROMETIDO. Este Saulo não era nenhum outro senão o homem que conhecemos como *o Apóstolo Paulo,* aquele que escreveu uma grande parte da Bíblia.

Em nosso estudo pelas Escrituras, já vimos várias vezes que Deus fez perguntas intrigantes. Essas perguntas foram elaboradas a fim de expor e esclarecer os pensamentos mais íntimos das pessoas, com o intuito de chamar sua atenção e confrontá-las com a realidade. Saulo também foi confrontado por Deus com uma pergunta:

"Saulo, Saulo, por que você me persegue?"

De certa forma, Deus estava dizendo: "Saulo, por que você é meu inimigo quando poderia ser meu amigo?" A resposta de Saulo revelou que ele sabia exatamente quem o questionava. Ele disse: *"Senhor"*.

Se fôssemos felizardos a ponto de encontrarmos Deus em pessoa, imagino que ele começaria a conversa com uma pergunta. A probabilidade de sermos confrontados da mesma forma que Saulo é muito remota. Em toda a Bíblia, isto aconteceu com apenas algumas poucas pessoas. Mesmo que não sejamos confrontados pessoalmente, continuamos tendo que enfrentar o que Deus registrou na Bíblia. Como eu disse no prefácio, a Bíblia, por seu próprio caráter, exige que façamos uma escolha. Basicamente, Deus está nos fazendo uma pergunta.

Ao ler este livro, você conheceu os fatos. Agora é responsável pelo que sabe. Deus agora pergunta: "Você reconhecerá e crerá em Jesus como seu Salvador pessoal — aquele que pagou sua dívida de pecado?"

Não responda sem pensar. Talvez você tenha pensado nisso. Por outro lado, pode ser que necessite de algum tempo para ponderar a questão.

Se responder "NÃO, eu não creio que Jesus é o meu Libertador", então o restante deste capítulo terá pouca relevância para você. Fique à vontade para ler, mas eu sugeriria que pulasse esta seção e terminasse com a próxima, intitulada: Um Tempo Conveniente. A Bíblia diz que, se nós rejeitamos a mensagem da cruz, não compreenderemos corretamente o restante das Escrituras porque:

> *...para os que estão perecendo é que está encoberto.*
>
> *O deus desta era [Satanás] cegou o entendimento dos descrentes, para que não vejam a luz do evangelho da glória de Cristo, que é a imagem de Deus.* 2 Coríntios 4.3-4

Por outro lado, se você responder: "SIM, eu gostaria de ser alguém que pode dizer que Jesus pagou minha dívida de pecado", ou "SIM, eu creio que Ele pagou minha dívida de pecado", então continue lendo. O restante da Bíblia foi escrito para pessoas como você.

Se respondeu "SIM", então você entende que Deus o perdoou de seu pecado e restaurou Seu relacionamento com você?

Se você respondeu honestamente com um SIM a essas perguntas , a Bíblia garante que você pode ter certeza de que seu pecado está perdoado e que seu relacionamento com Deus foi restaurado.

Os Fatos Sem a Cruz

CULPADO

Eu sou acusado e declarado culpado por violar a perfeita lei de Deus.

DEVEDOR

Violar a lei de Deus é pecar, e meu pecado incorre em uma dívida de pecado, uma consequência que eu devo pagar.

CONDENAÇÃO ETERNA

O débito só pode ser pago com minha morte, um pagamento que é feito por toda a eternidade no Lago de Fogo.

ESCRAVO

É impossível guardar a lei de Deus perfeitamente. Mesmo quando tento com todas as minhas forças, eu falho. Além do mais, Satanás me manipula para fazer a sua vontade. Eu sou um escravo.

AFASTADO

Meu pecado alienou-me de Deus e de seu amor. Deus parece distante e remoto.

INIMIGO

Quando eu nasci neste mundo, juntei-me a Satanás, que também pecou contra Deus.

PERDIDO

Tendo escolhido meu próprio caminho, encontrei-me em um deserto espiritual, procurando a verdade. Eu sou como uma ovelha perdida.

Nasci incrédulo ...

Eu não creio ...

Eu creio que pode haver muitas maneiras de aceitar a Deus – se é que existe um Deus. Jesus pode ser um caminho. Se eu viver uma boa vida e fizer o melhor, então Deus não me rejeitará.

Os Fatos Por Causa da Cruz

Deus, como o perfeito juiz, declara-me reto diante dele — justificado. Ele agora me vê como justo.

DECLARADO JUSTO

Minha dívida de pecado foi resolvida na cruz. O débito se foi — pagamento integral.

DÉBITO CANCELADO

Deus me deu uma nova vida, tanto agora como para toda a eternidade no céu.

VIDA ETERNA

Outrora escravizado, agora fui comprado com o sangue de Jesus e posto em liberdade. Eu não sou mais escravo dos propósitos de Satanás.

POSTO EM LIBERDADE REDIMIDO

... Crer é uma escolha

... Eu creio

Eu creio que, quando morreu na cruz, Jesus morreu em meu lugar como meu substituto, pagando minha dívida de pecado. Eu confio somente nele para salvar-me das consequências do pecado.

Eu não apenas nasci na família de Deus, mas Deus me deu todos os direitos de filho.

ADOTADO

A morte e a ressurreição de Jesus derrotaram Satanás. Eu não pertenço mais ao diabo. Tenho paz com Deus.

RECONCILIADO

Jesus, como o Bom Pastor, encontrou-me e deu-me nova vida, vida eterna, perdão, propósito de vida, libertação da culpa, e muito mais.

ENCONTRADO

Se você crê que Jesus morreu em seu lugar, por seu pecado, então pode ter certeza absoluta de que seu *Certificado de Débito* foi pago na íntegra.

Quando vocês estavam mortos em pecados e na incircuncisão da sua carne, Deus os vivificou com Cristo. Ele nos perdoou todas as transgressões[2], *e cancelou a escrita de dívida, que consistia em ordenanças, e que nos era contrária. Ele a removeu, pregando-a na cruz.* Colossenses 2.13-14

*Romanos 6.23 - parafraseado

Sua dívida de pecado foi cravada na cruz há dois mil anos. Por causa de sua confiança nele, Deus diz que...

"Dos seus pecados e iniquidades não me lembrarei mais". Hebreus 10.17

O perdão de Deus é total.

Pois como os céus se elevam acima da Terra, assim é grande o seu amor para com os que o temem; e como o Oriente está longe do Ocidente, assim ele afasta para longe de nós as nossas transgressões. Salmo 103.11-12

Portanto, se alguém está em Cristo, é nova criação. As coisas antigas já passaram; eis que surgiram coisas novas! 2 Coríntios 5.17

Agora, ao invés de morte eterna no Lago de Fogo, Jesus diz:

> *Não se perturbe o coração de vocês. Creiam em Deus, creiam também em mim. Na casa do meu Pai há muitos aposentos; se não fosse assim, eu lhes teria dito. Vou preparar-lhes lugar, voltarei e os levarei para mim, para que vocês estejam onde eu estiver. Vocês conhecem o caminho para onde vou.* João 14.1-4

Como crente, a vida continua, mas você agora tem a certeza de um futuro no céu. Jesus disse que está preparando um lugar para você. Agora você pode dizer com confiança que é um cidadão do céu. O seu **relacionamento** com Deus agora está restaurado.

Assim como um dia você nasceu numa família terrena, a Bíblia diz que agora nasceu na família de Deus. E assim como seus pais terrenos sempre serão seus pais, independentemente do que acontecer, ao nascer na família de Deus você não pode "*desnascer*". É importante compreender que, quando se trata do seu **relacionamento** com Deus, seu destino eterno é determinado de uma vez por todas. Você pertence à família de Deus por toda a eternidade.[3]

> *Escrevi-lhes estas coisas, a vocês que creem no nome do Filho de Deus, para que vocês saibam que têm[4] a vida eterna.* 1 João 5.13

> *Pois estou convencido de que nem morte nem vida, nem anjos nem demônios, nem o presente nem o futuro, nem quaisquer poderes, nem altura nem profundidade, nem qualquer outra coisa na criação será capaz de nos separar do amor de Deus que está em Cristo, Jesus, nosso Senhor.* Romanos 8.38-39

Embora você agora faça parte da família de Deus (**relacionamento**), a Bíblia diz que ainda pecará. Quando isso acontece, há uma ruptura na **comunhão** de sua família.

RELACIONAMENTO
inquebrável
Você nasceu na família de Deus. Você é eternamente Seu filho.

COMUNHÃO
quebrável
Seu pecado rompe a harmonia agradável que você tem com Seu Pai Celestial.

Comunhão é diferente de **relacionamento**. Por exemplo, quando um pai pede que o filho vá limpar o quintal e em vez disso o filho vai pescar, as coisas não vão ficar muito bem quando o pai chegar em casa. Haverá uma barreira entre o pai e o filho, e você provavelmente sentiria isto se estivesse presente. É verdade que o filho e o pai ainda são parentes — o **relacionamento** deles não mudou — mas a **comunhão** na família foi rompida. Entretanto, a Bíblia tem uma solução.

Quando pecamos, devemos reconhecer esse fato diante de Deus, e se prejudicamos nosso próximo, devemos nos reconciliar com ele também. Deus prometeu que...

> *Se confessarmos os nossos pecados, ele é fiel e justo para perdoar os nossos pecados e nos purificar de toda injustiça.*
>
> *1 João 1.9*

Nossa comunhão com Deus será imediatamente restaurada quando reconhecermos nosso pecado.

Sua Responsabilidade

Eu me lembro de uma ocasião em que, depois de terminar um estudo deste assunto com um casal, o marido me disse: "João, eu sei que sou um pecador incapaz". Em seguida ele fez um breve resumo da Bíblia para me mostrar que ele sabia que não podia fazer nada por si mesmo para agradar a Deus. Resumiu isso com uma clara exposição de sua fé naquilo que Jesus cumpriu na cruz por ele. Então disse: "João, você tem um filho. Assim como eu não tenho que fazer nada para tornar-me um membro da família de Deus, seu filho tambem não precisa fazer algo para tornar-se membro da sua família. Mas pelo fato de agora ser membro, tem responsabilidades: ele lava o cachorro, arruma a sua cama, e assim por diante". Então perguntou: *"Como parte da família de Deus, quais são as minhas responsabilidades?"*

Aquela foi uma pergunta muito perspicaz, respondida pelo restante da Bíblia. As Escrituras dizem que a vida que uma pessoa vive é determinada pelo **foco** que ela mantém, por aquilo em **quê** ela fixa sua atenção. Isso não é nenhum tipo de jogo mental. Isso está relacionado ao seu centro de atenção. Se você se concentrar em você mesmo, irá tornar-se muito egoísta. Se você colocar Deus no centro, perceberá que a sua vida lhe trará a honra e a glória que Ele merece. Portanto, para ser um cristão responsável:

1. Você precisa **se concentrar** naquilo que *possui agora* por causa de Jesus, o que inclui tudo o que foi relacionado na página 301. O que você *possui agora* se refere à sua *posição em Cristo*. Deus quer que você se regozije no fato de que seu pecado está perdoado e de que agora você possui uma nova vida.

2. Seu **objetivo** deverá ser conhecer Jesus cada vez melhor. Paulo, o apóstolo, escreveu sobre sua ambição na vida:

> *...considero tudo como perda, comparado com a suprema grandeza do conhecimento de Cristo Jesus, meu Senhor, por quem perdi todas as coisas. Eu as considero como esterco para poder ganhar Cristo e ser encontrado nele, não tendo a minha própria justiça que procede da Lei, mas a que vem mediante a fé em Cristo, a justiça que procede de Deus e se baseia na fé. Quero conhecer Cristo...* Filipenses 3.8-10

Quando você fixa sua atenção no Senhor, está tirando seus olhos de si mesmo. Você se torna desejoso de agradá-lo e servir os outros. É como um jovem com sua namorada — ele dedica toda a sua atenção para conhecê-la.

3. Você precisa **concentrar-se** em confiar nele diariamente, em todas as situações da vida, pois pode ter certeza de que ele é totalmente capaz de lidar com todas as suas preocupações e com a sua ansiedade. Jesus disse...

> *"Venham a mim, todos os que estão cansados e sobrecarregados, e eu lhes darei descanso".* Mateus 11.28

À medida que você aplicar essas verdades, perceberá que estará progredindo de um bebê espiritual para um adulto espiritualmente maduro. Se você acha que tudo isto acontece como resultado de algum tipo de superdisciplina que você aplica a si mesmo, é importante entender que...

> *...Aquele que começou boa obra em vocês vai completá-la até o dia de Cristo Jesus.* Filipenses 1.6

Assim como não é normal ou saudável uma criança permanecer um bebê por toda a sua vida, não é correto que um *filho de Deus* recém-nascido permaneça um bebê espiritual. Infelizmente, isso é muito comum. Mas ninguém precisa ficar dessa maneira. Mantenha seu foco no lugar apropriado e você crescerá.

Inimigos

Há certas coisas, ou *inimigos,* que podem desviar seu foco e retardar seu crescimento espiritual.

1. **Nossa natureza humana.**[5] Se alguma vez alguém já foi o seu próprio pior inimigo, este é o caso. A Bíblia diz que nossa natureza humana pecaminosa nunca se satisfaz. Ela sempre deseja mais dinheiro, mais atenção, uma personalidade diferente, melhor aparência, mais bonito isso, maior aquilo e uma infinidade de outros desejos. Ela pode ser satisfeita momentaneamente, mas desejará algo mais para encher o "buraco negro" de sentimentos e vontades. Nossa natureza humana tem um foco principal — nosso **EU**. A Escritura diz...

> ... *Vivam pelo Espírito e de modo nenhum satisfarão* **os desejos da carne**. *Gálatas 5.16*

Então, como é possível *andar no Espírito*? Isto nos traz de volta ao tema do foco. Quando nos concentramos nas coisas de Deus, os *desejos da natureza pecaminosa* são substituídos por um desejo mais forte de agradar nosso Criador-Proprietário.

Deus diz que devemos tratar nossa natureza pecaminosa como se estivesse morta. Devemos ignorar suas exigências e desejos de maneira ativa e agressiva.

> *Assim, façam morrer tudo o que pertence à natureza terrena de vocês ...* *Colossenses 3.5*

Por exemplo, antes de casar-me, tive várias namoradas. Foram relacionamentos genuínos, mas quando eu me casei, aqueles antigos relacionamentos terminaram. Morreram. Agora eu estou me dedicando a um novo relacionamento; eu desejo agradar a minha esposa. Ela se tornou o meu foco. Seria errado permitir que meus pensamentos se fixassem em uma antiga namorada. Da mesma forma, antes de você crer, só satisfazia sua natureza pecaminosa, mas agora, como um verdadeiro cristão, Deus quer que deixe isso e se dedique a agradá-lo e a servir os outros.

> *...livremo-nos de tudo o que nos atrapalha e do pecado que nos envolve, e corramos com perseverança a corrida que nos é proposta, tendo* ***os olhos fitos*** *[ou focalizados] em Jesus...* Hebreus 12.1-2

Esse conselho bíblico contradiz muitos conselhos que recebemos hoje. Hoje em dia, fala-se em investigar nosso passado para buscar respostas para os nossos problemas. Cada erro deve ser acertado e, se fomos machucados, considerarmo-nos vítimas. O resultado final de todos esses conselhos é que passaremos a nos concentrar em nós mesmos e nos tornaremos obcecados. Por outro lado, a Bíblia nos diz para esquecermos de nós mesmos, incluindo nosso passado. Se realmente fomos maltratados, devemos perdoar, por mais difícil que isso possa parecer.

> *Sejam bondosos e compassivos uns para com os outros, perdoando-se mutuamente, assim como Deus os perdoou em Cristo.* Efésios 4.32

Pode parecer estranho, mas no processo de perdoar os outros, experimentamos a cura em nossas próprias vidas. Jesus, que certamente sabia o que era ser maltratado, disse...

> *Tenho lhes dito estas palavras para que a minha alegria esteja em vocês e a alegria de vocês seja completa.* João 15.11

2. **O sistema do mundo:** A Bíblia diz que o sistema do mundo tem um impacto espiritual negativo sobre nós, desviando nosso foco de Jesus para aquelas coisas que são transitórias. Nós somos responsáveis por discernir o que tende a arrastar-nos de volta aos antigos padrões pecaminosos e evitar essas coisas que destroem nosso foco.

   > *Porque a graça de Deus... nos ensina a renunciar à impiedade e às paixões mundanas e a viver de maneira sensata, justa e piedosa nesta era presente, enquanto aguardamos a bendita esperança: a gloriosa manifestação de nosso grande Deus e Salvador, Jesus Cristo.* Tito 2.11-13

3. **O Diabo:** Embora Satanás tenha sido derrotado, ainda tenta nos influenciar ativamente. Deus não elimina Satanás quando nos tornamos cristãos, e sim nós somos responsáveis por resistir às suas tentações e buscar força somente em Deus.

Portanto, submetam-se a Deus. Resistam ao Diabo, e ele fugirá de vocês. Tiago 4.7

Muito esperto, Satanás usa a influência do mundo e nossa natureza humana egoísta para nos tentar e desviar nosso foco. Você pode esperar que ele lançará dúvidas em sua mente, até mesmo sobre a escolha que você fez de confiar em Jesus. Ele dirá que sua fé não é suficientemente grande ou questionará se você realmente entendeu do que se trata. Lembre-se: ele também fez isto com Adão e Eva. Resista-lhe e faça o que Jesus fez. Vá até a Bíblia em busca de ajuda.

É interessante que à medida que combatemos a influência desses três inimigos e mantemos nosso foco, nós criamos raízes espirituais fortes.

Amigos

Os escritores da Bíblia também nos dizem que existem *amigos* que nos ajudarão a estabelecer e manter nosso foco.

1. **O próprio Deus:** A Bíblia diz que o Espírito Santo entrou em você quando você confiou em Jesus; ele veio para viver em você. Agora ele está sempre acessível — para encorajá-lo quando estiver desanimado, estimulá-lo a viver para ele com toda honestidade e repreender você quando se desviar para o pecado. O *Espírito Santo* é um companheiro tão fiel que é chamado de *o Consolador, o Ajudador, o Conselheiro* — todos são nomes de Deus.

Mas o Conselheiro, o Espírito Santo, que o Pai enviará em meu nome, lhes ensinará todas as coisas e lhes fará lembrar tudo o que eu lhes disse. João 14.26

Como pais, ficamos felizes quando nossos filhos alcançam uma determinada meta, ou quando se comportam da maneira apropriada. Como filhos de Deus, é importante que nos conduzamos de um modo que traga honra e não desonra ao nome de nosso Pai celestial. Nossa obediência mostra que estamos dando a Deus a estima devida e o respeito que ele merece.

"Tu, Senhor e Deus nosso, és digno de receber a glória, a honra e o poder, porque criaste todas as coisas, e por tua vontade elas existem e foram criadas." Apocalipse 4.11

2. **A Fé:** Muitas vezes a Bíblia chama o processo de crescimento espiritual de *andar* com Deus. Damos um passo de cada vez. Assim como nos tornamos membros da família de Deus pela *fé*, devemos andar com Deus pela *fé*.

   Portanto, assim como vocês receberam Cristo Jesus, o Senhor, continuem a viver nele, enraizados e edificados nele, firmados na fé, como foram ensinados, transbordando de gratidão. Colossenses 2.6-7

   Lembre-se: a *fé* se baseia nos *fatos* que são encontrados na Bíblia. É importante não andar com Deus com base no que você *sente*. Você pode levantar pela manhã com um mal-estar e um começo de febre. Isso não significa que você não faça mais parte da sua família ou, nesse caso, da família de Deus. Talvez às vezes você não *se sinta* muito espiritual, mas não é isso que determina o quanto você está andando com Deus. Nosso andar diário é determinado pelas escolhas que fazemos. Se fizermos escolhas sábias, estaremos aprendendo a sabedoria de Deus. Se fizermos escolhas tolas, demonstraremos imaturidade e permaneceremos crianças espirituais. As escolhas que fazemos são dirigidas por Deus ao lermos a Bíblia.
3. **A Bíblia:** É uma fonte de força diária, ou o guia de viagem.

   Toda a Escritura é inspirada por Deus e útil para o ensino, para a repreensão, para a correção e para a instrução na justiça, para que o homem de Deus seja apto e plenamente preparado para toda boa obra. 2 Timóteo 3.16-17

   A Bíblia compara a si mesma ao alimento espiritual. Quanto mais você a estudar, mais forte espiritualmente ficará. Deus *falará* a você através dela — não de forma audível, mas em sua mente. É uma das chaves para o desenvolvimento de sua *comunhão* com Deus. Ler as Escrituras é a maneira de *conhecê-lo*. Sem esse alimento constante, você permanecerá um bebê espiritual.

   Se você não possui uma Bíblia, adquira uma (veja o Apêndice para sugestões). Comece lendo todo o *Evangelho de João*. Leia-o como uma história, assim não será difícil. Depois, releia este livro, O Estranho, e consulte cada referência em sua Bíblia. Isso demorará um pouco no início, mas depois você se surpreenderá ao ver como encontrará as passagens cada vez mais depressa. Use um marcador de texto para sublinhar os versículos. Isso o ajudará a localizá-los rapidamente, e a relembrar o que aprendeu. Depois de ler O ESTRANHO pela segunda vez, provavelmente você estará pronto para ler os livros de *Atos* e *Romanos*. Se não entender alguma coisa, assinale sua dúvida e continue a ler. Lentamente, tudo se encaixará.

4. **A Oração:** Orar é simplesmente falar com Deus. Você não precisa inclinar sua cabeça e fechar os seus olhos, embora isso seja apropriado se ajudar você a evitar distrações. Como Deus conhece os seus pensamentos e está presente em todo o lugar, você poderá expressar sua oração silenciosamente a qualquer momento e ele a ouvirá. Não é necessário orar em voz alta.

Não andem ansiosos por coisa alguma, mas em tudo, pela oração e súplicas, e com ação de graças, apresentem seus pedidos a Deus. E a paz de Deus, que excede todo o entendimento, guardará o coração e a mente de vocês em Cristo Jesus. Filipenses 4.6-7

A oração é a maneira de expressar nossas preocupações, nossas angústias, nossos pedidos e nossa gratidão a Deus.

5. **Outros cristãos:** A Bíblia diz que nós adquirimos maturidade espiritual através da amizade com outros que creem nas Escrituras. Isso é vital.

E consideremos uns aos outros para nos incentivarmos ao amor e às boas obras.

Não deixemos de reunir-nos como igreja, segundo o costume de alguns, mas procuremos encorajar-nos uns aos outros, ainda mais quando vocês veem que se aproxima o Dia. Hebreus 10.24-25

A maioria de suas amizades com outros cristãos nascerá dentro do contexto da igreja. Contudo, é bom tomar alguns cuidados.

Lembre-se: Satanás aparece como um *anjo de luz*. Ele adora religião. Por isso, você precisa saber que há muitos *falsos pastores* e *falsas ovelhas*. Só porque alguém fala de Deus, isso não significa que ele seja um cristão verdadeiro. As igrejas variam de boas a más em seu entendimento e prática da verdade. A Bíblia diz que os verdadeiros e os falsos mestres existirão até Jesus retornar pela segunda vez, quando separará todos. Até então, tenha discernimento. Faça essas perguntas:

- A igreja crê que a Bíblia é a verdadeira e inspirada Palavra de Deus, sem erros em seus escritos originais? Cuidado com aqueles que dizem que ela apenas *contém* a Palavra de Deus.
- A igreja crê na Bíblia literalmente, ou ensina que alguns relatos são apenas fábulas ou histórias abstratas? (Por exemplo, a Bíblia diz que existe um Inferno literal, um Diabo literal, um céu literal, etc.)
- A igreja crê em fatos como o nascimento de Jesus por uma mulher *virgem*? Tome cuidado com aqueles que dizem que isto significa apenas uma *mulher jovem*, que Maria não era virgem.
- A igreja crê que Jesus é totalmente Deus, bem como totalmente homem? Esteja atento àqueles que dizem que Jesus era somente outro deus, e que nós somos deuses também. Do mesmo modo, evite aqueles que dizem que Jesus era somente um grande mestre.
- A igreja crê na Trindade?
- A igreja entende que Jesus morreu em nosso lugar, pela nossa dívida de pecado? Se a igreja é *vaga* sobre esse assunto, ou se dá a impressão de que você precisa fazer alguma coisa a mais para ser aceito por Deus, como batismo ou outros ritos especiais, cuidado!
- A igreja possui uma boa reputação? As reuniões são conhecidas por serem extravagantes ou tumultuadas? Ela mantém altos padrões morais? Lida com negócios de natureza duvidosa?

Se a igreja é questionável em **uma** dessas áreas, então é muito provável que ela também esteja errada em outros ensinos. Essas perguntas têm o propósito de revelar sintomas de problemas mais profundos. Você deve sentir-se completamente à vontade para fazer perguntas específicas aos líderes da igreja. Qualquer subterfúgio da parte deles será um sinal de alerta. Não se engane com um pregador simpático ou por sua comunicação persuasiva. Lembre-se: muitas igrejas **não** estão seguindo a Bíblia. Não existe uma igreja perfeita, mas essas perguntas o ajudarão a encontrar um grupo de cristãos que pensam de forma semelhante.

Pode ser que a ideia toda de *igreja* provoque algum tipo de desprezo por parte de sua família e amigos. Essa pode ser uma experiência difícil e humilhante. Talvez o seu orgulho queira ajudá-lo, mas lembre-se de onde o orgulho se originou, e procure um grupo de cristãos (crentes) de qualquer modo. A ideia de reunião para fortalecimento mútuo foi ideia de Deus. Garanto a você que é importante para o seu crescimento como cristão. Companheiros cristãos podem ser uma tremenda ajuda para encorajá-lo em sua jornada espiritual.

6. **Música:** O rei Davi escreveu alguns dos primeiros cânticos ou *Salmos* com o propósito de encorajar os nossos corações. Desde então, outros cristãos escreveram excelentes letras sobre Deus. Mais uma vez, cuidado! Há tanto música boa quanto ruim. Use o mesmo discernimento que você aplicaria para escolher uma igreja. Com base naquilo que você estudou, analise se as palavras cantadas são *verdadeiras* ou *falsas*. Deus o ajudará.

7. **Fale aos outros:** Os discípulos iam a todos os lugares falando aos outros sobre estas *boas novas*. Você também pode fazê-lo. É muito estimulante ver amigos chegarem ao mesmo entendimento. Mas lembre-se: Deus deu às pessoas uma vontade própria, portanto, respeite-a. Seja paciente em sua abordagem e sensível no que você diz. Não enfie sua convicção "goela abaixo". A Bíblia nos diz para sermos *testemunhas*, não *advogados*. Uma testemunha expõe algo; um advogado argumenta e tenta convencer. Talvez só o fato de emprestar esse livro aos seus amigos possa ajudá-los a compreender.

8. **Esperança futura:** a Bíblia diz que um dia Jesus retornará à Terra.

   Irmãos, não queremos que vocês sejam ignorantes quanto aos que dormem, para que não se entristeçam como os outros que não têm esperança. Se cremos que Jesus morreu e ressurgiu, cremos também que Deus trará, mediante Jesus e com ele, aqueles que nele dormiram. Dizemos a vocês, pela palavra do Senhor, que nós, os que estivermos vivos, os que ficarmos até a vinda do Senhor, certamente não precederemos os que dormem.

Pois dada a ordem, com a voz do arcanjo e o ressoar da trombeta de Deus, o próprio Senhor descerá dos céus, e os mortos em Cristo ressuscitarão primeiro. Depois nós, os que estivermos vivos seremos arrebatados com eles nas nuvens, para o encontro com o Senhor nos ares. E assim estaremos com o Senhor para sempre. Consolem-se uns aos outros com essas palavras. 1 Tessalonicenses 4.13-18

Bem, ainda há tanta coisa que poderia ser escrita, mas se você é um dos que colocaram sua fé em Cristo, então é bom saber que a Bíblia diz que Deus o guiará, passo a passo. Você começou uma peregrinação espiritual. Mantenha os seus olhos nele; deixe que ele seja o seu foco. Estude regularmente seu mapa, a Bíblia. Nem sempre o caminho será plano, mas Deus estará com você. Ele lhe deu a sua promessa. Tenha uma boa jornada!

O Deus da paz, que pelo sangue da aliança eterna trouxe de volta dentre os mortos o nosso Senhor Jesus, o grande Pastor das ovelhas, os aperfeiçoe em todo o bem para fazerem a vontade dele, e opere em nós o que lhe é agradável, mediante Jesus Cristo, a quem seja a glória para todo o sempre. Amém. Hebreus 13.20-21

2 Um Tempo Conveniente

Existem aqueles que, depois de lerem a Bíblia e entenderem o que ela diz, decidem correr um risco. Decidem não acreditar nela. Eles preferem:

- Ignorar sua mensagem.
- Rejeitá-la completamente.
- Ocupar-se com a vida e esquecê-la.
- Mudar sua mensagem.

...e esperam que a Bíblia esteja errada.

Herodes Agripa assumiu esse risco. Como neto de Herodes, o Grande, e primo de Herodes Antipas, deve ter ouvido secretamente as informações sobre Jesus que circulavam na corte. Sem dúvida, espias relataram cada palavra que o profeta de Nazaré dissera. Mas Herodes tinha uma posição; ele era um homem importante. Ao invés de humilhar-se diante do Rei dos reis, continuou a viver sua vida por si mesmo. Ele até ganhou certa popularidade, decapitando um dos discípulos de Jesus. Mas então ...

> *No dia marcado, Herodes, vestindo seus trajes reais, sentou-se em seu trono e fez um discurso ao povo. Eles começaram a gritar: "É voz de deus, e não de homem". Visto que Herodes não glorificou a Deus, imediatamente um anjo do Senhor o feriu; e ele morreu comido por vermes.* Atos 12.21-23

Em Sua graça, Deus tolerará o pecado por algum tempo, mas depois, em sua justiça, ele o julgará. O julgamento poderá ocorrer nessa vida ou poderá ser retido até depois da morte, mas acontecerá. Herodes morreu[6] e enfrentou uma eternidade no Lago de Fogo. O próximo versículo é digno de nota ...

> *Entretanto, a palavra de Deus continuava a crescer e a espalhar-se.* Atos 12.24

Eu o encorajaria a não ignorar a mensagem da Bíblia ou ficar ocupado demais para pesquisá-la adequadamente. Seria uma tragédia não dedicar tempo para realmente descobrir tudo o que você precisa saber sobre a vida e a morte.

Outro contemporâneo de Jesus foi Herodes Agripa II. Como neto de Herodes, o Grande, e filho de Herodes Agripa, também sabia sobre Jesus. A Bíblia diz que o rei Agripa era *bem versado* em todas as coisas a respeito de Jesus. O apóstolo Paulo[7] foi preso e testificou diante dele. Em sua defesa perante Agripa, Paulo lhe falou sobre Jesus. Ele disse ...

> *Porque tudo isto é do conhecimento do rei, a quem me dirijo com franqueza, pois estou persuadido de que nenhuma destas cousas lhe é oculta; porquanto nada se passou aí, nalgum recanto. Acreditas, ó rei Agripa, nos profetas? Bem sei que acreditas. Então Agripa se dirigiu a Paulo, e disse: Por pouco me persuades a me fazer cristão.*
> Atos 26.26-28 (Ed.Rev.e Atual.)

O rei Agripa parecia entender Paulo muito bem, tão bem que até mesmo admitiu que Paulo quase o persuadiu a crer. Mas Agripa assumiu o risco. Ele não creu. Evitou a questão num esforço para esquivar-se de uma decisão. Tanto quanto sabemos, Agripa nunca creu. Ele foi para a sepultura *entendendo*, mas não crendo. A escolha foi dele.

Paulo também se defendeu diante de um governador romano chamado Félix. Paulo sempre aproveitava essas oportunidades para dar uma longa explanação de quem era Jesus e o que Ele havia feito.

> *Vários dias depois, Félix veio com Drusila, sua mulher, que era judia, mandou chamar Paulo e o ouviu falar sobre a fé em Cristo Jesus. Quando Paulo se pôs a discorrer acerca da justiça, do domínio próprio e do juízo vindouro, Félix teve medo e disse: "Basta, por enquanto! Pode sair. Quando achar conveniente, mandarei chamá-lo de novo".* Atos 24.24-25

Félix adiou a sua decisão. Ele estava esperando por um tempo mais conveniente. É fácil fazer isso, mas a Bíblia nos lembra que *agora* é o tempo para decidir...

> *... agora é o tempo favorável, agora é o dia da salvação.*
> 2 Coríntios 6.2

Nós nunca sabemos o que o futuro nos reserva, ou quão rapidamente nossa vida pode ser levada. Precisamos decidir *agora*. É claro que Félix tinha medo e, às vezes, nós também nos tornamos receosos. Nós nos perguntamos o que os outros vão pensar. Isso realmente não importa. O que importa é o que Deus pensa. Nem a história bíblica, nem a secular registram o que aconteceu com Félix, mas até onde sabemos, ele nunca encontrou um tempo conveniente para crer.

Félix também tinha outras esperanças...

> *... que Paulo lhe oferecesse algum dinheiro, pelo que mandava buscá-lo frequentemente e conversava com ele.*
> Atos 24.26

Félix tinha motivos ocultos. Seu aparente interesse em Jesus era distorcido por um desejo de lucro financeiro. Apesar disso, falou *frequentemente* com Paulo sobre Jesus. Muitos podiam interpretar essas conversas como se Félix tivesse *se tornado religioso.* Algumas pessoas são como Félix. Elas falam bastante sobre a Bíblia, mas usam a mensagem dela em seu próprio benefício. A maioria das pessoas reconhece a incoerência, mas algumas são enganadas. Por causa desses hipócritas, algumas pessoas declaram que nunca crerão na Bíblia. Mas, espere um minuto! Será que a mensagem da Bíblia mudou? Não, nem um pouco. Ela ainda diz a mesma coisa, não importa o quanto as pessoas a tenham distorcido visando os seus próprio fins. Se você é alguém que tende a rejeitar a Bíblia por causa de pessoas como Félix, então pense de novo.

Se você está vacilando, se não está entendendo, ou francamente está rejeitando o que leu, então devo sugerir que pesquise a Bíblia um pouco mais, antes de encerrar o caso. Como dissemos no início, as Escrituras têm muito a dizer sobre a vida ... e a morte.

Não pare sua investigação agora.

A sua vida — e sua vida após a morte — está em jogo.

Apêndice

Glossário

A Escolha de uma Bíblia

Fontes de Pesquisa

Notas Finais

GLOSSÁRIO

Aba: (aramaico) equivalente às palavras portuguesas "papai" ou "paizinho".

Adoção: a cerimônia de conceder a filiação legal e completa a alguém com todas suas obrigações e privilégios.

Adorar: declarar a dignidade de Deus.

Aliança: uma promessa, um acordo.

Altar: uma plataforma feita de terra ou pedras sobre a qual se ofereciam sacrifícios a Deus ou a deuses.

Amém: (hebraico/grego) uma palavra de afirmação; uma forma de concordância, *"Está certo!"* ou *"Eu concordo!"*

Anjo: (grego) mensageiro; um espírito celestial criado.

Apóstolo: (grego) *enviado;* na maioria das vezes o termo é usado em relação aos doze discípulos e Paulo.

Arca: um recipiente; grande (barco) ou pequeno (caixa).

Arrepender-se: ter uma *mudança de mente* (ver página 166).

Bênção: receber ou dar o favor de Deus.

Centurião: (grego/latim) oficial do exército romano responsável por 100 homens.

Confessar: *concordar com* ou *reconhecer.*

Cristo: (grego) *"o ungido"*; no Velho Testamento, *Messias* (hebraico).

Demônio: um espírito criado, mau e submisso a Satanás.

Diabo: (derivado do grego) falso acusador, caluniador; outro nome para Satanás; o mais poderoso de todos os espíritos maus.

Discípulo: seguidor.

Emanuel: (hebraico/grego) *"Deus conosco"*.

Escriba: aquele que fazia cópias das Escrituras nos tempos antigos.

EU SOU: um nome de Deus, significando *"O Auto-Existente"* ou *"Aquele que existe por Seu próprio poder"*.

Evangelho: boas novas.

Faraó: rei do Egito.

Fariseu: judeu que seguia meticulosamente a lei de Deus, a ponto de criar leis adicionais para não violar as leis de Deus.

Fé: *confiar* ou *colocar a confiança em* (ver páginas 112-114).

Filho de Deus: termo idiomático, sem nenhuma implicação física, usado para designar os mesmos atributos.

Filho do homem: expressão usada por Jesus em relação a si mesmo para enfatizar a Sua humanidade; também entendida pelos estudiosos antigos como um termo referente ao Messias.

Gênesis: (grego) *inícios* ou *origens.*

Glória: literalmente *"ter peso"*, com sentido de valor.

Graça: bondade de Deus para com os pecadores indignos.

Jesus: (grego — derivado do hebraico) significa *Salvador, Libertador.*

Justificado: um ato jurídico através do qual Deus declara uma pessoa justa aos Seus olhos.

Justo: considerado justo diante de Deus. Isso não significa que a pessoa não tenha pecados. A palavra também pode ser usada para qualificar um modo de vida; ter um estilo de vida bom ou reto.

Maldição: incorrer em desagrado ou submeter alguém ao desagrado.

Messias: (Hebraico) *"o ungido"*, traduzido *"Cristo"* (grego) no Novo Testamento.

Misericórdia: o amor de Deus demonstrado aos pecadores indignos, compaixão.

Natureza pecaminosa: às vezes chamada de *natureza humana* ou *natureza de Adão*; uma condição.

Parábola: uma história curta com uma lição.

Pecado: sugere a ideia de atirar uma flecha e errar o alvo; neste caso o alvo é a santidade de Deus, que não conseguimos atingir; desprezar Deus e sua Palavra; recusa em viver como Deus quer.

Profeta: um mensageiro que falava em nome de Deus.

Rabi: (Grego) professor, mestre.

Redimir: *comprar*, no sentido de adquirir um escravo em um mercado.

Sábado: o sétimo dia da semana.

Sacerdote: homem que executava tarefas específicas no Tabernáculo ou no Templo.

Salmo: (grego) cântico.

Salvador: alguém que livra ou resgata outrem.

Satanás: (hebraico/grego) adversário; o supremo inimigo de Deus.

Sinagoga: (grego) assembleias; normalmente usado em relação ao edifício.

Sinédrio: (grego) um tribunal judaico constituído de setenta e um homens.

Transgressão: ver *pecado*.

Ungir: derramar óleo sobre a cabeça de uma pessoa ou sobre um objeto com o propósito de separá-lo (a) para o uso de Deus. A palavra *ungido* passou a significar alguma coisa escolhida para o serviço do Senhor.

A ESCOLHA DE UMA BÍBLIA

A Bíblia foi escrita na língua comum de cada geração — hebraico, aramaico e grego. Deus quis que ela fosse acessível a cada homem, mulher e criança, independentemente de sua criação ou posição social. Desde o auge da civilização grega, fizeram-se traduções para outras línguas.

Durante o período que passou a ser conhecido como a Idade das Trevas, em geral a Bíblia só estava disponível em latim e apenas o clero organizado tinha acesso às limitadas cópias manuscritas. Se um leigo quisesse lê-la ou compreendê-la por si mesmo, estaria incorrendo em pecado. Pelo visto Satanás havia obtido sucesso em esconder a Palavra de Deus atrás da vestimenta clerical.

Então, no ano 1500, William Tyndale tomou o propósito de colocar a Bíblia na língua do dia-a-dia do povo de fala inglesa. Conta-se que certa vez ele disse a um clérigo: "Se Deus poupar minha vida, dentro de poucos anos, eu farei com que um garoto que maneja o arado saiba mais da Escritura do que tu sabes".

Tyndale sofreu severa oposição em sua tarefa, tanto por parte do clero quanto dos poderes políticos daqueles dias. Ele foi vítima de naufrágio, perdeu manuscritos, foi perseguido por agentes secretos e traído por amigos, mas conseguiu traduzir a Bíblia para o inglês às custas de sua própria vida. Capturado, aprisionado, sentenciado e, finalmente, estrangulado e queimado, suas últimas palavras foram: "Senhor, abre os olhos do Rei da Inglaterra".

Hoje em dia, a língua portuguesa oferece uma variedade de traduções, muitas com diversos auxílios bíblicos suplementares.
Ao escolher uma Bíblia, lembre-se de duas coisas:

1. Toda Bíblia em português que você comprar é uma tradução das línguas originais. Toda vez que alguém traduz uma mensagem de uma língua para outra, a exatidão e a legibilidade — a produção toda — terá seus pontos fortes e fracos. Felizmente, a tradução da Bíblia em português em geral tem sido feita com grande cuidado, de modo que a versão que temos hoje é muito exata. No entanto, existem traduções boas e não tão boas da Bíblia. Eu sugiro veementemente que você procure a tradução mais exata que puder, mas não se esqueça de que é uma tradução. Digo isso sem depreciar um til do poder da mensagem bíblica em outro idioma.
2. Consiga uma tradução que seja fácil de ler. Lembre-se, Tyndale deu sua vida para tornar a Bíblia acessível ao homem comum. Ele queria que o povo entendesse a Bíblia com facilidade, e não que se sentisse como se estivesse lendo uma língua estrangeira.

Embora este livro use a Nova Versão Internacional, também usei a tradução de João Ferreira de Almeida quando esta parecia dar uma versão mais clara do original.

Para ajudar a explicar a Bíblia com mais detalhes, muitas versões vêm com referências cruzadas, notas sobre costumes, mapas, etc. — que fazem parte da categoria "recursos bíblicos auxiliares". Eles podem ser muito úteis, mas lembre-se: são nada mais do que comentários humanos sobre o texto bíblico e não substituem as Escrituras em si.

Ao comprar uma Bíblia, talvez você queira ter uma pequena para levar com você e uma maior para estudos mais aprofundados em casa.

FONTES DE PESQUISA

Em razão da variedade de assuntos incluídos em qualquer lista de livros, vídeos, websites ou revistas, por princípio, o Instituto BOASEMENTE não publica endossos específicos. Não obstante, no momento em que este livro foi escrito, as seguintes fontes ofereciam informações úteis sobre criação/evolução e outras questões bíblicas/científicas. A lista abaixo representa muitas outras fontes.

WEBSITES: www.AnswersInGenesis.org www.icr.org

REVISTAS: Creation ex nihilo – para adultos, com seções para crianças; também o Technical Journal – para estudos avançados. Ambos estão disponíveis em www.AnswersInGenesis.org

LIVROS:

Como Tudo Começou, Adauto Lourenço (São José dos Campos: Editora Fiel 2007, 281 p.) www.editorafiel.com.br

Criação ou Evolução, Henry M. Morris (São José dos Campos: Editora Fiel 1979, 119p.).

Terra ... De Onde Veio?, John C. Whitcomb (São José dos Campos: Editora Fiel, 1972, 173p.).

Mistério dos Dinossauros, Norma Whitcomb (São José dos Campos: Editora Fiel, 1993, 120p.).

Amostra de Salmos, Henry M. Morris (SP: Editora Vida, 1986, 174p.).

A Evolução é Impossível, Gérson Rocha, (SP: Editora AIMI, 1990, 159p.). (Esta obra pode ser adquirida por pedido à: Cx.P.20, Vitória da Conquista, BA, 4510-030). (pibbiblica@terra.com.br, 0xx77-424-6596).

A Bíblia e a Ciência Moderna, Henry M. Morris (SP: Editora Imprensa Batista Regular, 1985, 115p.).

VÍDEO:

Uma questão de Origens – a criação ou a evolução, COMEV, S.Paulo

NOTAS FINAIS

CAPÍTULO UM

1. Josh McDowell, compilado por Bill Wilson, *A READY DEFENSE*, Thomas Nelson Publishers, © 1993 pp. 27,28. Usado com permissão de Thomas Nelson, Inc.
2. Vieram alguns homens, trazendo-lhe um paralítico, carregado por quatro deles. Marcos 2.3
3. *ILLUSTRATED BIBLE DICTIONARY*, Pt 3, IVP © The Universities and Colleges Christian Fellowship 1980, p. 1538.
4. Philip W. Comfort, *THE ORIGIN OF THE BIBLE*, Mark R. Norton, Texts & Manuscripts of the Old Testament, p. 151ff, ©1992 por Tyndale House Pub., Inc.
5. Traduzido por Vicente Pedroso, *HISTÓRIA DOS HEBREUS, OBRA COMPLETA, FLÁVIO JOSEFO*, © 1990 pela Casa Publicadora das Assembleias de Deus (CPAD), Rio de Janeiro, p. 712.
6. Norman L. Geisler e William E. Nix, *FROM GOD TO US, HOW WE GOT THE BIBLE*, ©1974 Moody Press, Chicago, p. 7.
7. Hoje, estudiosos judeus dividem as Escrituras hebraicas em três seções — A Lei, os Escritos e os Profetas. Embora essa divisão tenha sido esta-

belecida no segundo século a.C., ela só foi concluída no quinto século. Ibidem, pp. 77-85.

8. Novo Dicionário da Língua Portuguesa, Segunda Edição ©1986 por Aurélio Buarque de Holanda Ferreira.

Capítulo Dois

1. A galáxia aqui representada não é a Via-Láctea, pois é impossível fotografá-la. Nós a substituímos por uma galáxia semelhante, Andrômeda.
2. Dados estatísticos: *THE WORLD BOOK ENCYCLOPEDIA; NIGHTWATCH (Um Guia Prático para Observação do Universo)*, por Terence Dickinson, pub. Firefly Books, abril 1999. O número estimado de galáxias continua a crescer.
3. Judas 6
4. Lucas 20.36. Morte no sentido físico. Anjos nunca deixam de existir.
5. Marcos 12.25
6. *Lúcifer* é a palavra latina para *"portador de luz"*. Ela deriva do nome latino para o planeta Vênus, muitas vezes chamado de "estrela da manhã".

Capítulo Três

1. Comparação:

	Português	Hebraico	Tradução Literal
1º Dia	*luz*	*or*	*luz*
2º Dia	*luminares*	*ma-or*	*fontes de luz*

2. As classes originalmente criadas podem ter dado origem a grupos, mais tarde classificados como espécies distintas (p. ex., pode ser que dingos, coiotes e lobos sejam todos descendentes de uma classe de cães). Essa não é uma forma de evolução, já que não se acrescentou nenhuma nova informação genética que não tenha existido na população ancestral original.
3. "Povo perfeito" no sentido de perfeição moral.
4. Como exemplo, veja Dr. Michael J. Behe, *DARWIN'S BLACK BOX*, Touchstone, Simon and Schuster, NY, NY 307 pp.
5. A *Geocronologia* é uma vasta área de estudo. Uma pesquisa na Internet apresenta numerosos documentos sobre diferentes modelos de relógios.

Capítulo Quatro

1. Apocalipse 12.3-9; de modo geral, acredita-se que os versículos 3 e 4 se referem à queda de Satanás. Muitos estudiosos pensam que os versículos 7-9 se referem a um acontecimento futuro. Eu citei a passagem toda porque os últimos versículos explicam o trecho que nos interessa — os versículos 3 e 4 — ou seja, de *quem* se trata.
2. Esta passagem reflete as escolhas que Adão e Eva fizeram.
3. Ver Romanos 5.12-14 para mais detalhes. Veja também Notas Finais, Capítulo Dez, 1. Adão foi o pai — o cabeça — de toda a raça humana. Nós estávamos *nele* quando ele pecou.
4. NEWSWEEK, 11 de Janeiro de 1988, pp. 46-52.
5. TIME, 4 de Dezembro de 1995, USA Edition, p. 29.

Capítulo cinco

1. Alguns ensinam que a razão pela qual Deus não aceitou o sacrifício de Caim foi a atitude de Caim. Não há dúvidas de que Caim teve uma atitude de independência de Deus, mas a Bíblia afirma claramente: *"Pela fé Abel*

ofereceu a Deus um sacrifício superior ao de Caim". A Bíblia não diz: "uma **atitude melhor**". Caim desobedeceu a Deus trazendo sacrifício errado. Veja Hebreus 11.4. Se você desejar um texto que trata exaustivamente do assunto, entre em contato com o escritório BOASEMENTE mais próximo (relacionado no final do livro).
2. Lucas 17.27; Mateus 24.38
3. Romanos 1.21-32. Embora essa passagem não faça referência direta ao povo dos dias de Noé, reflete as escolhas que eles fizeram naquele tempo com as suas implicações.
4. Provavelmente feita de resina de pinheiro cozida com carvão. O piche betuminoso só veio a existir após o dilúvio.
5. Gênesis 6.3
6. 2 Pedro 2.5
7. Vários estudiosos calcularam o "espaço da Arca". *NOAH'S ARK: A FEASIBILITY STUDY,* por John Woodmorappe, ICR, El Cajon, CA 306 pp, oferece uma ampla pesquisa sobre o assunto.
8. Dr. John Baumgardner, geofísico do Los Alamos National Laboratories, no Novo México, propõe um modelo conhecido nos círculos criacionistas como Catástrofe das Placas Tectônicas.
9. Jó 40.15-24; 41.1-34
10. "*O Senhor desceu ...*". Se Deus está presente em todo o lugar ao mesmo tempo, por que ele teve de "*descer*"? Muitas vezes a Bíblia usa termos em relação a Deus que aumentam nosso entendimento da passagem. Por exemplo, ela diz que Deus "vê", mesmo que como Espírito ele não tenha olhos físicos.
11. Estou em débito para com Dr. Carl Wieland por sua contribuição sobre genética. Para uma análise detalhada desse assunto, voltada para o leigo, veja: *THE REVISED & EXPANDED ANSWERS BOOK*, por Ken Ham, Jonathan Sarfati, Carl Wieland, Ed. by Don Batten, Ph.D, Master Bks, Green Forest, AR, 274 pp.

CAPÍTULO SEIS

1. Note como o período de vida diminuiu drasticamente após o dilúvio. Abraão foi considerado avançado em idade já com setenta e cinco anos.
2. Abraão tornou-se uma grande nação: o pai dos judeus e dos árabes.
3. O nome de Abrão se tornou famoso; ele é reverenciado tanto por judeus quanto pelos árabes. É importante notar que foi Deus quem tornou o nome de Abrão grande, ao passo que em Babel as pessoas foram motivadas pela vaidade pessoal.
4. Ao que parece, a história mostra que aqueles que perseguiram os judeus não prosperaram por muito tempo.
5. João 8.56
6. Mateus 17.20
7. "Pois o salário do pecado é a morte", Romanos 6.23. Ver capítulo 4, p.66.

CAPÍTULO SETE

1. As doze tribos de Israel são os doze filhos de Jacó. Exceções: a tribo de Levi não foi contada como uma das 12 tribos por ser a tribo responsável pelo serviço religioso. A tribo de José também não aparece, pois seus dois filhos, Efraim e Manassés, tomaram o seu lugar, completando o total de doze.
2. Esta palavra pode ser traduzida "piolho".

Capítulo Oito

1. Esse parágrafo é uma paráfrase livre de Êxodo 19.5.

Capítulo Nove

1. Eu não estou defendendo esse método como a maneira certa de salvar um homem que está se afogando. É apenas uma ilustração.
2. ❶ O ALTAR DE BRONZE: Êxodo 27.1-2
   ❷ A BACIA: Êxodo 30.18
   ❸ O CANDELABRO: Êxodo 25.31
   ❹ A MESA DOS PÃES DA PROPOSIÇÃO: Êxodo 25.23,30
   ❺ O ALTAR DE INCENSO: Êxodo 30.1,3
   ❻ A ARCA DA ALIANÇA: Êxodo 25.10-11
   ❼ O PROPICIATÓRIO: Êxodo 25.17-21
3. Os sacerdotes não podiam entrar quando a coluna de nuvem pairava sobre o Santo dos Santos. Isto significava a presença de Deus. Quando a nuvem se movia para continuar a jornada, então eles tinham liberdade para desmontar todo o Tabernáculo e seguir.
4. 2 Samuel 7.12-17
5. Os estudiosos divergem quanto às datas exatas da Criação, do Dilúvio de Noé, e da Torre de Babel. Se levarmos em conta os números da Bíblia, isso descarta a hipótese de períodos de tempo de milhões e bilhões de anos. Todos os três eventos devem ter ocorrido durante um período de tempo de alguns milhares de anos.

Capítulo Dez

1. Isso não significa algum tipo de elo genético — como se a natureza pecadora pudesse ser encontrada em uma sequência de DNA. A associação é puramente espiritual. Deus considerou o homem responsável pela rebelião no Jardim do Éden e por causa disto *"...assim como o pecado entrou no mundo por um homem e a morte através do pecado, assim a morte passou a todos os homens, porque todos pecaram"* (Romanos 5.12). Nós todos temos um pai humano, consequentemente, somos todos pecadores. O pai de Jesus era Deus, o Santo Espírito, por isso Ele tinha a natureza de Deus.
2. Veja o que um dos profetas escreveu mais de 500 anos antes do nascimento de Jesus: *"Eu estava olhando nas minhas visões noturnas, e eis que vinha... um como filho de homem; e foi-lhe dado domínio, e glória, e um reino, para que todos os povos, nações e línguas o servissem"* (Daniel 7.13-14).
3. "Senhor" é um título do Velho Testamento para o Messias (Sl 110.1) e enfatiza Sua autoridade, Seu direito de governar. J. Dwight Pentecost, *THE WORDS AND WORKS OF JESUS CHRIST*, ©1981 por The Zondervan Corporation, p. 61.
4. Efrata era o nome de uma região que distinguia esta Belém de outra cidade com o mesmo nome, perto de Nazaré.
5. Um perfume aromático.
6. Talvez essa tenha sido a época do "bar mitzvah" de Jesus. O Talmude diz "na idade da puberdade". Alguns acreditam que foi um ano mais tarde.

Capítulo Onze

1. João foi aprisionado por Herodes Antipas, filho de Herodes, o Grande. João falara contra o pecado de Herodes, que vivia com a esposa de seu meio-irmão.

CAPÍTULO DOZE

1. Há uma distinção: "*Então a morte e o Hades [Inferno] foram lançados no lago de fogo. O lago de fogo é a segunda morte*" (Apocalipse 20.14).

CAPÍTULO TREZE

1. Pronome pessoal enfático "Eu", seguido pelo presente indicativo ativo ("*...neste presente tempo enquanto estou falando, Eu sou*").
2. Não incluí todos os detalhes do julgamento e crucificação. O acontecimento seguinte é importante neste ponto: "*Quando o levaram dali tomaram um certo Simão, cireneu, que vinha do campo, e puseram-lhe a cruz às costas, para que a levasse após Jesus.*" (Lucas 23.26).
3. Traduzido por Vicente Pedroso, *HISTÓRIA DOS HEBREUS, OBRA COMPLETA, FLÁVIO JOSEFO,* © 1990 pela Casa Publicadora das Assembleias de Deus (CPAD), Rio de Janeiro, pp. 658-659.
4. O verbo no passado indica a certeza de seu acontecimento futuro.
5. Não sabemos o que Satanás realmente pensou, mas como ele orquestrou toda a situação, tomei a liberdade de fazer algumas conjeturas.
6. J. W. Shepard, *THE CHRIST OF THE GOSPELS,* (Eerdmans, Grand Rapids © 1964) p. 604 conforme citado por Pentecost, *THE WORDS AND WORKS OF JESUS CHRIST,* p. 487.
7. John F. Walvoord, Roy B. Zuck, *THE BIBLE EXPOSITION COMMENTARY,* ©1983, SP Publications, mc. p. 340.

   Pentecost, *THE WORDS AND WORKS OF JESUS CHRIST,* p.487.

   Warren W. Wiersbe, *THE BIBLE EXPOSITION COMMENTARY,* Vol.1, ©1989, SP Publications, mc. p. 384.
8. Um batalhão é uma unidade do exército formada por 300 a 1000 homens.
9. A sequência exata dos acontecimentos na manhã da ressurreição não foi documentada. Apresentei um dos cenários mais prováveis.

CAPÍTULO CATORZE

1. Jesus foi pregado na cruz às 9:00 h, o horário do sacrifício da manhã. Ele morreu às 15:00 h, o horário do sacrifício da tarde.
2. A vida perfeita de Jesus o qualificava como um sacrifício apropriado, mas foi a sua morte que fez o pagamento pelo pecado. Só através da Sua morte foi possível dizer que Jesus havia cumprido as exigências da Lei. Mateus 5.17-18

CAPÍTULO QUINZE

1. Aproximadamente 30% da Bíblia consiste de profecias, já cumpridas ou não.
2. Outra palavra para "pecado".
3. Muitas vezes isso descreve a sua posição em Cristo.
4. "Tem" está no presente, o que significa que a vida eterna é algo que se possui no presente.
5. Algumas versões da Bíblia usam o termo carne em referência à nossa natureza humana.
6. Josefo, o historiador do primeiro século, também registra a morte deste homem.
7. O nome de Saulo foi mudado para Paulo.

Para obter outros exemplares deste livro, entre em contato com um dos escritórios relacionados abaixo. Se desejar, podemos enviar-lhe uma lista das traduções existentes do O Estranho no Caminho de Emaús.

BOASEMENTE BRASIL — **99 3643 0083**
contato@boasemente.com

GOODSEED CANADÁ — **800 442 7333**
info.ca@goodseed.com

BONNESEMENCE CANADÁ — **888 314 3623**
Atendimento em francês
info.qc@goodseed.com

GOODSEED REINO UNIDO — **0800 073 6340**
info.uk@goodseed.com

GOODSEED EUA — **888 654 7333**
info.us@goodseed.com

TAMBÉM DISPONÍVEL

O **LIVRO DE EXERCÍCIOS** é uma ferramenta para ajudá-lo a perceber sozinho se você está ou não entendendo o texto de O ESTRANHO. O Livro de Exercícios inclui outros versículos bíblicos para *consulta*, relacionados ao capítulo estudado.

O LIVRO DE EXERCÍCIOS também ensina a prática do manuseio da Bíblia, incluindo o uso de uma concordância e mapas. (Múltipla escolha, banco de palavras, certo/errado, preencha-as-lacunas, palavras cruzadas.)

INSTITUTO BOASEMENTE® é uma organização sem fins lucrativos, cujo objetivo é comunicar claramente o conteúdo desse livro neste idioma e em outros.

Se você estiver interessado nos projetos ou traduções em andamento, entre em contato conosco.

INSTITUTO BOASEMENTE®
Caixa Postal 05
Barra do Corda, MA 65950-000
BRASIL
contato@boasemente.com

GOODSEED® INTERNATIONAL
P.O. Box 3704
Olds, AB T4H 1P5,
CANADA
info@goodseed.com

Para adquirir outros exemplares desse livro, veja a página 327.

www.boasemente.com
www.goodseed.com